個人旅行主張

有人在旅行中享受人生，
有人在進修中順便旅行。
有人隻身前往去認識更多的朋友，
有人跟團出國然後脫隊尋找個人的路線。
有人堅持不重複去玩過的地點，
有人每次出國都去同一個地方。
有人出發前計畫周詳，
有人是去了再說。
這就是面貌多樣的個人旅行。

不論你的選擇是什麼，
一本豐富而實用的旅遊隨身書，
可以讓你的夢想實現，
讓你的度假或出走留下飽滿的回憶。

有行動力的旅行，從太雅出版社開始。

英國

倫敦・科茲窩・湖區・約克・
威爾斯・蘇格蘭等
GREAT BRITAIN

作者◎吳靜雯
修訂協力◎英國人蔘

太雅

目錄

編輯室提醒

太雅旅遊書提供地圖讓旅行更便利

地圖採兩種形式：紙本地圖或電子地圖，若是提供紙本地圖，會直接繪製在書上，並無另附電子地圖；若採用電子地圖，則將書中介紹的景點、店家、餐廳、飯店，標示於Google Map，並提供地圖QR code供讀者快速掃描、確認位置，還可結合手機上路線規畫、導航功能，安心前往目的地。

提醒您，若使用本書提供的電子地圖，出發前請先下載成離線地圖，或事先印出，避免旅途中發生網路不穩定或無網路狀態。

出發前，請記得利用書上提供的通訊方式再一次確認

每一個城市都是有生命的，會隨著時間不斷成長，「改變」於是成為不可避免的常態，雖然本書的作者與編輯已經盡力，讓書中呈現最新的資訊，但是，仍請讀者利用作者提供的通訊方式，再次確認相關訊息。因應流行性傳染病疫情，商家可能歇業或調整營業時間，出發前請先行確認。

資訊不代表對服務品質的背書

本書作者所提供的飯店、餐廳、商店等等資訊，是作者個人經歷或採訪獲得的資訊，本書作者盡力介紹有特色與價值的旅遊資訊，但是過去有讀者因為店家或機構服務態度不佳，而產生對作者的誤解。敝社申明，「服務」是一種「人為」，作者無法為所有服務生或任何機構的職員背書他們的品行，甚或是費用與服務內容也會隨時間調動，所以，因時因地因人，可能會與作者的體會不同，這也是旅行的特質。

新版與舊版

太雅旅遊書中銷售穩定的書籍，會不斷修訂再版，修訂時，還區隔紙本與網路資訊的特性，在知識性、消費性、實用性、體驗性做不同比例的調整，太雅編輯部會不斷更新我們的策略，並在此園地說明。您也可以追蹤太雅IG跟上我們改變的腳步。

taiya.travel.club

票價震盪現象

越受歡迎的觀光城市，參觀門票和交通票券的價格越容易調漲，特別Covid-19疫情後全球通膨影響，若出現跟書中的價格有落差，請以平常心接受。

謝謝眾多讀者的來信

過去太雅旅遊書，透過非常多讀者的來信，得知更多的資訊，甚至幫忙修訂，非常感謝你們幫忙的熱心與愛好旅遊的熱情。歡迎讀者將你所知道的變動後訊息，善用我們提供的「線上回函」或是直接寫信來taiya@morningstar.com.tw，讓華文旅遊者在世界成為彼此的幫助。

太雅旅遊編輯部

作 者 序

英國，一塊豐富而多元的土地。

　　英國陰晴不定的天氣總讓人摸不著頭緒，不禁會想，大英帝國之所以會成為日不落國，或許是因為英國本身自然環境的限制，才促使英國人想出走，尋找更適居之地。然而，也因為自然條件的限制，許多地方完整保留原貌：曠野，就是一派的開闊豪情；鄉野，就是一畝的靜謐閒情。總覺得英國是個比較適合自然生物生存的地方，每每想到英國，就是無止盡深深淺淺的綠。

　　除了迷人的自然環境外，英格蘭的優雅、威爾斯的可人樸實、蘇格蘭獨傲的高地文化，再加上後期各國殖民文化的注入，讓這一池的深沉，隱約幻映著一抹彩光。

　　或許，我們可以將英國形容為一杯陳年威士忌，高雅、清透的酒色，看似無波也無痕，但隱藏其中的，卻是陣陣襲來的豐富。這杯老酒絕對讓人喝上一

口，回味無窮啊！

　　採訪期間，更感動於英國人對文化的重視與用心。即使原本的文化底蘊已深，但他們仍持續認真地將這些文化傳承給下一代。免費開放國家級博物館、美術館，讓所有民眾都有機會親近文化、藝術，以各種活潑的互動方式，讓老老少少的參觀者，都能樂在其中、笑納文化美學。

　　期許本書的改版更新，能提供給台灣各地的旅人、留英遊子，更多安心旅行英國的資訊。

吳靜雯

關於作者　吳靜雯

　　深愛歐洲深邃的人文，曾在義大利待過兩年，細細地體驗義大利式的隨意歲月，也曾在英國待過一年半，感受到英倫之子的好心腸。

　　出版作品：太雅個人旅行書系《英國》《越南》《真愛義大利》《Traveller's曼谷泰享受》《泰北清邁　曼谷享受全攻略》、So Easy書系《開始在義大利自助旅行》《開始到義大利購物&看藝術》《開始在越南自助旅行》《開始在泰國自助旅行》《開始在土耳其自助旅行》等。

修訂作者序

如此美麗！往後人生都給了她。

很難忘記初次踏上英國的內心悸動。不能理解為什麼老房子可以保存得這麼美，豪宅的裝潢怎能這麼浮誇，倫敦口音怎能這麼沉穩，商店怎能這麼乾淨整潔，而鄉村風光只能用世外桃源形容，綠地與藍天就像是開了濾鏡般，顏色飽和到難以想像。只是炸魚薯條怎麼那麼難吃，還有明明是三星酒店，怎麼這麼破舊，還要自己搬行李上樓梯。

第二次踏上英國國土，就莫名其妙地住下了。雖然過的是「接地氣」的生活，卻也探索到一些意料外的收穫。英國就是這樣，在你彷彿搭上時光機，思緒被這些老宅帶回美麗的舊時光時，轉幾個彎、過幾個車站，可能就被高聳又平淡的社會住宅拉回現實；就在氣喘吁吁地將行李搬上樓後，抬頭卻見到充滿亮澤光彩的梁柱，還在奮力支撐著這棟為無數人遮過風、擋過雨的古蹟建築。

時間會沖淡感覺，連最初的興奮感亦是，或許因為很多問題都找到了答案，抑或已經變成了生活中的習慣。但是英國的文化與風光在我眼裡還是好美，有好多地方值得一去，甚至乾脆不顧一切地住上一陣子，相信現在正拾起這本書的你，內心也在蠢蠢欲動，覺得這裡也想去、那裡也想去，可是時間不夠用哪！我只能說，只要下了決定，就沒有什麼好後悔的了。

我們，或許會在英國的某個角落，微笑著擦肩而過。

英國人蔘

關於修訂作者　英國人蔘

旅居英國十年有餘，從吃不懂炸魚薯條，到偶爾沒吃居然會想念；從聽不懂英國腔，到聽不習慣美國腔；多種族的文化衝擊，生活中充滿著驚喜(訝)及趣味。適應生活改變自己之餘，我還是那位愛到處玩耍、享受當下的我。

靈魂裡希望自己是個自由自在的旅行家、生活家，而現實身分是位好太太、好媽媽，並在政府部門嚴肅又努力的工作著。

Facebook粉絲專頁：英國人蔘

英國對流行性傳染病防範政策

入境英國

新冠病毒(Covid-19)雖還存在我們的日常生活中，但英國已經全面開放觀光旅遊，自台灣入境英國並不需要準備任何文件，包含Covid-19相關檢測、乘客所在地表格、疫苗接種證明等都不需要。也不需要做隔離。

個人防疫

口罩目前並非硬性規定，大部分民眾已經都將口罩摘下，即便在搭乘大眾運輸的期間。當然也不難發現有不戴口罩、卻一直咳嗽的民眾，所以在人多的封閉場合，建議遊客還是自己小心謹慎，至少現在戴口罩走在路上，不會受到異樣眼光；其他保護措施，就是施打疫苗、勤洗手等。

遊客不需要攜帶太多消毒洗手液，這在各大藥局、超市都可以買得到，許多店家也還持續提供。口罩的部分，在英國雖然也買得到，但是在台灣仍相對便宜、品質好、重量也輕，建議直接準備充足。

得到COVID-19怎麼辦？

如果懷疑自己有新冠症狀，可以在各大藥局買到居家檢測試劑；如果檢測了是陽性，也會被建議不要到社區醫生(GP)診所，而是在家多休息、多喝水。不幸發燒了，首先是先吃退燒成藥(Paracetamol)，擔心的話可以撥打24小時的111醫療專線做電話諮詢。但如有呼吸困難、或有生命疑慮的症狀，則需要撥打緊急電話999叫救護車，也可以直接前往最近的急診室(A&E)。

如果得到新冠，一般會請假在家休息，因此雖說已全面開放，但還是能感受到疫情相關的影響，如，公車突然被取消，因為司機請假。另外，許多景點、博物館等，還是會需要事先訂票，以方便控管人數。另外也可發現許多撐不過疫情的店家，就在疫情中永久歇業了。

■ 居家檢測包可在各大藥局自費購買
http www.boots.com＞Services＞COVID-19 testing＞COVID-19 Lateral Flow Tests

■ 英國公共部門資訊官網
http www.gov.uk/coronavirus

英國全圖

地圖繪製 / 林惠群、蔣文欣
地圖修訂 / 許志忠

Shetland Islands

Orkeny Islands

大西洋

天空島

伊凡尼斯

蘇格蘭

英國

北 海

格拉斯哥 愛丁堡

北愛爾蘭

Irish Sea

湖區

約克

英格蘭

愛爾蘭

利物浦

曼徹斯特

山峰區

史諾多尼亞
國家公園

伯明罕

亞芳河上的
史特拉福

劍橋

威爾斯

布列康畢肯
國家公園

科茲窩

牛津

倫敦

坎特伯里

巴斯

溫莎

Celtic Sea

巨石區

萊伊

布萊頓

萊特島

聖艾維斯

伊甸園計畫

地角

英吉利海峽

朋占斯

法國

英國
風情掠影

認識英國

英國小檔案

國名： The United Kingdom of Great Britain and North Ireland(大不列顛與北愛爾蘭聯合王國)，簡稱The UK或The Britain。

首都： 倫敦(London)。

人口： 6,700萬人。

面積： 241,959平方公里。

政權： 君主立憲制(行政、立法、司法三權分立)。

元首： 查爾斯三世國王。

GDP： 47,203美元／人均。

貨幣： 英鎊。

國家象徵： 薔薇、金獅。

英國國徽

英格蘭

英格蘭

北愛爾蘭

蘇格蘭

蘇格蘭

Honi soit qui maly pense：心懷邪念者為恥
Dieu et mon droit：天有上帝，我有權利

國土與氣候

國土：約為台灣的6～7倍。

氣候：多變氣候，小小一段路可能歷經晴天、陰天、暴雨。

因應方式：隨身攜帶防風雨連帽輕型外套。夏季採洋蔥式穿法：內穿短袖，加一件開襟衫，攜帶輕型防風雨外套及春秋用薄圍巾。

四季變化：夏季為7、8月，晴天日間約25度，入夜後轉涼須穿外套；9月開始降溫，白天約12～16度。冬季應穿大外套、手套、帽子、圍巾。特別注意：室內均有暖氣，避免穿太保暖的衛生衣，同樣以洋蔥式穿法：棉質長袖、襯衫、套頭毛衣或羊毛開襟衫、大外套。

人口結構

人種：塞爾特族(Celtic) + 盎格魯薩克遜族(Anglo-Saxon)。

塞爾特族：蘇格蘭人(Scots)、威爾斯人(Welsh)、北愛爾蘭(Northern Irish)。

盎格魯薩克遜族：英格蘭人。

歷史

10世紀以前：英格蘭與蘇格蘭為獨立國家。

13世紀：英格蘭統一威爾斯。

18世紀：統一蘇格蘭。

1921年：北愛爾蘭屬英國統治、南部的愛爾蘭獨立為愛爾蘭共和國。

英國國旗

Union Flag：米字形的聯合旗，因常掛在船艦的旗桿上(Jack-staff)，因此又稱為Jack Flag。你可能會疑惑，那威爾斯的白綠底紅龍旗呢？雖然它沒出現在聯合旗中，但威爾斯球賽時，他們可都是一副不容忽視的姿態！

蘇格蘭旗：藍底聖安德魯白斜十字

英格蘭旗：白底聖喬治紅十字

北愛爾蘭旗：白底派翠克德紅斜十字

宗教

64%：英格蘭國教所屬的基督教徒

其他：天主教、佛教、印度教、猶太教、伊斯蘭教、無宗教等。

英國國教起源：亨利八世因私人的婚姻問題及政治因素，於西元1534年獨立於羅馬教廷，性質較屬於基督教新派。蘇格蘭為英國國教的長老教派，威爾斯則已廢除英國國教，以衛理公會及浸信公會為主，北愛爾蘭紛亂的宗教紛爭主要起於新教徒及天主教徒，現已達成和平協議。

政治制度

君主立憲制：以國家元首為主的議會制民主主義國家。聯合政治仍受皇室管轄，但議事仍取決於倫敦國會。國會分上議院及下議院。

現任元首：查爾斯三世國王。

兩大政黨：保守黨、勞工黨。

英國文化

　　英國人比較保守、尊重傳統，不是那種大剌剌的性格，同時也相當注重個人隱私，所以不會主動與陌生人搭訕。和陌生人交談時，通常語帶保留，最常見的話題就是英國多變的天氣，若真的想問些什麼事情，也會兜很大的圈子，絕對不會冒昧詢問，所以和英國人交談時，也要特別注重對方隱私。

　　英國的階級制度現在仍然存在，從口音上最能分辨英國人的社會階級。上流社會的貴族又比一般有錢人高一層，接下來是中產階級和勞工階級，不但階層分明，貧富差距也大。大多數經濟條件優渥的孩子上的是私立學校(Private Schools)或公學(Public Schools)，超過90%

的孩子則就讀免費的公立學校(State Schools)。19世紀的日不落國──大英帝國雖然到了20世紀逐漸沒落，不過英國在國際政治舞台上的實力仍不可小覷，英國的國際財務金融及銀行保險仍然是世界最頂尖的。但英國人的賦稅很重，即使英國人的薪資很高，但大部分人的生活仍然相當吃緊。

豐富多元的文化，也讓英國成為全球流行音樂重地

知識充電站

征服者威廉

征服者威廉(William the Conqueror)生於法國，是諾曼第公爵羅貝爾一世唯一的兒子，又稱為英格蘭的威廉一世(William I of England)，或諾曼第的威廉二世(William II of Normandy)，因他是非婚生子，因此又稱之為私生子威廉(William the Bastard)。

當無子嗣繼承的英王懺悔者愛德華過世後，威廉向教宗亞歷山大二世要求英格蘭王位，教宗也授予十字旗，讓他發動戰爭。威廉在1066年成功取得勝利，並於聖誕節當日，在倫敦西敏寺加冕為英格蘭國王。

旅行小抄

免費藝文活動

英國是個擁有高度文化涵養的國家，常有各種免費藝文活動。尤其是午餐時間，教堂、博物館或美術館，常會舉辦免費講座或音樂會(Lunch Time Concert / Talk)。

勇闖十字路口的英國人

英國人不喜歡等紅燈，當紅燈沒車時，英國人就會敏捷地闖紅燈過馬路。不過奉勸對於不熟悉當地路況的遊客，還是乖乖等紅燈吧！

一絲不漏的防火門

個性嚴謹的英國人，做事總是一絲不苟，這點在防火上表露無遺。若有機會在百貨公司這類的公共場所上廁所，你會發現需要通過一扇又一扇的防火門，且通道與商場之間都有一段距離。

讓愛賴床的人都想早早
跳起來吃的 無敵早午餐

英國各地都有許多時尚早午餐，而倫敦的早午餐更是多采多姿，每到用餐時間總是排隊排滿滿，讓人看了一家也不想錯過呢！

The Wolseley
名流早餐

🌐 thewolseley.com
✉ 160 Piccadilly, St. James's
📞 020-7499 6996
🕐 07:00～23:00，週六、日時間略有不同
ℹ 建議事先預訂
🗺 P.58／F4

　　位於倫敦高級街道的華麗餐廳，由於許多倫敦名流會到此用餐，號稱為「倫敦的名流早餐用餐處」。布置華麗中帶著典雅的氣質，提供經典英式早餐以及各種早餐選擇。價格雖不便宜，但算是最倫敦的高級餐廳朝聖地。若是早上起不來享用早餐，也可來此品味下午茶。

Duck & Waffle
高空絕景早餐

🌐 duckandwaffle.com
✉ 110 Bishopsgate (Heron Tower)
📞 020-3640 7310
🕐 週一、五～日24小時營業，其他07:00～01:30
ℹ 建議事先預訂
🗺 P.59／L2

　　號稱倫敦最高的餐廳，在倫敦利物浦車站附近的Heron Tower大廈40樓上，從早到晚提供各式餐點。受歐洲飲食文化影響演變而來的英式高級餐點，在Duck & Waffle演繹得淋漓盡致。來到這裡，一定要試試招牌油封鴨與鬆餅（Duck and Waffle）。此外，也推薦三五好友來喝點小酒配點心，同時將倫敦市景的新舊建築盡收眼底。請注意到此用餐時的穿著，建議至少半正式休閒（Smart Casual）。

Electric Diner
人帥、氣氛佳

🌐 electricdiner.com
✉ 191 Portobello Rd., London
📞 020-7908 9696
🕐 08:00～01:00，週四～日時間略有不同
ℹ 週末建議先訂位，可透過Opentable預訂
🗺 P.57／A3

　　這家咖啡館附屬於倫敦最老的一家電影院，整家店散發著濃濃的復古工業風，就連廁所、馬桶、洗手台都風格一致。更棒的是，餐點相當美味，尤其推薦班尼迪克蛋及專業的咖啡。來此用餐的另一個附加價值，是客人及服務人員的穿著都好有型，再加上咖啡館就位於諾丁丘Portobello潮街上，是個享受美味餐點及欣賞人的好地方。

Attendant Coffee Roasters
對著小便池吃早餐

✉ 27A Foley St, London
📞 020-7637 3794
🕐 08:00～18:00，週六、日時間略有不同
🗺 P.58／F2

對著小便池喝咖啡、吃早餐？是的，倫敦這家令人掙扎了許久、後來不經意路過忍不住進來體驗的公廁咖啡館，殊不知竟如此美味！咖啡真是香濃好喝，就連普通的可頌都很有水準，莫非偷加了那一味？

Attendant Coffee Roasters（Fitzrovia分店）是由1890年維多利

亞風的廢棄公廁改造的創意咖啡館，將原本的小便池改為用餐桌，餐點送來時還放在刻意留有黃漬的小便池前，哎～哎～這可真是挑戰用餐容忍度的地方啊！

The Riding House
私人俱樂部

✉ 43-51 Great Titchfield St.
📞 020-7927 0840
🕐 週一～五08:00～午夜左右，週末營業時間較短
ℹ 週末建議先預約
🗺 P.58／F2

公廁咖啡館Attendant Coffee Roasters附近的另一家倫敦時尚早餐店，彷如在私人俱樂部用餐，熱鬧的牛津街雖然近在咫尺，但餐廳所在的街道卻自成一個優雅的小區，讓身在鬧區的倫敦人能好好喘口氣。另有Bloomsbury分店。

Regency Cafe
英國傳統早餐這裡吃

✉ 17-19 Regency St, Westminster
📞 020-7821 6596
🕐 07:00～14:30，16:00～19:15；週六只開早上，週日休息
🗺 P.58／G6

英國的傳統早餐由香腸、培根、番茄燉豆、蛋、甚至血腸所組成，若想吃英國傳統早餐，許多酒吧和一般民宿都有提供豐富的傳統早餐。而倫敦的老餐館Regency Café所提供的高CP值傳統早餐，可是老少認同的。

道地英式
下午茶

英國下午茶優雅的風氣早已風行全球，不過正宗的英式下午茶到底是怎麼樣的呢？到英國當然要在綠草如茵的環境下、富麗堂皇的高級旅館中，細細地體會那無處可取代的高雅與悠閒；而鄉村風下茶則是一種截然不同的感受，不做作、不拘泥，同樣的是滿口的幸福。

↑圖片提供：Fortunm & Mason

從貴族開始流行

19世紀時有位公爵夫人覺得午餐與晚餐時間相距太久，於是她突發奇想發明了下午茶，其他王公貴族也紛紛效仿，下午茶的習俗就這樣從英國上層階級傳遍整個國家。當時的沙龍與茶室都是文人雅士聚集的場所。

精緻的餐具不可缺少

傳統英國下午茶時間約為4點，然而，因應現代生活以及文化的改變，店家從中午(或更早)就開始供應下午茶。正式的下午茶包括來自各國的上等茶及3層托盤點心。最早英國人喝的是中國茶，後來引進的錫蘭及印度茶，也慢慢成為英國的主要茶飲。常見的英式茶，包括最頂級且風味清雅的大吉嶺初摘茶，號稱「紅茶界的香檳」，以及具迷人煙燻味、同樣深受貴族喜愛的伯爵茶，另外還有香氣較為雅致的錫蘭茶、白毫烏龍、正山小種茶，以及適合加奶飲用的阿薩姆。

點心方面，英國各地略有不同，但通常都會包含三明治或是鹹派、司康(Scone)，佐以果醬與凝脂奶油(Clotted Cream)，最後配上甜點層。品項主要取決於當地特色、時節，還有主廚的喜好，像是在高級旅館，往往會看到各式令人讚歎的精緻甜點；而在鄉間，或許更有機會嘗到家庭式蛋糕，例如紅蘿蔔蛋糕、薰衣草蛋糕等。

下午茶推陳出新，為了吸引顧客，近年還有相當多的主題式午茶，例如彼得潘系列、愛麗絲系列、倫敦地標午茶系列，甚或在遊船上或倫敦公車上享用午茶。一般高級午茶還會提供香檳午茶的選項，可以加購香檳，也有可能會提供素食版本的下午茶。

肯辛頓宮
The Orangery

http www.hrp.org.uk/KensingtonPalace
✉ Kensington Palace Gardens
☎ 020-3166 6113
🕐 10:00～18:00
💲 下午茶套餐£38／人

這座安皇后的18世紀建築，坐落於肯辛頓宮上方的迷人綠園中，為倫敦最優雅的庭園茶室餐廳。在溫暖的午後到此享受午茶，不但可眺望典雅的肯辛頓宮建築，眼前更是恬靜的綠草地與松柏道。

除了午茶外，這裡從早上10點起就供應簡單早餐，也提供正式的午餐菜單，12點起接受點單。

1.淡雅的餐室／2.可單點簡單的茶點

Prestonfield House

✉ Priestfield Rd., Edinburgh
☎ 0131-225 7800
💲 £45
ℹ 建議事先預約；由古城區搭計程車或 Uber前往，費用不是太貴

拜訪愛丁堡，當然得到這棟1687年所建的古董級巴洛克風格茶館，體驗充滿蘇格蘭風的下午茶。

Prestonfield下午茶宴就設於滿室古董沙發、桌櫃的華麗廳室裡，宛如來到貴族的家裡享用下午茶（這裡原本是老市長的家）。目前整棟老建築已改為五星級旅館，內部所有細節布置絕對讓你驚豔不已，就連洗手間都仿如公主房般浪漫，更遑論戶外還有綠草如茵的大庭園，夏天在戶外用餐絕對是一大享受。

茶館的服務相當親切，茶點方面尤以鹹點最為亮眼，可看出主廚別出心裁的設計；茶飲選擇也相當有水準。

知識充電站

何謂調味茶Blend Tea及頂級大吉嶺初摘茶

由於以往茶葉是來自遙遠的東方，以駱駝或海運送到英國，得耗上大半年的時間，茶葉的質地會在路途中產生變化，但因當時茶葉相當昂貴，即使變質了也捨不得丟掉。有些商人就想到了將不同的茶種混在一起，或者加入香料、牛奶的方式。

頂級的大吉嶺茶初摘茶，為冬雪後初春嫩芽冒出的第1～21天所摘的茶葉，發酵較輕、擁有個性較為鮮明的青茶味，喜歡溫和口味者則可選擇第二摘的大吉嶺茶，發酵度較高、茶韻醇厚，帶高雅的果香甘甜味。

Fortnum & Mason

🔗 www.fortnumandmason.com
✉ 181 Piccadilly
☎ 0845- 6025 694
🕐 10:00～20:00，週日13:30～18:00
💲 £70起
ℹ 週末下午茶建議4～6週前預訂，平日約1
　～2週前預訂
🗺 P.58／G4

福南梅森的The Diamond Jubliee Tea Salon茶沙龍，為300多年的老茶館，是倫敦最具代表性、也是遊客必訪的下午茶地點。

曾獲得2次英國皇室御用品店的老茶館，茶飲不但品質好、選擇也相當多。如果對茶葉有興趣，也可以加價請茶師推過來，在桌邊提供試茶服務以及講解。這裡受歡迎的另一個原因是，用餐環境較為溫馨、輕鬆，但同時又不失傳統英國風。服裝雖然不能太過隨便，但也不像高級酒店那麼嚴格要求。

F&M本店已改為精品百貨型態，樓下有各種茶、果醬、蜂蜜、香水、保養品部，都是英國製造的精選產品。最推薦購買的包括：Royal Blend、Jubilee Blend、Queen Ann、Cornish Tea這幾款特調茶，Piccadilly Blend則是本店才有的茶品；而Lemon Curt及Banana果醬，也是這裡特別的商品；F&M的奶油酥餅也很好吃，一定要多帶幾盒。還有獨特造型的音樂盒餅乾罐。

這裡還有一項特別的客製化服務：Fortnum's Bespoke Tea Blending Service，若喜歡獨一無二的伴手禮，可以創作自己專屬的特調茶以及標籤。這項專業服務在本店的First Floor，不需事先預約。

旅行小抄

午茶資訊好幫手

此網站除了可搜尋各區的午茶地點外，還有午茶優惠訊息，尤其是8月的下午茶週National Afternoon Tea Week及1月折扣季期間。

🗺 www.afternoontea.co.uk

1. 這裡也是熱門的午餐地點，提供各種美味輕食料理(圖片提供：Fortnum & Mason)／**2.** 樓下為食品精品百貨，非常推薦奶油酥餅／**3.** 精緻的三層傳統午茶(圖片提供：Fortnum & Mason)

麗池酒店
The Ritz

🌐 www.theritzlondon.com
✉ 150 Piccadilly
📞 020-7300 2345
🕐 預約時段11:30、13:30、15:30、17:30、19:30
💲 傳統下午茶套餐£67起
ℹ 週末建議3～5個月前預訂
🗺 P.58／F4

麗池酒店是倫敦熱門的高級下午茶廳，每天有400多位客人來朝聖。因為這裡華麗的維多利亞茶室，最能體現英國貴族氣息，服務也是無可挑惕，所有瓷器都是專門打造的。

套餐中的三明治包括切達起司口味、帶點檸檬香的燻鮭魚口味、及加了起司及香草的小黃瓜口味，服務生還會一直端著三明治盤過來詢問是否要多加點三明治，確定鹹點用夠之後，再推甜點車過來，讓客人選擇不同的甜點。

鬆餅屬於較清爽的口味，抹上奶油入口很香醇，口感也很有彈性。茶飲方面推薦帶著絕佳香氣的大吉嶺紅茶，錫蘭茶及Russian Caravan也是很棒的選擇。

另外也可到此享用米其林星級餐點，午餐套餐£70起、5道菜晚餐£150。請注意，麗池酒店的穿著要求較嚴格，禁穿運動裝或牛仔褲，尤其在正式用餐區（如午茶、午餐或晚餐），男士需著領帶與西裝外套，女士不能穿得太休閒隨意。

1.倫敦最知名的麗池飯店高級下午茶／**2.**服務人員會過來詢問是否要再加三明治／**3.**最頂層的甜點

風格多樣的
英式美食

雖然英國食物一直是惡名遠播，不過近幾年來興起一波現代英國料理風，再加上各國的美食餐廳隨處可見。因此，現在要在英國找到不錯的美食也相當容易。

英國家庭的三餐文化

英國普通家庭也是一日三餐，與台灣較不同的是，英國人一天只需要一餐熱食（午餐或晚餐）。對於澱粉類的攝取，主要來自麵包與馬鈴薯等。我們常聽見的「英式早餐」(English Breakfast)並不是英國人日日皆備，一般都是在週末或特別的日子才有空準備，主要內容包含吐司、雞蛋、香腸、培根、焗豆、馬鈴薯餅(Hash Brown)、蘑菇以及番茄。大部分家庭的週間早餐都以輕便、簡單為主，例如穀片、麵包、燕麥粥等，再配上一杯茶或咖啡。正式的午餐時間是下午1點，大部分上班族會在此時午休，旅客如果前往餐廳用餐，最好提早一些時間，避開此時間。英國外食較貴，大部分家庭都會在家烹煮晚餐，而晚餐時間較分散，單身貴族可能比較晚用餐，有孩子的家庭可能5～6點就會用晚膳，因為多數英國孩童需要在7點左右上床睡覺。

鹹鹹甜甜的培根蜂蜜鬆餅

酒吧常有炸物菜單

天天可以吃三明治當正餐

三明治在英國人的生活裡不可或缺，一天裡可能至少有一餐是三明治。最常見又方便的就是火腿三明治以及起司三明治，如果在超市仔細一看，會發現麵包區、火腿區以及起司區各自占據相當大的面積，選項雖然看似很多，但是平時會買的口味基本上都是較固定的。一般除了三明治外，還會準備一份水果、飲料或是一包洋芋片作點心。

什麼都可以壓成泥

在英國，食物泥不專屬於嬰兒，而是存在日常生活之中。最常見的就是馬鈴薯泥(Mashed Potato)，經常伴隨肉類出現，有一道家常菜就是香腸與馬鈴薯泥(Sausages and Mash)；豌豆泥(Mashed Peas)則經常伴隨炸魚薯條作為配菜；其他還有地瓜泥、防風草根泥(Mashed Parsnip)、白花椰菜泥、甘藍菜泥等，就等著大家來體驗嘗試。

香腸與馬鈴薯泥

英國各地傳統餐點

英格蘭最流行的傳統餐非炸魚薯條莫屬，尤其週五為傳統上的吃魚日，起源為耶穌受難日(Good Friday)為星期五，傳統上基督徒遵從信仰，在當日避免吃肉改吃魚，這項傳統仍反映在現代小學生的營養

午餐上，週五的菜單很可能就是炸魚薯條，孩子們直接稱之為Fishy Friday。而烤牛肉也是傳統上的最愛，再佐以一些馬鈴薯、水煮蔬菜、約克夏布丁(Yorkshire Pudding)等配菜。後者這樣「全套的」吃法，現代大多都只在週日的午餐時間吃，不一定是牛肉，有可能烤全雞、羊排或是豬肉，再淋上醬汁(Gravy)，稱為Sunday Roast。

威爾斯的傳統特色食物則是威爾斯糕餅(Welsh Cakes)。威爾斯糕餅是一種點心，主要由麵粉、果乾以及香料做成，有點類似司康，但比司康口感更脆、口味更甜、外型更扁。威爾斯早期煤礦也發達，主婦們便準備這好存放、不容易敗壞的威爾斯糕餅讓先生們帶往礦坑，也讓孩子們帶往學校當午餐。威爾斯糕餅冷熱可食，不用跑到威爾斯，在M&S超市就可以買來嘗嘗。

提到蘇格蘭傳統食物，便不能不提到哈吉斯(Haggis)，這個自18世紀流傳至今的食物，主要內容物為

英國最經典的炸魚與炸薯條一定要趁熱吃

Haggis

羊雜及燕麥，在蘇格蘭的酒吧、餐廳是常見的菜色，超市也買得到。

北愛爾蘭以阿爾斯特早餐(Ulster Fry)聞名。名氣雖不如英式早餐，但概念差不多，都是由好幾項食物配套成組，內容物可能有培根、雞蛋、香腸、黑布丁(Black Pudding)、白布丁(White Pudding，製作時不添加血液)、蘇打麵包、馬鈴薯麵包(Potato Bread)等。

高級餐廳注重餐桌禮儀

英國餐廳分為較正式高檔的餐廳、餐館、咖啡館及外賣店(Takeaway)。高檔的餐廳最好穿著要正式一點，且一定要事先訂位。如有大件行李者可寄放在寄物櫃。

如何點餐：菜單大概分為開胃菜、主菜、點心，各人點一份。服務生送上菜單後，可先點開胃酒、礦泉水或氣泡水(Still Water / Sparkling Water)，或免費的自來水(可生飲，Tap Water)，之後再開始點菜。想要品酒的話，也可請服務生依照主菜推薦。主菜用完後，服務生再遞上甜點菜單，如不想要吃甜點的話，也可以直接點咖啡或餐後酒。

用餐途中：正式餐廳用餐，一般會有服務生過來問顧客覺得餐點如何，如果大致滿意，就跟服務生道謝，稱讚餐點很不錯。

如何結帳：結帳時通常請服務生送帳單過來，如果帳單不包括小費而你覺得服務很好的話，可以加上10～15%的小費，或者留下找零的零錢，如果使用感應式付費，有些店家在結帳前會請客人自行按下小費金額，再一併進行扣款。

省錢美味超值料理

英國餐館相當昂貴，選擇住宿時可盡量找附有廚房的，英國超市可買到配好蔬菜的中國炒麵料理盒，傍晚會有特惠價或買快過期的特價品(Reduced)。

超市內的熟食區，可買到蘇格蘭蛋

Costa連鎖咖啡館在各大城市均可見，除了咖啡茶飲外，也有簡單的三明治

大超市即食區的盒裝壽司

可自己選擇麵條、配料、醬料的炒麵外帶店Wok To Walk

英國經典的肉餡派

超市內也可買到這樣的速食麵

Yo! SuShi是英國常見的壽司連鎖店

旅行小抄

聰明點餐

各家餐廳都會推出較划算的2～3道菜的午餐套餐或early evening menu，通常比單點還要便宜很多。以相對平價的連鎖餐廳為例，單主餐大約是少於£10，兩道菜套餐約為£15。

常見連鎖餐廳

Prezzo	中價義大利餐
Pizza Express	中價義大利餐
Bella Italia	平價義大利餐
Nando's	烤雞餐廳
Costa Coffee	連鎖咖啡輕食店
Cafe Nero	連鎖義式咖啡

英國廚房小知識

Sainsbury Local及Tesco Express是市區小型超市

馬鈴薯是英國菜最常見的食材

野菇料理也是英國必食重點

標準廚房。烤箱與微波爐超好用，可買Ready Meals回來加熱

共用廚房通常會提供鹽、油，若沒有油的話，可買橄欖油醃漬的鮪魚罐頭

英國家用最普遍的爐子多為四口爐，有大有小，可做不同用途

廚房內通常有這樣的開罐器，刀口就罐緣壓下，沿罐緣按壓即可開啟

用餐後記得將碗盤洗淨，並以乾布擦拭乾淨

最常見的英國甜點，紅蘿蔔蛋糕(Carrot Cake)

英國超市也可買到豆漿

超市便宜料理自己動手做

若住宿地點有廚房，到超市花5英鎊左右，就可做出營養又好吃的餐點。義大利麵是歐洲最便宜的食材，超市一包義大利麵約£1，所有食材不到£5就可飽食好幾餐。

必備食材
番茄(新鮮或罐頭醬)
櫛瓜或蘑菇
鮪魚或沙丁魚罐
義大利麵
大蒜

Step by Step
1. 先將麵放進煮滾的沸水中，可加入大量鹽巴。
2. 大蒜放入油中爆香後，放入切好的蘑菇及櫛瓜炒熟，再放入鮪魚。
3. 將瀝乾的義大利麵放入鍋中拌炒入味，即可起鍋。

從酒吧裡窺見
英國氣氛

酒吧(Pub)就像英國人的生命之泉，可說是英國人生活中不可或缺的活力來源，尤其百年酒吧呈現出的精緻古樸，想要感受英國文化，就絕不能錯過酒吧體驗！

源自羅馬時代的古老文化

　　酒吧文化源自羅馬時代，最早在11世紀時已開始出現，有Ale House(酒館)專營酒飲，以及Tavern(客棧)主要供應酒與餐點。到了18世紀馬車時期，及19世紀鐵路時期，由於旅行風氣越來越盛，這些地方逐漸成為一般大眾聚集的休閒場所，內含酒、餐飲及各種娛樂設施，稱作Public House，也就是現在的Pub。

　　英國人的酒吧文化根深蒂固，不論是節慶小酌，或只是單純下班後與同事到酒吧喝個一品脫啤酒，都是英國人的日常生活。

　　各式啤酒是酒吧裡必備的，大部分酒吧會有5

31

～10種啤酒選擇，品項會標示在啤酒水龍頭上。最受歡迎的啤酒口味不外乎愛爾淡啤酒(Pale Ale)、斯陶特黑啤酒(Stout)，以及印度式淡色愛爾(India Pale Ale，簡稱IPA)。通常是先找好了座位直接到吧檯點酒，點酒以Pint(品脫)為單位。

除了啤酒，像是琴酒、威士忌、伏特加、葡萄酒、白蘭地等都在陳列之中，如果點餐時，酒單看得你眼花撩亂，也可直接跟服務生說要點House Wine，House Wine就是還可以的酒，是相對便宜的選項。酒吧的樂趣最主要還是在於三五好友的相聚，所以也供應一些不含酒精的調酒或飲料，最重要的是讓客人盡情享受於酒吧的歡樂氣氛。

一般酒吧都會供應道地的英國料理，如炸魚和薯條(Fish & Chips)、牛肉腰子派(Steak & Kidney Pie)、烤肉餐，以及Toad in the Hole(約克夏布丁裡加香腸)。週日的酒吧多了點家庭味，供應Sunday Roast(週日烤肉大餐)，依照各間酒吧的不同，通常可以從櫃檯自行選擇主餐的肉品、蔬菜的種類。餐點會搭配肉汁製作的淋醬(Gravy)，最後再蓋上約克夏布丁(Yorkshire Pudding)。稱為布丁只是取自它的形狀，其實是一種無味的烤麵包，通常會沾上肉汁一起吃。

不含酒精的啤酒

自行到吧檯點餐付帳

酒吧的服務人員與客人維持著朋友關係，英國人會刻意不把酒吧服務人員當作服務人員看，所以會自己到吧檯點酒、點菜，如果覺得服務人員很好的話，不給小費，而以請喝酒的方式取代。

英國酒吧的營業時間不一，結束時間一般大約是在晚上23:00到凌晨01:00左右，待到關門時間的顧客，請注意最後點單提醒(Last

---

旅行小抄

Pub Crawl酒吧巡迴與客棧體驗

英國人週末最喜歡的活動就是跟一群朋友喝過一家又一家，盡情享受週末夜晚的瘋狂。現在許多青年旅館也會舉辦Pub Crawl，帶領房客到各家特色酒吧，通常為免費行程，酒費自行負擔。愛丁堡城內還有深度的文學酒吧之旅，是非常推薦的酒吧行程(請參見P.336)。

此外，許多酒吧樓上也會改為民宿，就是傳統的客棧形式，這也是英國行的經典體驗之一。在樓下快樂買醉或享用經典酒吧菜後，即可上樓休息。

酒吧經典菜Toad in the Hole

Call)，一般會有一個特殊的鈴聲響起，提醒顧客已經是最後點單(Last Orders)時間了！

輪番暢飲的喝酒文化

喝酒文化(Bar Hopping)盛行，通常大家會很有默契地輪流買酒，連續拜訪好幾間不同酒吧，每人都喝一杯。所以和英國朋友到酒吧，不用不好意思對方為你買單，只要記得對方快喝完時，換你買下一輪。

若你不知如何選擇，以下推薦幾家酒吧，或是不妨直接查詢最佳酒吧的得獎名單吧！

查看英國最佳酒吧名單

Anchor Bankside

✉ 34 Park Street, Southwark, London

線上看菜單&訂位

位於泰晤士河畔、比鄰莎士比亞環形劇場(Shakespeare's Globe Theatre)的Anchor Bankside酒吧，已有約400年的歷史，整棟建築的內部陳設未經太多變動，來到倫敦，不妨在此點杯啤酒感受一下英國老酒吧的純正風情。

The Harwood Arms

✉ Walham Grove, London

唯一獲得米其林一星的英式酒館。食物有單點和套餐，招牌隨季節而定，每天更換主菜。

Eagle

✉ Bene't St, Cambridge

因諾貝爾獎得主詹姆士・華生與同僚在此公開發現DNA基因而聲名大噪。天花板上有許多煙燻痕跡，是大戰期間人們在此高談闊論時，用香菸熱燙所留下的痕跡。

Crown & Anchor

✉ 137 Drummond St., London

英國傳統酒吧，環境典雅精緻。

The Nags Head

✉ 53 Kinnerton St, London

天花板和牆壁上都掛滿了老物件，十足的老派英國風味。

英國必Buy
購物天堂

英國著名的連鎖百貨包括John Lewis、Marks and Spencer、House of Fraser，以及Selfridges。倫敦還有獨特的Harrods及Liberty這兩家著名百貨。

真正的英國生活在超市

英國人日常絕大部分的購物都在各大超市解決，不論是蔬果、麵包、海鮮、肉類，或是各種生活用品。所以來英國觀光旅遊，一定要逛超市，體驗當地人的購物氛圍，可以順便挑選伴手禮或是為旅途補貨。別錯過這些英國超市特色品：

起司區

琳瑯滿目的起司區反映出英國人對於起司的熱愛，英國最常見的莫過於切達起司(Cheddar Cheese)，而切達起司就源自於英格蘭的切達村。用青黴菌發酵的藍紋起司(Blue Stilton)也是英國特產，吃過的人若不是特別喜愛，就是特別厭惡；如果不想嘗試這麼極端的味道，來自約克郡文斯利戴爾(Wensleydale)的水果口味起司，則是甜甜好入口。

餅乾巧克力區

午餐或休息時間，英國人喜歡吃洋芋片(Crisps)或是薄脆餅(Crackers)，所以超市裡總會有一大區相關商品。巧克力也是日常文化，售價較台灣便宜。如果喜歡英國老牌子，Cadbury是無人不曉的第一品牌、Thorntons一般會做成禮盒，送禮很常見；通俗的國際大品牌Godiva、Lindt等，在超市也都找得到。

酒區

愛喝酒的英國人當然需要大量酒類選擇！逛過的人一定會發現絕大多紅白酒的售價相當親民，不愛酒精味但想小酌，可以選粉紅葡萄酒(Rose)、香檳或是平價的氣泡酒(Prosecco)，超市裡還有相當多水果啤酒，很適合跟旅伴們晚上聊天時一起享用。

食物區

英國外食相當貴，而超市裡有許多微波食品，如果住宿處有微波爐或烤箱，可以省下不少上館子的餐費。別忘記逛逛麵包區，自備三明治或麵包作早、午餐，方便又省錢；果醬區更是選擇豐富，Tiptree是最普遍的英國果醬，其工廠就在英格蘭的科切斯特(Colchester)。

市集買特色

逛市集優先要查詢開放時間，有些市集幾乎天天都有，有些則是一週一次。到市集一般會有當地農產品、小眾藝術品或是小吃。

二手店淘寶

英國二手店的通俗說法為「慈善店」(Charity Shops)，一般都是為了某個基金會或是組織的募款而設立，例如英國最大的慈善連鎖店Oxfam主要是援助貧窮、Cancer Research UK顧名思義是為了癌症研究募款，除此之外還有數不清的慈善店分布在各大城小鎮裡。獨立的慈善店，其商品與地緣相當有關係，因為商品都是當地居民所捐，再由慈善店自行定價，通常小型的慈善店定價會比較便宜，衣服一件可能£2～3、書一本£1，運氣好的話或許會挖到好貨呢！

街上常見的二手店店面，裝潢不會很醒目，可不要錯過了

深受喜愛的英國服飾品牌

許多知名高端服裝設計師就在倫敦誕生或是生根，如Alexander McQueen、Stella McCartney。當然在遊客心裡，Burberry毫無疑問是英國不可錯過的高價品牌，想撿便宜可到Outlet，或東倫敦的Burberry暢貨中心。其他中高價知名品牌，如以彩色線條為特色的Paul Smith、龐克與浪漫完美結合的Vivian Westwood、前衛品牌All Saints、男裝起家的Ted Baker、仕紳最愛的Barbour，以及被凱特王妃穿紅的Reiss等。其他流行品牌還有：

Radley
俏皮聞名的輕奢品牌。

fcuk
英國潮流平價品牌。

Joules
中價位品牌，耐洗又耐穿。

Jack wills
簡斂的休閒服飾。

The White Company
居家用品服飾店。

Next
流行平價服飾品牌。

Crew Clothing
以休閒路線為主的英國品牌。

The Cambridge Satchel Company
真皮劍橋包。

Mountain Warehouse
常見的平價戶外用品店。

Cath Kidston
迷人的英國鄉村風包，以英式印花風格聞名。

Clarks
知名人體工學鞋品牌，會仔仔細細幫忙量腳。

Dr. Martens
時尚厚黑靴的領導品牌，龐克必備行頭。

Seasalt Cornwall
輕鬆不做作的英國海濱風格。

Superdry
防風外套聞名的年輕潮牌。

Marks and Spencer
瑪莎百貨的服飾出了名的物美價廉。

White Stuff
老少咸宜的流行品牌。

Boden
輕熟女的最愛，主要在網路上販售，無實體店面。

知識充電站

High Street 逛商家

　　High Street一般指的就是該地商家雲集之地，尤其在小城鎮裡，吃吃逛逛全都在這裡了。

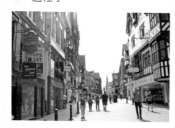

旅行小抄

Harris Tweed 哈里斯毛料

　　英國傳統頂級毛料織品，已合法取得標商認證。以蘇格蘭高地Harris及Lewis小島的純正羊毛織成，並採以Crottle植物染料染色，因此毛料上會帶點雜色斑點。色彩主要為鐵鏽橘及紫咖啡，織紋多為千鳥格、狗牙紋，並會在手肘上貼上皮革，以耐磨損。

37

特色禮品

威士忌
蘇格蘭威士忌當然是必買的頂級伴手禮。

奶油酥餅
英國特產的奶油酥餅，帶點薑味的，味道更棒。

英國百年名瓷
Waterford Wedgwood是英國著名的陶瓷精品，他的產品都含有50％以上的動物骨粉，所以特別耐用，茶杯組也都是手繪的，每一只都是獨一無二。此外，「碧玉(Jasper)」在粉藍色陶瓷上的白色浮雕藝術，也是這個品牌的經典創作。

英國衛兵
可愛的英國衛兵造型，也是英國必買紀念品。

蘇格蘭格紋產品
蘇格蘭格紋產品及喀什米爾羊毛衣、圍巾。

英國國旗紀念品
飄揚全球的英國國旗，是最具英國特色的標誌，可買到各種相關紀念品。

當地風景明信片
具有當地特色的明信片，是一張張我們曾經走過的記憶，體積輕巧無負擔，不論送禮或是收藏都相當合適。

戶外用品
英國人很喜歡健行，可買到各種高機能戶外用品，尤以防風雨的外套及鞋子最值得購買。

當地畫家作品製作的抱枕等居家雜貨

整套的野餐用具

彼得兔產品及設計精美的茶壺、茶杯

英國茶

　　最普遍的品牌是唐寧(Twinings)，喜歡Whittard可以到專賣店挑選。送禮時最受歡迎的口味是伯爵茶(Earl Grey)及英式早餐茶(English Breakfast Tea)，這些都可以找到無咖啡因(Decaf)的版本。Rooibos(或稱Redbush，博士茶)、各式花草茶則是天然無咖啡因的好選擇。

除了唐寧，Yorkshire Tea是近來很受歡迎的英國日常茶，屬於味道較濃的紅茶

Wittard是相當受歡迎的英國茶

拿F&M的茶葉來送禮，好看又好喝

Teapigs、Clipper優質公平交易茶包

英國保養品品牌

Neal's Yard Remedies
高品質的天然保養品牌。

Liz Earle
英國優質天然保養品牌，尤以熱毛巾卸妝乳聞名。

Grabtree & Evelyn
英國平價天然保養品牌。

Lush
英國著名的天然皂及保養品，身體乳液與洗髮乳均相當推薦。

Jo Malon香水
英國著名的高雅香水，機場購買最便宜。

Molton Brown
倫敦頂級衛浴產品。

冬季聖誕折扣與Outlet

　　每年的聖誕折扣是最值得期待的，雖然有些店家會提早或延後開跑，但正式的冬季打折日期是從12/26(Boxing Day)開始，一直持續到1月初左右。這段期間線上購物也是熱鬧非凡，有些店家雖然在Boxing Day當日實體店面沒有營業，但線上購物早在凌晨整點就已經開放啦！夏季則沒有一個統一折扣的時間，一般就是在暑假期間。

比斯特購物村
Bicester Village

- http www.bicestervillage.com
- ✉ 50 Pingle Dr, Bicester
- ☎ 018-6936 6266
- ⏰ 依季節而異，請查詢官網
- ➡ 可由倫敦Marylebone站搭火車或巴士前往，1小時內即可抵達；從牛津搭火車只要13分鐘，搭公車也會到

　　如果不是在打折季節到訪英國，可以考慮去知名的折扣中心Bicester Village逛逛。由倫敦搭車僅約50分鐘，又可順遊牛津或科茲窩。

　　Outlet村裡幾乎涵納了大家到英國可能會想買的品牌，包括精品Burberry、Vivienne Westwood 首家Outlet 店、Alexander McQueen、BV義大利精品、Tory Burch鞋店、Longchamp，就連年輕潮牌AllSaints、Superdry、倫敦保養品牌Molton Brown及法國L'Occitane，這裡都找得到。

　　餐廳部分也相當用心，包括可吃到當地美食的farmshop restaurant & cafe、法國甜點品牌Ladurée、日式連鎖簡餐Itsu，或簡單的三明治咖啡店Pret a Manger等，任君挑選。

　　購物村內提供免費無線網路、行李寄放及寄送服務。自疫情後，購物村更新增了線上服務，可以與客服預約線上看貨、選購服務，不用親臨購物村也可以直接消費。

About Great Britain

TK Maxx

http www.tkmaxx.com/uk/en

TK Maxx是一間神奇的連鎖折扣店，店家專進一些折扣商品，但是千萬不要抱著「一定要找某物品」的期待前往，因為很有可能會撲空。若是抱持隨便看看的心態，反而容易挖到寶，例如碰到Le Creuset的便宜商品，或幾鎊一雙的零碼名牌鞋。TK Maxx不只有服飾，還有家居用品、玩具、食品等，品項眾多。不過，並非這裡的定價就一定是市價最便宜的，下手前心裡還是要有一把尺去衡量是否划算。

TK Maxx在很多城市都找得到，倫敦市中心便有非常多家分店，最多觀光客前往的是柯芬園分店。如果有興趣的遊客，也可以先逛逛官網，有個概念。但每間店的貨源不一，如果有路過、也剛好有時間，不妨進去逛逛。

London Burberry Outlet

29-31 Chatham Pl, London E9 6LP
020-8328 4287
10:00～18:00，週日11:00～17:00
Hackney Centre站

喜歡Burberry一定不要錯過位在倫敦市中心東北方向的這間暢貨中心。雖然隱藏在不起眼的街區，但貨品相當多，男、女裝和童裝都有。當然不保證一定會有心儀物品，因為逛Outlet憑的就是運氣！

London Designer Outlet

http www.londondesigneroutlet.com
Wembley Park Boulevard, Wembley Park, HA9 0FD
020-8912 5210
最靠近的車站為Wembley Stadium

品牌比較少，有Superdry、Clarks、M&S以及NEXT等，建議先上官網查看，確定有興趣再前往。購物中心內也有餐廳、電影院，可說是雨天備案行程之一。

哈利波特之旅

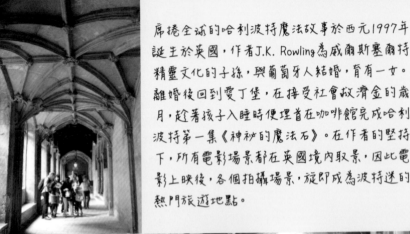

席捲全球的哈利波特魔法故事於西元1997年誕生於英國，作者J.K. Rowling為威爾斯塞爾特精靈文化的子孫，與葡萄牙人結婚，育有一女。離婚後回到愛丁堡，在接受社會救濟金的歲月，趁著孩子入睡時便埋首在咖啡館完成哈利波特第一集《神祕的魔法石》。在作者的堅持下，所有電影場景都在英國境內取景，因此電影上映後，各個拍攝場景，旋即成為波特迷的熱門旅遊地點。

牛津大學的基督學院

倫敦哈利波特影城

倫敦
LONDON

　　當哈利波特抵達倫敦時，泰唔士河、大笨鐘、國會廣場以及倫敦最著名的紅色雙層巴士，都是片中場景。另外，也可逛逛海格(Hargid)跟波特一起逛街購買魔法文具的利德賀市場(Leadenhall Market)。

國王十字車站
King's Cross Station

　　還記得哈利波特第一次前往魔法學校時，生澀地穿越九又四分之三月台？想拍張照留念，就在國王十字車站大廳，道具都是現成的，拍完還可以順道逛一下哈利波特紀念品店喔。

哈利波特影城
Warner Brother's Studio Tour

🔗 www.wbstudiotour.co.uk
✉ Studio Tour Drive, Leavesden
📞 08450-840 900
➡ 可由倫敦Euston站搭火車到Watford Junction，約20分鐘車程，再轉搭15分鐘的接駁巴士；也可從官網連結購買由維多利亞巴士總站或國王十字車站出發的影城專車加門票
🕐 依季節而異，請查詢官網
💲 成人£51.50起，另有其他票種如家庭票
ℹ 遇學生假期一票難求，建議提早訂票

　　電影拍攝完後，華納兄弟聰明的生意頭腦，馬上將位於倫敦郊區的攝影棚改為觀光地，讓波特迷也能沉浸於神祕的魔法世界中。

牛津
Oxford

🔗 www.chch.ox.ac.uk
✉ St. Aldate' s Oxford

　　魔法學校的許多場景都是在牛津大學拍攝的。魔法學校的用餐室即在牛津大學的基督學院，波德里安圖書館及神學校則為片中的圖書館及校園。(P.146)

格洛斯特大教堂
Gloucester Cathedral

🔗 www.gloucestercathedral,org.uk
✉ 2 College Green, Gloucester

　　要說出密碼才能通過的Gryffindor學生宿舍，就是在這1300多年之久的格洛斯特教堂所拍攝。格洛斯特位於美麗的科茲窩，有迷人的英格蘭鄉村風光環繞。(P.177)

愛尼克城堡
Alnwick Castle-Northumberland

http www.alnwickcastle.com

✉ The Estate Office, Alnwick, Northumberland

　　最受魔法人喜愛的魁地奇(Quidditch)比賽在英格蘭與蘇格蘭邊境的愛尼克城堡拍攝。Northumberland公爵家族在此居住長達700多年。附近為石頭圍成的迷人小村落。電影中與海格對戲的場景即在城堡花園入口。此外，城堡也值得參觀，內有精緻的家具及許多大師作品，像是Caneletto、Van Dyck及Titian的作品。

達拉謨大教堂
Durham Cathedral

　　魔法學校的部分場景取自達拉謨大教堂，另外有幾場雪景也是在教堂迴廊所拍攝的。教堂本身的建築技術有許多創舉，這裡也是英國境內著名的朝聖地之一。

拉科克修道院
Lacock Abbey

http www.nationaltrust.org.uk

✉ Lacock, Chippenham, Wiltshire

　　1232年建立的拉科克修道院是一座迷人的中古世紀建築，故事中的校貓Mrs. Norris徘徊的迴廊就在這裡，石內卜教授的實驗室則位在修道院中的聖器收藏室，上課教室場景及哈利由鏡中看到父母的地點都在此。拉科克這個古老小村莊，就在由巴斯前往巨石圈的路上，建議可在此吃午餐，慢慢遊逛這充滿悠古氣息的小小烏托邦。

高斯蘭地火車站
Goathland Station

　　電影中的霍格華茲快車(Hogwarts Express)由九又四分之三月台出發開往魔法學校，魔法學校的月台即為北約克荒原的高斯蘭地，而這列快車也就是北約克荒原蒸汽火車(North Yorkshire Moors Railway, NYMR)。

英國行程規畫

Top10 英倫十大必訪

倫敦

愛丁堡

科茲窩

湖區

劍橋、牛津

約克

巴斯、巨石圈

康瓦地區

北威爾斯：康威、史諾丁尼亞
國家公園

英格蘭東南區：布萊頓、萊
伊、坎特伯里

45

10天行程規畫

建議可以選擇以倫敦為定點，玩中南部地區，或者以愛丁堡為定點，玩蘇格蘭及北英格蘭地區。

行程一：以倫敦為定點

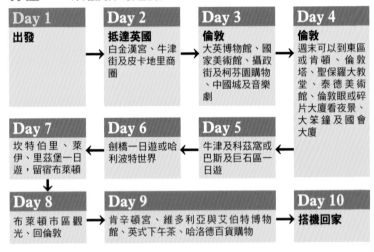

Day 1
出發

Day 2
抵達英國
白金漢宮、牛津街及皮卡地里商圈

Day 3
倫敦
大英博物館、國家美術館、攝政街及柯芬園購物、中國城及音樂劇

Day 4
倫敦
週末可以到東區或肯頓、倫敦塔、聖保羅大教堂、泰德美術館、倫敦眼或碎片大廈看夜景、大笨鐘及國會大廈

Day 7
坎特伯里、萊伊、里茲堡一日遊，留宿布萊頓

Day 6
劍橋一日遊或哈利波特世界

Day 5
牛津及科茲窩或巴斯及巨石區一日遊

Day 8
布萊頓市區觀光、回倫敦

Day 9
肯辛頓宮、維多利亞與艾伯特博物館、英式下午茶、哈洛德百貨購物

Day 10
搭機回家

行程二：以愛丁堡為定點

可選擇遊蘇格蘭單一地區，或者蘇格蘭之後，往南部的英格蘭，最後到倫敦。

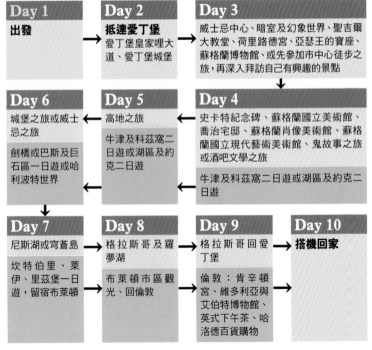

Day 1
出發

Day 2
抵達愛丁堡
愛丁堡皇家哩大道、愛丁堡城堡

Day 3
威士忌中心、暗室及幻象世界、聖吉爾大教堂、荷里路德宮、亞瑟王的寶座、蘇格蘭博物館、或先參加市中心徒步之旅，再深入拜訪自己有興趣的景點

Day 6
城堡之旅或威士忌之旅

劍橋或巴斯及巨石區一日遊或哈利波特世界

Day 5
高地之旅

牛津及科茲窩二日遊或湖區及約克二日遊

Day 4
史卡特紀念碑、蘇格蘭國立美術館、喬治宅邸、蘇格蘭肖像美術館、蘇格蘭國立現代藝術美術館、鬼故事之旅或酒吧文學之旅

牛津及科茲窩二日遊或湖區及約克二日遊

Day 7
尼斯湖或穹蒼島

坎特伯里、萊伊、里茲堡一日遊，留宿布萊頓

Day 8
格拉斯哥及羅夢湖

布萊頓市區觀光、回倫敦

Day 9
格拉斯哥回愛丁堡

倫敦：肯辛頓宮、維多利亞與艾伯特博物館、英式下午茶、哈洛德百貨購物

Day 10
搭機回家

15天行程規畫

除了英格蘭及蘇格蘭外,也可將迷人的北威爾斯規畫進行程中。

行程一

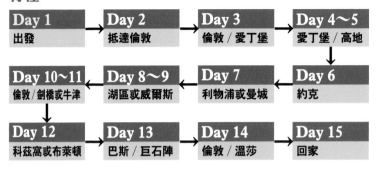

Day 1	Day 2	Day 3	Day 4～5
出發	抵達倫敦	倫敦／愛丁堡	愛丁堡／高地

Day 10～11	Day 8～9	Day 7	Day 6
倫敦／劍橋或牛津	湖區或威爾斯	利物浦或曼城	約克

Day 12	Day 13	Day 14	Day 15
科茲窩或布萊頓	巴斯／巨石陣	倫敦／溫莎	回家

行程二

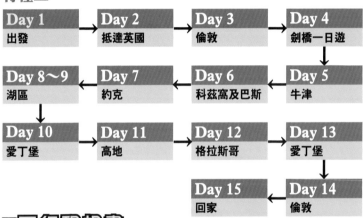

Day 1	Day 2	Day 3	Day 4
出發	抵達英國	倫敦	劍橋一日遊

Day 8～9	Day 7	Day 6	Day 5
湖區	約克	科茲窩及巴斯	牛津

Day 10	Day 11	Day 12	Day 13
愛丁堡	高地	格拉斯哥	愛丁堡

Day 15	Day 14
回家	倫敦

7天行程規畫

一週玩英國有點緊,建議可以倫敦為定點,搭配科茲窩、劍橋或牛津、南部小鎮的行程,或者以蘇格蘭為主搭配湖區、約克。

Day 1	Day 2	Day 3	Day 4
出發	抵達英國 白金漢宮、牛津街及皮卡地里商圈	倫敦 大英博物館、國家美術館、攝政街及柯芬園購物、中國城及音樂劇	倫敦 週末可以到東區或肯頓、倫敦塔、聖保羅大教堂、泰德美術館、倫敦眼或碎片大廈看夜景、大笨鐘及國會大廈

Day 7	Day 6	Day 5
搭機回家	肯辛頓宮、維多利亞與艾伯特博物館、英式下午茶、哈洛德百貨購物	牛津、科茲窩及巨石區或劍橋一日遊或哈利波特世界

英格蘭
ENGLAND

薔薇國花
濱海度假地
學術重鎮

以薔薇為國花的優雅國度英格蘭，主要為盎格魯薩克遜人(Anglo-Saxon)的後裔，也是首都倫敦的所在地。一千多年來，英格蘭南部一直是英國人口最密集的地區，其中又以倫敦人口最多。英國君主是整個大不列顛共和國的國家元首，而實質政權掌握在倫敦國會手上，由首相帶領處理政務，也難怪許多人都誤以為英格蘭就是整個英國，威爾斯人、蘇格蘭、及北愛爾蘭人可是對這樣的錯誤認識很不以為然！

英格蘭北鄰蘇格蘭、西接威爾斯、東則隔著英倫海峽與法國相望。地形較為低平，最高峰也只有963公尺。

各區皆有不同的景觀與人文特色

東南部可說是倫敦的腹地，許多倫敦上班族選擇以通勤的方式，換取相較於倫敦市中心更為優良、

英國的實質政權仍掌握在倫敦國會手上

便宜的生活方式。這裡在英國歷史上也占有相當重要的角色，有許多歷史古蹟，像是宗教中心坎特伯里(Canterbury)、古老小鎮萊伊(Rye)、及歐陸門戶多佛(Dover)等，而沿岸的沙灘，更是倫敦人便捷的濱海度假勝地，其中以布萊頓(Brighton)最為著名。

西南部綿延的花崗岩台地荒原景色由兩大國家公園構成，而西南角著名的地角(Land's End)及康瓦(Cornwall)地區優雅的沿岸風光與藝術氣息，更是吸引無數文人雅士前往定居。

此外，巴斯老溫泉鎮、神祕的史前巨石陣(Stonehenge)，其老英格蘭風味更是不容錯過。

英格蘭東部以來自德國的移民盎格魯人為主，一直都是英國最刻苦耐勞的一群，這區以學術重鎮——劍橋(Cambridge)為首，沿岸則有許多小巧的小漁港及沼澤、濱海度假區。

倫敦是英國人口最密集的地方

英格蘭區域地圖
地圖繪製/許志忠

英格蘭中心的豐富性最是包羅萬象，英國最古老的大學城牛津(Oxford)、皇家重地溫莎堡(Winsor)、以及最具英格蘭鄉野風光的科茲窩(Cotswolds)地區及莎士比亞的都鐸小鎮亞芳河上的史特拉福(Stratford Upon Avon)。當然，還有位置較為偏北的第一座國家公園——山峰區(Peak District)國家公園，清澈的小溪流及山中文化，吸引遊客絡繹不絕來訪。

英格蘭北部雖然有好幾座工業大城，但近幾年大刀闊斧改造之下，搖身一變，成為藝文氣息濃厚的新都會(如利物浦)。而讓無數文人流連忘返的湖區(Lake District)、以及中古老鎮約克(York)與周遭的壯麗景色，也都是健行者的最愛。

倫敦街頭仍可看到騎馬的帥氣警察

英格蘭境內有許多迷人的小鎮

51

倫敦 LONDON

　　每天有300多種語言在同一個城市發聲，街上穿梭著來自世界各國的人種，這樣一個國際化的城市，當然也造就了令人驚歎的多元文化。外人會說，倫敦是一個城市，不過土生土長的倫敦人可會說，倫敦是由多個小社區組成的大都會。倫敦人對於他們所居住的區域，都有著深厚的感情，也因此，各個「小社區」形成無可取代的獨特文化，每一區都有著令人流連忘返的特色。

【倫敦分區介紹】

1 西敏區 Westminster

這是倫敦的觀光及政治中心，西敏寺、大笨鐘、白金漢宮等全都在此區的徒步範圍內。

著名的大笨鐘已改為「伊莉莎白鐘塔」

2 蘇活區 Soho 皮卡地里 Piccadilly

倫敦最熱鬧的購物商圈，五花八門的商店，所有你需要的都可在此找到。中國城、西區音樂劇、主要購物街蘇活區、攝政街、牛津街等都在這裡。

3 梅菲爾 Mayfair

最高級的龐德街，全球最棒的精品齊聚一堂，這裡儼然形成倫敦市區的高級住宅區，如要了解最時髦的倫敦文化，非此地莫屬了。

高級精品街區

地圖繪製／許志忠

倫敦分區地圖

9 布魯斯伯里、梅利波恩

7 諾丁丘

3 梅菲爾

2 蘇活區及皮卡地里

5 柯芬史翠

1 西敏區

8 卻爾希、騎士橋及肯辛頓

12 倫敦西區

4 南岸 Southbank 南渥克區 Southwark

這區洋溢著一股嫻靜的氣質，皇家劇院、新文化設施，有著各種藝文活動，而河邊的散步區，更是市民最閒逸的小天地。

倫敦眼

5 柯芬園 Covent Garden 史翠德區 Strand

充滿生氣的柯芬園，在大都會中散發著溫馨的氛圍，熱鬧的市集、街頭表演及巷道中的小商店，最是讓遊客喜愛。

歡樂的柯芬園

6 倫敦城 The City

倫敦城可說是倫敦的金融重心，而這裡也有最閃亮的倫敦地標——塔橋及遊客必訪的倫敦塔。

倫敦塔橋

7 諾丁丘 Notting Hill

倫敦充滿生氣的小村落，多彩繽紛的街區、藏滿寶藏的古董市集，這就是因電影《新娘百分百》而聲名大噪的諾丁丘。

繽紛的諾丁丘

11 倫敦北區

6 倫敦城

13 倫敦東區

4 南岸及南渥克區

10 倫敦南區

Zone 1、2、3、5、8、9 市區適合住宿的區域

55

8 卻爾希 Chelsea
騎士橋 Knightbridge
肯辛頓 Kensington

上流的古董、家具店，全球著名哈洛德百貨的所在地，以及黛安娜王妃生前居住的肯辛頓宮，這是品味上流文化的聖地。

肯辛頓宮 (圖片提供 / 鄧鈺澐)

9 布魯斯伯里 Bloomsbury
梅利波恩 Marylebone

大英博物館的所在地，這裡不但是博物館聚集的地區，更是藝術家及學者的最愛。

大英是全球收藏最豐富的博物館之一

10 倫敦南區 South London

國際天文重地的格林威治、O2展館、倫敦纜車等都在這一區。

11 倫敦北區 North London

大剌剌的奇異造型、鞋跟高得令人傻眼的龐克鞋，這就是你見識倫敦異次元文化的最佳地點——肯頓市集；而最有質感的住宅區哈姆斯泰德，可是拜倫、濟慈的最愛。

有趣的肯頓市集

12 倫敦西區 West London

全球最大的植物園——邱園(Kew Gardens)；亨利八世所建立的都鐸大宮殿漢普頓宮都是倫敦城外最熱門的景點。

13 倫敦東區 East London

東區宛如萬花筒，涵蓋多元文化，尤其別錯過這區的週末市集。

東區最具前衛文化

J **K** **L**

City Rd.

Lever St.

Path St.

Old St.

Old Street

Old St.

Broadway Market

1

Old St.

City Rd.

Great Eastern St.

Clerkenwell Rd.

Gary's Inn Rd.

Finsbury Sq.

Brick Lane Market

Barbican

Farringdon

Charterhouse St.

Aldersgate St.

Old Spitalfields Market

Bishopsgate

2

Chancery Lane

倫敦博物館

London Wall

Liverpool Street

東區及碼頭區

Brick Lane

白教堂藝廊

London Wall

Newgate St.

倫敦城 The City

London Wall

Duck & Waffle

Aldgate East

皇家法院

Ye Olde Cheshire Cheese

St. Paul's

聖保羅大教堂

Aldgate

史翠德區 Strand

聖殿區

Gracechurch

利德賀市場

Minories

3

Victoria Embankment

Blackfriars

Mansion House

Cannon Street

空中花園

Tower Hill

Temple

Blackfriars Bridge

Southwark Bridge

Monument

Tower Thames St.

London Bridge

倫敦塔

Tower Bridge

Bridge

國家劇院

Oxo Tower Wharf

泰德現代美術館

莎士比亞環球劇場

貝爾法斯特戰艦

倫敦塔橋

Stamford St.

南岸 Southbank

Monmouth Coffee

Southwark St.

波羅市場

碎片大廈

南岸藝術中心

Southwark St.

George Inn

London Bridge

Tooley St.

Waterloo

Southwark

Union St.

Southwark Bridge Rd.

Bermondsey St.

Tower Bridge Rd.

Druid St.

Westminster St.

Lambeth North

Borough Rd.

Borough

Terry's Café

Long Lane

Abbey St.

5

Lambeth Rd.

英國戰爭博物館

Georges Rd.

南渥克區 Southwark

Harper Rd.

Grate Dover St.

Grange Rd.

Kennington Rd.

Elephant & Castle

New Kent Rd.

Old Kent Rd.

Dunton Rd.

6

Kennington Lane

Walworth Rd.

Kennington

Kennington Park Rd.

London Top 10
白金漢宮　　　　　大笨鐘
西敏寺　　　　　　國家美術館
倫敦塔及倫敦塔橋　波羅市場
聖保羅大教堂　　　牛津街與攝政街
大英博物館　　　　哈洛德百貨

7

Oval

I **J** **K** **L**

【倫敦旅遊資訊】

【對外交通】

掛上倫敦名號的機場共有6座，然而，畫在倫敦交通區內的只有3座：希斯洛、蓋威及城市機場。其中最大的國際機場為希斯洛機場，如搭乘華航，可不中停來回桃園與希斯洛。

■ 航空

Heathrow Airport

希斯洛機場是倫敦最大的機場，位在倫敦收費區的Zone 6，往返倫敦市區的交通：

(1) 搭乘地鐵Piccadilly線，由市中心出發，約50分鐘即達。票價£6.3，刷卡(牡蠣卡或感應式信用卡)票價為£5.5。

(2) 搭乘Heathrow Express由Paddington火車站出發約15分鐘(到Terminal 5約21分鐘)。單程£25(預售票£5.5起)，來回£37。

(3) 搭普通火車Elizabeth Line，約30分鐘到Paddington火車站，刷卡單程£11.5。

(4) 搭National Express到倫敦市中心Victoria車站及英國各城市。

🌐 www.heathrowairport.com
📞 034-5600 1515

Gatwick Airport

許多飛往歐洲的便宜機票都從蓋威機場起飛。倫敦往返布萊頓的火車行經這裡。往返倫敦市區：

(1) 搭乘Gatewick Express往返Victoria車站，車程約30分鐘，單程票£20.7，直接在Gatwick Express官網訂購有9折。

(2) 搭乘一般火車Southern或Thameslink，約半個多小時，提早訂票價格會比Express便宜許多，缺點是尖峰時間比較擁擠，因為車上會有許多倫敦上班族。

60

🌐 www.gatwickairport.com
🌐 www.gatwickexpress.com(網路預訂可享優惠票價)

Stansted Airport

離倫敦市區30英里，是廉價航空Ryanair的大本營。可搭Stansted Express(www.stanstedexpress.com)到London Liverpool St.，每小時有2～3班車，全程約47分鐘，單程票原價£20.7(提早訂票£9.7起)；或搭National Express機場巴士到Baker St.或Victoria巴士站，車程45～60分鐘，票價提早預訂£7起。

Luton Airport

這裡也有許多飛往歐洲的便宜選擇。可由機場先搭接駁公車往Luton火車站，再搭火車前往倫敦St. Pancras火車站。

London City Airport

位於船塢區(Docklands)，主要為國內線班機。可搭輕軌(DLR)到市中心的Bank站。

London Southend

紹森德機場雖然也冠上了倫敦二字，但離倫敦中心卻有36英里。搭乘Greater Anglia火車到Liverpool St.火車站約52分鐘，單程票約£19起。

■ 火車

倫敦有好幾座火車站，各負責不同區域的班車，建議先上網查詢要從哪個火車站出發。雖然各區的火車公司也不同，不過均可透過聯合查詢及訂購網站搜尋：www.nationalrail.co.uk。

英國火車票越早訂越便宜，前一天跟前7天的價錢差很大，善加規畫有可能比Rail Pass通行證還便宜(但彈性相對較低)。若要拜訪附近小鎮，當日往返，可購買超划算的Day Return的票種，並在訂票的時候加購當地公車一日票(Plusbus)。

England / London

倫敦市區主要火車站：Waterloo、London Bridge、Victoria、Charing Cross、Liverpool St.、Paddington、King's Cross、Euston等。國際火車，如歐洲之星，則從St. Pancras International火車站出發，可直達巴黎、阿姆斯特丹以及布魯塞爾。

巴士

Victoria Coach Station

倫敦市區主要的長途巴士站，National Express大部分由此發車，國際路線亦然。

✉ Buckingham Palace Rd.(地鐵站Victoria)

- -

歐洲巴士

前往歐洲最主要的巴士公司為Eurolines。FlixBus則是後起之秀，連結著歐洲幾大城市。

http www.eurolines.de/en/home
http www.flixbus.co.uk

【對內交通】

公車

倫敦著名的紅色雙層巴士(Double Decker)，前門上車，後門下車。不接受上車購票，請先準備好票卡，如牡蠣卡、感應付款或旅遊卡等。

公車靠近站牌時，請向司機招手，公車就會停下來載客；大部分公車會有語音提醒下一個接近的站牌名稱，欲下車前，請按下車鈴告知司機。

夜間公車：有些公車路線是24小時，有些是專門的夜間路線(路線有N字樣)。

http 倫敦公車景點圖
content.tfl.gov.uk/bus-route-maps/key-bus-routes-in-central-london.pdf

地鐵

搭地鐵在倫敦旅遊相當方便，只要手邊有地鐵圖，就可以輕易暢遊各大景點。倫敦大部分的重要景點集中在1～2區，也因此1～2區的旅遊卡是最熱賣的，當然也可以用牡蠣卡或感應式付費，使用多少趟，便扣除多少費用(Pay As You Go)。請注意，倫敦地鐵某些路線已超過150年，因此沒有電梯或手扶梯的車站也是相當常見。

下月台前會有大看版確認方向是否正確

鐵路

倫敦境內除了地鐵還有一般鐵路，如輕軌、地鐵局火車甚至國鐵局火車。雖看似複雜，但搭乘方式與地鐵大同小異。

公用腳踏車

倫敦公共腳踏車(Santander Cycles)的地點相當多，可自助租車、還車。30分鐘的租車費用為£1.65。

http tfl.gov.uk/modes/cycling/santander-cycles

計程車

具英國代表性的黑頭計程車(Black Cab)，可隨招隨停，內部寬敞，可坐5人，起跳價格為£3.8；Uber也是相當熱門的選擇；而俗稱的Mini Cab，指的則是私人計程車，需要事先預約，如欲查看倫敦交通局推薦的私人計程車公司，請前往以下網址。

http tfl.gov.uk/modes/taxis-and-minicabs

渡輪

交通船
London River Bus

從泰晤士河欣賞倫敦市景，最便宜的方式可搭乘公船，最熱門的路線大概就是從倫敦眼搭到格林威治。

倫敦交通船

觀光船
River Cruises

泰晤士河上有多家觀光船公司，其中以City Experiences的24小時Hop-On Hop-Off最為熱門，可隨意在碼頭上下船。觀光船比公船開得更慢，船上的甲板及開放空間多，利於拍照，而且還有景點講解。另還有一些特別版的觀光船套裝，例如一邊在船上欣賞風景，一邊享用下午茶。

http www.cityexperiences.com

【旅遊資訊】

倫敦觀光巴士

第一次遊覽倫敦，可考慮搭乘觀光巴士(Sightseeing Tours)前往各大重要景點，遊客可選購一日或兩日票。沿途有多種語言解說，交通及景點的功課都省了，到了喜歡的景點還能下

車拍照走走，滿意了再搭下一輛車繼續觀光。

http **Big Bus**
www.bigbustours.com/en/london/london-don-sightseeing-tours

http **City Sightseeing**
city-sightseeing.com/en/95/london

http **Golden Tours**
www.goldentours.com/london-hop-on-hop-off-bus-tours

觀光巴士上不同的視界

倫敦通行證

倫敦景點所費不貲，如果希望蒐集各付費景點，善用倫敦通行證(London Pass)或許能省下不少費用。通行證涵蓋超過80個景點，購買天數越長，每日平均越划算，票券在KKday以及Klook中文網站上就可買到，通行證官網也時有折扣。

http londonpass.com

景點買一送一

倫敦票券買一送一(London 2 FOR 1)是國鐵局祭出的優惠，只要持有國鐵局發放的倫敦火車票(票上有紅色雙箭頭的國鐵標誌)，在多處景點都可享有買一送一的優惠，如倫敦眼、倫敦塔、聖保羅大教堂等等。詳細資訊或訂票請查詢官網。

http www.daysoutguide.co.uk/2for1-london

免費景點

若要省荷包，倫敦許多知名博物館，如大英博物館、自然歷史博物館、V&A等等，都是免費參觀的。另外，倫敦的皇家公園，如海德公園、聖詹姆士以及攝政公園等等，也是免費的好去處。

熱門景點

西敏區
Westminster

白金漢宮
Buckingham Palace

- ⓗ www.royalcollection.org.uk
- ✉ Buckingham Palace
- ☎ 020-7766 7300
- ➡ 地鐵站Green Park／Hyde Park Corner／St James's Park／Victoria，步行約10分鐘
- ⏰ 7、8月09:30～19:30，9、10月09:30～18:30
- 💲 £30，或可購買皇家聯票(Royal Day Out)£55，一併參觀白金漢宮、女王美術館及皇家馬廄
- ℹ 白金漢宮導覽：門票含詳細的中文語音導覽，可依導覽路線參觀宮殿，尤以皇家收藏繪畫說明最為精采
- 🗺 P.58／F5

白金漢宮為倫敦必拍照景點之一

自1837年維多利亞女皇以來，一直是英國君主的行政總部。接見各國使臣、國宴舉辦等都在白金漢宮，這裡也是君主的倫敦官方居所。這座宮殿為18世紀白金漢公爵所建造的豪宅，後由喬治三世購得，作為夏洛特皇后的私人居所，因此普遍稱之為「皇后之家」(The Queen's House)。西元1826年御用建築師約翰納許(John Nash)及Edward Blore將它改建為富麗堂皇的宮殿，一直沿用至今。

1993年宮殿開始對外開放，不過只開放775間房間中的18間，其中包括金碧輝煌的謁見廳、優雅的音樂廳、以及皇室家族歷年來的重要收藏藝術品、精美的皇冠、多彩繽紛的庭院等。

白金漢宮前的衛兵交接，人潮人山人海

維多利亞女王紀念碑

衛兵交換儀式

　　白金漢宮前的衛兵交換儀式是遊客到倫敦必看的行程之一，約11:00開始，衛兵會在威嚴的軍樂隊伴奏下換班，新舊兵會互碰手部，象徵交換鑰匙，全程約45分鐘。

🔗www.householddivision.org.uk，或者下載APP：Changing the Guard Ceremony

衛兵交換儀式時間

白金漢宮	只要天氣允許，夏季每天都有衛兵交接；其他季節每週一、三、五、日有交接儀式。儀式11:00開始
禁衛騎兵團部 (Horse Guard Arch)	週一～六11:00、週日10:00 約30分鐘
溫莎城堡	週二、四、六有衛兵交接，儀式11:00開始

1.暑假旺季遊客多，建議10點就先過去找好位置，且要小心扒手。
2.可愛的衛兵帽，原來是熊皮帽，是在滑鐵盧戰役打敗法國拿破崙衛隊後，才開始戴的。這黑嚕嚕的高帽子一戴，自己就變得又貴氣、又威風了。
3.時間常有變動，記得出發前先上網確認。

特拉法加廣場
Trafalgar Square

🗺 P.58 / H4

　　西元1820年約翰納許（John Nash）所設計的大廣場，與兩端的國會大廈及白金漢宮相互輝映！這座倫敦最大的圓環花了將近50年的時間才完成，1843年才豎立起民族英雄尼爾森將軍的雕像，並於1867年完成廣場上的獅子。

　　每年聖誕節期間，廣場會擺上挪威所捐贈的大型聖誕樹，感謝英國當年幫助它們對抗德國納粹之情。

特拉法加廣場

國宴廳
The Banqueting House

🔗 www.hrp.org.uk
✉ The Banqueting House, Whitehall
📞 020-3166 6000
➡ 地鐵站Westerminster／Embankment，步行約10分鐘
💲 請上官網預約，導覽£12.5
🗺 P.58 / H4

　　這座富麗堂皇的國宴廳是1619年詹姆士一世聘請Inigo Jones建造的。國宴廳屬於當年歐洲最大宮殿Whitehall Palace的一部分，不幸的是，17世紀宮殿遭受大火肆虐，國宴廳是僅存的部分。廳內有著名的魯本斯天頂畫（1636年）。

特拉法加廣場

伊莉莎白二世 Elizabeth II

生於1926年4月21日，1952年登基(1953年加冕)，2022年在蘇格蘭過世，享年96歲，在位期間長達70年，超越在位63年的維多利亞女王。1947年與希臘的菲利普王子結婚，生下四子，其子孫均以Mountbatten-Windsor為姓氏，菲利普於2021年以99歲高齡辭世。

女王登基後即搬到白金漢宮居住，但對女王來講，溫莎城堡才是她真正的家。女王的穿著多為單色系套裝，搭配不同的帽子，公眾場合不大顯露自己的情緒。

伊莉莎白二世將一生奉獻給英國，備受國民愛戴，過世後在西敏寺舉行盛大的國葬典禮，現今與丈夫菲利普長眠於溫莎城堡。

查爾斯三世 Charles III

女王逝世後，由王位第一順位查爾斯，也是女王的長子，繼任英國王位。查爾斯於1948年在白金漢宮出生，在伊莉莎白二世繼承王位後，便受封為康沃公爵(Duke of Cornwall)。

查爾斯與黛安娜眾所矚目的婚姻最後以悲劇收場，黛安娜於巴黎的一場車禍離世，留下威廉及哈利兩位王子。查爾斯最終與前女友卡蜜拉再婚，二人現為英國國王與王后。

查爾斯身任王儲70年整，除了履行公務，更熱衷慈善，如親王信託基金會(The Prince's Trust)。查爾斯也曾創立自己的品牌，如與Waitrose合作的有機品牌Duchy Organic。

白宮大道
Whitehall

✉ Trafalgar Sq.與Parliament Sq.之間的大道
➡ 地鐵站Westminster／Embankment／Charing Cross，步行約5分鐘
MAP P.58／H5

白宮大街目前是英國政治大街，從亨利八世的奢華天堂國宴廳到國防部(Ministry of Defence)、國宴廳對面的禁衛騎兵團部(Horseguards)，而唐寧街10號(Downing St. 10)更是知名的英國首相官邸。這整條街的建築正如其名，全部為白色的壯麗建築，在在展現大英帝國的氣勢。

英國政治大街

唐寧街10號為英國首相官邸

女皇美術館
Queen's Gallery

- http www.royalcollection.org.uk
- ✉ Buckingham Palace Rd.
- ☎ 020-7766 7301
- ➡ 地鐵站Victoria(白金漢宮右後角)，步行約10分鐘
- ⏰ 10:00～17:30
- 💲 £17，皇家聯票£55
- MAP P.58／F5

展出女皇最珍貴的皇冠、珠寶，及藝術收藏

女皇美術館原為維多利亞女皇的私人禮拜堂，建於1843年，二次世界大戰時受毀損，後來皇室決定將原址重建為美術館，並於1962年正式開放。可以想見女皇的藝術收藏都是世界珍品，其中包括卡諾瓦的雕刻、魯本斯、范戴克等重要畫家的作品，此外還有許多精美的家具（包括許多皇家將布萊頓皇家閣賣給市政府前運回來的珍貴家具）、陶瓷藝品，及光彩奪目的珠寶首飾、皇冠。

皇家馬廄
Royal Mews

- http www.royalcollection.org.uk
- ✉ Buckingham Palace Rd.
- ☎ 020-7766 7302
- ➡ 地鐵站Green Park／Hyde Park Corner／St James's Park／Victoria(女皇美術館後方)，步行約10分鐘
- ⏰ 夏季10:00～17:00
  冬季10:00～16:00
- 💲 £14，皇家聯票£55
- MAP P.58／F5

英國騎兵衛隊

包括為伊莉莎白二世就位60年時打造的馬車，以及黛安娜王妃與其子威廉王子、皇室婚禮、外賓來訪所乘坐的玻璃馬車，都收藏在這座豪華的黃金馬廄內。這座1825年由納許所打造的馬廄，目前不但是皇家訓馬場，同時還展出各輛皇家豪華馬車，其中以1762年喬治四世的黃金馬車（Gold State Coach）最受矚目，整輛馬車以金色雕飾打造，最近一次公開亮相是伊莉莎白二世就位70年時，馬車內有名畫家所繪的大幅畫作。

旅行小抄

皇家之旅

A Royal Day Out一日皇家聯票可同時參觀白金漢宮、女皇美術館及皇家馬廄等景點，票價較為划算。可以事先訂票或到各景點購票。若一年內會再訪，可在離開前，在票券的背面簽名，服務人員就會蓋上一年免費再訪的章，可憑此券再度參觀該景點。

http www.royalcollection.org.uk

西敏寺
Westminster Abbey

- http www.westminster-abbey.org
- ✉ 20 Dean's Yard
- ☎ 020-7222 5152
- ➡ 地鐵站St. James's Park / Westminster，步行約5分鐘
- ⏰ 週一～六09:30～15:30(最後入內時間)，週日為禮拜時間
- 💲 £27，6～17兒童票£12
- MAP P.58 / H5

夜晚的西敏寺區相當值得參訪

　　還記得2011年威廉與凱特結婚時的景況嗎？這對璧人就是在這座老教堂完婚的。西敏寺最早是由愛德華一世資助建給天主教本篤會的修道院，後來亨利三世於1245年下令擴建，成為今日世人所見的哥德式建築，1560年，西敏寺被授予皇家特有的地位，專為英國皇室提供服務。因經過多次修建，13～16世紀之間各時期的建築風格都可在許多建築細部尋得。

　　內部最重要的為愛德華一世禮拜堂，英國皇室的加冕典禮、結婚或喪禮多在這裡舉行(包括伊莉莎白二世的國葬、黛安娜的喪禮)。

　　西敏寺還號稱為「國王之家」，因為歷代許多皇帝均長眠於此，如愛德華一世、亨利七世、伊莉莎白一世、及有著血腥皇后稱號的瑪麗皇后等。寺內還有知名科學家及音樂家的紀念碑，像是牛頓、達爾文、韓德爾、及莎士比亞等人的雕像均佇立於寺內。

西敏主教堂
Westminster Cathedral

- http www.westminstercathedral.org.uk
- ✉ Cathedral Sq.Victoria St.街底
- ☎ 020-7798 9055
- ➡ 地鐵站Victoria，步行約5分鐘，或由西敏寺轉向Victoria St.，往Victoria火車站方向直行約15分鐘
- ⏰ 08:00～19:00
- 💲 免費
- MAP P.58 / G5

紅磚色的大教堂，以義大利的拜占庭風格在倫敦街頭上獨樹一格

　　這座主教堂始建於1895年，教區原本並無主教堂，在當年主教Vaughan積極的推動下，短短8年就完成教堂的外部結構。因經費有限，這座主教堂使用了比石頭更便宜的紅磚，風格更與附近的西敏寺大相逕庭，其圓頂建築及鑲嵌畫相當值得欣賞，而可容納2,000人的主殿，更是英國最大的教堂主殿。主教堂晚間17:00或17:30後有晚禱及唱詩班。若有機會登上主教堂的Campanile Bell Tower，便能飽覽倫敦市景。

67

泰德不列顛博物館
Tate Britain

🌐 www.tate.org.uk
✉ Millbank, SW1P 4RG
📞 020-7887 8888
➡ 地鐵站Pimlico，步行約15分鐘，或可搭每40分鐘一班的Tate Boat往返泰德現代美術館及泰德不列顛博物館
🕐 10:00～18:00
💲 免費
MAP P.58 / H6

倫敦城內有2座由砂糖富商亨利‧泰德爵士（Sir Henry Tate）所捐贈的美術館，泰德不列顛是第一座，成立於西元1897年。館內收藏許多16～19世紀英國藝術家的作品，其中以克羅展覽館（Clore Gallery）最受歡迎，展出英國最著名的風景畫家透納（Turner）捐贈給國家的豐富作品（300多件油畫及2萬多件水彩畫與素描）。

其他英國藝術家像是19世紀的康斯坦伯（Constale）、拉斐爾前派的米拉斯（Milais）及羅塞提（Rossetti）等人的作品也都在館藏之列。美術館內設有咖啡館及餐廳。

聖馬丁教堂
St-Martin-in-the-Fields Church

🌐 www.stmartin-in-the-fields.org
✉ Traflgar Sq.東北角
📞 020-7766 1100
➡ 地鐵站Charing Cross，步行約5分鐘
🕐 時有異動，請查詢官網
💲 免費
MAP P.58 / H4

建築師吉伯斯（James Gibbs）於西元1726年所建造的喬治風格教堂，目前仍然是皇室的教區教堂。音樂大師韓德爾與莫札特均曾在此演奏過，至今這座教堂仍延續著高品質演奏會的傳統，每週均有多場免費的午餐及燭光音樂會，聖誕節的子夜燭光彌撒更是個充滿聖誕節精神的美麗傳統。

教堂地下室則有別於教堂的莊嚴氣氛，設有咖啡廳、書店、美術館。

每年聖誕夜有許多信徒會到此參加燭光禱會

國會大廈
Houses of Parliament

🌐 www.parliament.uk
✉ 入口處St Stephen's Gate(Old及New Palace Yards之間)
📞 020-7219 4114
➡ 地鐵站Westminster，步行約5分鐘
©️ 開議時所有民眾及遊客均可入內旁聽
💲 旁聽辯論免費，90分鐘標準導覽£29
🗺 P.58 / H5

英國議會民主制度的表徵，正名為「西敏宮」，為愛德華一世於11世紀建造的諾曼式宮殿，後來歷代君王也都居住在此，直到亨利八世移駕到白宮廳，這裡才轉為議會廳。西元1834年的無情大火，將宮殿燒得只剩下西敏廳，目前所見部分是19世紀中才完成的新哥德式大廈，為英國的議會重心，中央大廳的南側為上議院，北側為下議院。

Big Ben 大笨鐘

國會大廈旁的鐘塔(Clock Tower)是倫敦的地標，2012年為了紀念女皇登基60年，改名為「伊莉莎白鐘塔」。鐘塔高達96公尺，俗稱「Big Ben(大笨鐘)」，名字取自

於1858年的鐘樓監造人Benjamin Hall。目前所看到的巨鐘是1858年於Whitechapel Foundry鑄造廠鑄造的，重達13,716公斤，內部構造精密，能讓塔上的4面時鐘同步輪轉，誤差不到1秒。

旅行小抄

西敏區觀光路線

參觀完白金漢宮、女皇美術館後，沿著林蔭大道穿過聖詹姆士公園，走過海軍拱門(Admiralty Arch)來到特拉法加廣場，接著沿著白宮大道行經國防部(Ministry of Defense)、國宴廳、禁衛騎兵團(Horse Guards)、唐寧街10號的首相官邸、紀念碑(Cenotaph)、國會廣場(Parliament Square)、國會大廈及大笨鐘。

國立肖像館
National Portrait Gallery

- http www.npg.org.uk
- ✉ St Martin's Place
- ☎ 020-7306 0055
- ➡ 地鐵站Leicester Square／Charing Cross，步行約5分鐘
- ⓒ 整修中暫不開放，預計2023年6月開放，出發前請上官網確認
- MAP P.58／G3

西元1856年所設立的肖像博物館，以各種不同的藝術表現方式，像是油畫、水彩畫、雕刻、攝影等，維妙維肖地繪出都鐸時期至今的英國知名人士，並以年代展出，儼然是另一種訴說英國歷史的方式。定期舉辦各種藝術講座，樓頂的餐廳是遊客休憩的最佳地點。

國立美術館
The National Gallery

- http www.nationalgallery.org.uk
- ✉ Trafalgar Sq.
- ☎ 020-7747 2885
- ➡ 地鐵站Charing Cross，步行約3分鐘
- ⓒ 10:00～18:00，週五～21:00
- $ 免費
- MAP P.58／G4

這是一間藝術愛好者絕對不可錯過的美術館，以古典畫作為重點，收藏1250～1900年的歐洲重要畫作，其中包括義大利畫家米開朗基羅、拉斐爾、提香、卡拉瓦喬及魯本斯等的豐富畫作。

而法國印象派大師莫內、立體派的畢卡索、梵谷、高更的作品也都在收藏之列。至少要花上3～4小時的時間欣賞館內的收藏。

非常值得參觀的國家美術館

國立美術館必賞名畫

《阿諾非尼夫婦》
(The Arnolfini Portrait)
揚‧范‧艾克(Jan van Eyck)

整體構圖採黃金分割比例，兩位主角都脫掉了鞋子，象徵他們純潔而神聖的結婚儀式，而唯一點燃的蠟燭象徵著上帝的見證；小狗代表忠誠，水果則是多子多孫的象徵。

《岩間聖母》
(The Virgin of the Rocks)
達文西(Leonardo da Vinci)

整幅畫以聖母為頂，形成三角構圖，並巧妙地以手勢表達每位人物的心思，讓整幅畫呈現出一種安穩的流動韻律。館內還有另一幅達文西作品：《聖母子與聖安妮、施洗者聖約翰》。

《鏡前的維納斯》
(The Rokeby Venus)
維拉斯奎茲(Velazquez)

這位西班牙畫家以希臘神話中，象徵愛與美的維納斯與丘比特為主題，透過端莊優美的裸女形象，呈現出超脫世俗的理想美。

《勇莽號戰艦》
(The Fighting Temeraire)
威廉‧透納(William Turner)》

英國知名畫家透納的作品，透過空氣表現出當下船行的律動，再以日落餘輝的光線，突顯戰艦被拖曳船逆流拖回的哀傷氛圍。作品名或譯為《被拖去解體的戰艦無畏號》。

《向日葵》(Sunflowers)
文森‧梵谷(Vincent Van Gogh)

這是梵谷於1888年在法國阿爾勒所繪的向日葵，黃色對梵谷來講，象徵著最純淨的愛、溫暖與熱情，堅實的筆觸則展現出向日葵滿滿的生命力。

蘇活區 皮卡地里
SOHO / Piccadilly

皮卡地里圓環
Piccadilly Circus

`MAP` P.58 / G3

皮卡地里圓環周區為倫敦的主要購物街區

皮卡地里圓環可說是倫敦市區觀光的起點，往西南向的皮卡地里街為高級商店街，北側為Old Bond St.高級精品街，南側為Jermyn St.高級精品店及聖詹姆士宮，往西北走為攝政街，可接倫敦最熱鬧的牛津圓環商圈（Oxford Circus）；往東的Coventry St.接戲劇區Leicester Sq.；往東北走則為Shaftesbury Ave.，

圓環旁有倫敦最著名的廣告牆

通往中國城及蘇活區；往東南的Haymarket大道則可接特拉法加廣場及國立美術館。

華勒斯典藏館
The Wallace Collection

`http` www.wallacecollection.org
`✉` Hertford House, Manchester Square
`☎` 0207-563 9500
`➡` 地鐵站 Bond Street
`🕐` 10:00～17:00
`$` 免費
`MAP` P.58 / E2

隱身於倫敦高級購物街區的美術館（高級百貨Selfridges後面），果不其然也充滿了貴氣。這棟豪宅原為Seymour家族的居所，後來的繼承人華勒斯過世後，其遺孀將收藏贈與國家，並於1897年設立私人美術館，展示家族所收藏的15～19世紀裝飾藝術品、18世紀的法國藝術品，以及盔甲武器，包括名藝術家

提香、林布蘭、維拉斯奎茲、魯本斯等大師的作品。

來這裡欣賞藝術品之餘，還可在熱門的中庭下午茶廳，享受優雅的午茶時光。

蘇活區
SOHO
`MAP` P.58 / G3

17世紀時原為倫敦區的高級住宅區，後來上流人士搬到梅菲爾區後，這區日漸沒落，接著法國逃過來的胡格諾教徒進駐此區，餐廳酒吧、妓院開始興起，這種自由的風氣引來許多作家和藝術家，現在更是倫敦市區的同性戀大本營，在Old Compton St.上，有許多同性戀餐廳酒吧。

蘇活區的倫敦老牌高級百貨Liberty

中國城
China Town
`MAP` P.58 / G3

1960年代，許多香港人趕著97之前紛紛移民到英國，大批華人湧入爵祿街（Gerrad St.）、儷人街（Lisle St.）一帶，漸漸成為倫敦城著名的中國城。這一帶中餐廳、超市、書店、旅行社一應俱全，彷如回到華人世界般。而且倫敦的中國城有別

於其他城市，呈現出一片繁榮、忙碌的氣息，每家餐廳的用餐氣氛也是熱鬧滾滾，很值得過來體驗一下，不過不要太期待服務態度。

聖詹姆斯區 梅菲爾區
St James / Mayfair

自從1530年亨利八世在此建造聖詹姆士宮後，這裡便成為倫敦上流社會的社交中心。聖詹姆士宮前的Pall Mall街道有許多紳士俱樂部，唯有會員才能進入。周遭的街道更有許多皇家商店及高級精品店，像是倫敦一流的麗池飯店(Ritz Hotel)也在此區，而伯靈頓拱廊(Burlington Arcade)更是精品店林立；過了皮卡地里圓環後，聖詹姆市區北側即為高級精品街Old Bond St.。

Old Bond St.上面的The Royal Arcade
(圖片提供 / 鄧鈺澐)

皇家藝術學院
Royal Academy of Arts

- http www.royalacademy.org.uk
- ✉ Burlington House,Piccadilly
- ☎ 020-7300 8000
- ➡ 地鐵站Piccadilly Circus／Green Park，步行約5分鐘(位於Fortnum & Mason對面)
- ◷ 10:00～18:00，週五～22:00 週一休息
- 💲 常態展覽免費，不定期有免費導覽
- ℹ 看完展也別錯過這裡的咖啡館
- MAP P.58 / G4

1768年成立，收藏米開朗基羅的雕刻作品《聖母與聖嬰》，還有許多英國藝術家的代表作品，如透納的《帆船》、Cockerell的《教授的夢》(The Professor's Dream)等。還有許多深受矚目的短期展，這裡策

畫的短期展及主題展，皆為引領英國當代藝術的先鋒。

韓德爾博物館
Handel House Museum

- http handelhendrix.org
- ✉ 25 Brook St.
- ☎ 020-7495 1685
- ➡ 地鐵站Bond St.／Oxford Circus，步行約5分鐘(沿著South Molton St.走到Brook St.)
- ℹ 目前暫不開放，預計2023年重新開放
- MAP P.58 / F3

倫敦可說是巴洛克音樂大師韓德爾最精彩的音樂舞台，約從1723年起，直到1759年逝世之前，他都在倫敦度過，創作出無數動人的作品。爾後，韓德爾之家改為博物館，展出大師生前所使用的樂器以及手稿。更棒的是，這裡經常舉辦各種音樂會及講座。

海德公園
Hyde Park

➡ 地鐵站Marble Arch，步行約2分鐘
🗺 P.58 / E4

曾經是亨利八世狩獵場的海德公園，占地140萬平方公尺，由於公園位在倫敦主要商業區（牛津街盡頭），這座皇家公園目前的功能可比擬紐約的中央公園，為大都會中的綠地公園。公園內有凱旋門（Marble Arch）、紀念碑，凱旋門附近即為著名的演說者角落（Speaker's Corner），每週日都會有人在此發表自由演說，夏季時更是音樂會的表演重地。

海德公園中還有著名的彼得潘雕像以及設計獨特的黛安娜王妃紀念噴泉。黛安娜王妃紀念噴泉的設計師為凱薩琳・古斯塔夫森 Kathryn Gustafson，為了紀念親民的黛妃，噴泉沒有高聳的雕像、也沒有大型的紀念碑，只是一環清流輕輕流展於海德公園一處草坡間，讓順流而下的水流，透過花崗岩水道所形成的漩渦、水紋、小瀑流、泡泡，緩緩訴說黛妃的人生。

海德公園腹地廣大，很適合踏青

知 識 充 電 站

韓德爾 George Federic Handel

為德國音樂家，與巴哈並列巴洛克時期最偉大的音樂家。來到倫敦之前，韓德爾曾任教堂風琴師，也曾在義大利待了3年，豐富自己的歌劇及樂曲創作能量。

韓德爾受安妮女王(Queen Anne)之邀定居倫敦後，開始在英國大力推動歌劇文化，並完成了46部歌劇，其中以《賽爾希》(Xerxes)及以聖經故事為主題的《彌賽亞》(Messiah)最為著名。《彌賽亞》最感人的部分為第二部終曲的《哈利路亞大合唱》。管弦樂方面則有《皇家煙火音樂》(Royal Fireworks Music)及慶祝喬治一世登基所寫的《水上音樂》(Water Music)。

韓德爾在英國時獲聘為英國皇室教堂樂長，全心投注於音樂。晚年因眼疾而雙目失明，後於1759年4月14日病逝，並葬於西敏寺。

柯芬園
史翠德區
Covent Garden / The Strand

皇家法院
Royal Justice

- www.find-court-tribunal.service.gov.uk/courts/royal-courts-of-justice
- ✉ Strand與Fleet St.交接處
- ☎ 020-7947 6000
- ➡ 地鐵站Temple／Chancery Ln.，步行約7分鐘
- ⏰ 週一～五09:00～16:30
- 💲 免費
- MAP P.59／I3

　　皇家法院如童話般的新哥德式風格，建於西元1882年，這裡是英格蘭及威爾斯的最高法院。它的所在地也是西敏區及倫敦城的交界處。垂直的哥德式結構內，大廳地板是世界最大的拼磚畫，優雅的長廊串聯起1千多間的房間，全長達5.6公里。法庭執事時開放參觀，但禁止攝影。

倫敦交通博物館
London Transport Museum

- www.ltmuseum.co.uk
- ✉ Covent Garden Piazza
- ☎ 020-7379 6344
- ➡ 地鐵站Covent Garden，步行約5分鐘
- ⏰ 10:00～18:00
- 💲 £21
- MAP P.58／H3

　　這座博物館將倫敦的地鐵、巴士、火車盡數收藏在1872年所建的花市商場，共有37萬件收藏，其中包括許多精彩的照片、海報等商業藝術作品。館內有趣的展覽方式，非常適合親子旅遊。博物館商店展售各種精美的海報及可愛的雙層巴士、地鐵等紀念品。

皇家歌劇院
Royal Opera House

- www.roh.org.uk
- ✉ Bow St. Covent Garden
- ☎ 020-7304 4000
- ➡ 地鐵站Covent Garden，步行約5分鐘
- MAP P.58／H3

　　自西元1728年起，皇家歌劇院一直在倫敦藝文界扮演著重要的角色，2000年歌劇院重新開幕，加入新的演奏廳，是許多世界級芭蕾舞劇、歌劇、戲劇的演出地點。

白天可參加精釆的後台導覽(The Backstage Tours)，除了可看到1858年的大廳及Floral Hall老建築外，還可了解神奇的舞台設置，有時甚至可看到芭蕾舞團或音樂家練習。若是對劇場舞台有興趣者，也可參加歌劇院推出的導覽，到工作室實地了解舞台上那些神奇的設置是怎麼製作出來的。

索摩塞特宅邸
Somerset House

- http www.somersethouse.org.uk
- ✉ Strand, WC2R 1LA
- ☎ 020-7845 4600
- ➡ 地鐵站Temple，步行約3分鐘
- ⏰ 時有異動，請查詢官網
- 💲 免費，但Courtauld Gallery為£9，特展則依展覽而定
- MAP P.58 / H3

泰晤士河畔優雅的帕拉底歐大宅邸，原為攝政王索摩塞特的宮殿，西元1775年時將原本的都鐸建築全部拆除，1780年由建築師威廉錢伯斯建造為目前的帕拉底歐風貌，後轉為倫敦重要的文藝活動中心。宅邸內有科陶德藝術中心(The Courtauld Gallery)，裡面收藏了從文藝復興時代到20世紀的重要作品，包括，梵谷的《耳朵上綁著繃帶的自畫像》(Self-Portrait with Bandaged Ear)，以及印象派畫家莫內的《女神遊樂廳的吧台》(A Bar at the Folies Bergère)。

此外，夏季庭院區有55座噴泉齊舞，並有各種藝文活動，如戶外電影(Film4 Summer Screen)。冬季庭院區則轉為戶外溜冰區，聖誕期間尤其浪漫。官網可預訂導覽行程。

聖殿區
The Temple

- http www.templechurch.com
- ✉ Fleet St.
- ☎ 020-7353 8559
- ➡ 地鐵站Temple／Blackfriars，步行約5分鐘
- ⏰ 10:00～16:00，時有異動，請查詢官網
- 💲 £5，18歲以下免費
- MAP P.59 / I3

聖殿區為倫敦的法律中心，內殿(Inner Temple)及中殿(Middle Temple)法學院都在此區，英國皇家法院也在此區的北面。中殿曾是莎士比亞劇作《第十二夜》的首演舞台。這區原是聖殿騎士的自主管轄地，轉為律師學院後，行政地位仍為自主區，宗教上獨立於倫敦主教的管轄。可惜因倫敦大火，現僅存內殿法學院的木造都鐸拱門及其2樓的亨利王子廳。

主要景點為建於12世紀的聖殿教堂，因暢銷書《達文西密碼》再度引起關注，原為騎士團的軍事基地，16世紀被王室沒收，17世紀時永久轉讓給法學院。

古老的聖殿區

南岸
南渥克區
Southbank / Southwark

南岸是倫敦人的假日休閒地點，有各種街頭表演、藝文活動。

倫敦眼
London Eye

- http www.londoneye.com
- ✉ Riverside Building, Country Hall, Westmister Bridge Rd.
- ☎ 0871-7813 000
- ➡ 地鐵站Waterloo(步行約5分鐘) / Westminster(過橋即可抵達)
- ⏰ 依季節而異，請查詢官網
- $ £32.5起，票種很多，另有導覽團、香檳票、彈性票等，網路預訂有優惠
- MAP P.58 / H4

這座摩天輪是泰晤士河畔的地標，高度有135公尺，總共費時7年才完成，終於在西元2000年正式開放給一般大眾，慶祝千禧年的到來。極具未來感的玻璃包廂設計，可以讓遊客360度欣賞倫敦城，輕鬆看盡倫敦50多個景點及40公里外的風光。

而由這裡所看到的倫敦夜景更是美不勝收。不過最好事先購票以免排隊等候，網路訂票可享優惠。另也可由倫敦眼旁的碼頭搭船，順著河道抵達格林威治，這應該是拜訪格林威治最優美的方式。

塔橋
Tower Bridge

- http www.towerbridge.org.uk
- ✉ Tower Bridge
- ☎ 020-7403 3761
- ➡ 地鐵站London Bridge(步行約7分鐘)
  / Tower Hill(步行約10分鐘)
- ⏰ 塔橋全年開放，展覽館09:30～18:00
- 💲 £11.4
- MAP P.59 / L4

塔橋上的技工

參觀展覽廳可走上高架步橋，其中有一段
玻璃路面

西元1894完工的維多利亞時期建築，由瓊斯爵士(Sir Horace Jones)所設計，兩座哥德式的塔樓，架起可升降的橋面，是眾所皆知的倫敦地標。橋中間有2扇重達千噸的橋段，以往透過6座水庫所產生的高壓水，讓橋面豎起到83度方便船隻通過。雖然現已改為電動機升降，不過仍可參觀以前的液壓蒸汽機結構。塔橋網站可查詢船隻通過橋面升起的時間。

夜晚的倫敦塔橋

碎片大廈
The Shard

- http www.theviewfromtheshard.com
- ✉ Joiner St.
- ☎ 0844-4997 111
- ➡ 地鐵站London Bridge
- ⏰ 觀景台開放時間不定，請查詢官網
- 💲 £28起
- MAP P.59 / K4

碎片大廈是由義大利名建築師皮亞諾(Piano)所設計的尖頂玻璃建築，花費12年的時間，終於在2012年完工，2013年開放遊客參觀，為倫敦泰晤士河畔的大地標。

The Shard高310公尺，為西歐最高的建築，共有95層樓，2～28樓為辦公室，31～33樓為美食餐廳，34～52樓為香格里拉酒店。遊客可以搭乘超快速電梯抵達72樓的The View觀景台，欣賞360度零障礙景觀(The View from The Shard)，除了擁有令人屏息的倫敦高樓景觀外，廳內還設有NASA級的望遠鏡及各種多媒體展覽，詳述倫敦城的發展史。

貝爾法斯特戰艦
HMS Belfast

- http www.iwm.org.uk/visits/hms-belfast
- ✉ The Queens Walk, Tooley St.
- ☎ 020-7940 6300
- ➡ 地鐵站London Bridge(步行約5分鐘) / Tower Hill(步行約10分鐘)
- ◷ 10:00～18:00
- $ £23.6起
- MAP P.59 / K4

西元1938年啓航的貝爾法斯特戰艦，重達11,500噸，在英國近代史上扮演著極重要的角色，尤以二次世界大戰的英勇戰績最為輝煌。爾後，戰艦轉為進攻及支援兩棲作戰的戰艦，一直在聯合國駐韓基地執勤到1965年。運回英國後加以整頓，於1771年改為海軍博物館，艦上共有9座船艙，真實呈現二次世界大戰的景況、各種軍事儀器及海軍生活。

莎士比亞環球劇場
Shakespeare's Globe & Exhibition

- http www.shakespearesglobe.com
- ✉ 21 New Globe Walk Bankside
- ☎ 020-7902 1500
- ➡ 地鐵站Southwark / Blackfriars，步行約10分鐘
- ◷ 售票亭、餐廳與導覽時間不一，請查詢官網
- $ 導覽£16
- MAP P.59 / J4

位於泰德現代美術館隔壁的環球大劇院，可說是莎翁戲劇的大本營。西元1997年啓用的白色都鐸式建築，採用手工磚、橡木及茅草等自然材質建造完成，完整重現伊莉莎白時代的劇場風貌。觀賞莎翁劇也是倫敦旅人必體驗的行程之一，全年都有不同的莎翁劇輪番上演，絕對讓莎翁迷看個過癮！

南岸藝術中心
Southbank Centre

🔗 www.southbankcentre.co.uk
➡ 地鐵站Waterloo,步行約200公尺
🗺 P.59 / I4

位於泰唔士河南岸、靠近倫敦眼的南岸藝術中心,為3棟巨型建築組成的大型藝術中心,包括海華美術館(Hayward Gallery)、皇家慶典音樂廳、伊莉莎白女王音樂廳(Queen Elizabeth Hall) 和詩文圖書館等空間,每年舉辦無數藝文表演、特展、親子活動。假日的河岸邊還有許多精采的街頭表演,也是滑板愛好者的玩樂區。影集《新福爾摩斯》也曾在此拍攝取景哦!

不遠處的Oxo Tower Wharf碼頭藝文中心,則是廢棄建築改造的新創藝文中心,作為年輕藝術家、設計師的展覽空間。

知識充電站

英國經典莎翁劇

威廉莎士比亞(William Shakespeare,1564～1616),生於美麗的都鐸小鎮亞芳河上的史特拉福(請參見P.180),為全球最偉大的戲劇家及文學家,共留下38部劇作及無數的詩歌。1583～1592年莎翁開始在倫敦發跡,並自組劇團,後來改名為國王劇團,為當時倫敦最重要的劇團。倫敦的這座環球劇場是1599年所成立的。

從倫敦時期一直到1613年退休回到史特拉福的這段時間,可說是莎翁的創作高峰期,16世紀末的作品更是達到爐火純青的地步,具深度及藝術性,這個時期的知名作品有:《哈姆雷特》《奧賽羅》《李爾王》《馬克白》。

早期的創作主要為情節緊湊的喜劇及歷史劇,後來的文字風格日趨自然,完美地融合了自然風格與傳統風格。早期及中期的創作有:《羅密歐與茱麗葉》《理查三世》《亨利六世》《馴悍記》《仲夏夜之夢》《威尼斯商人》《皆大歡喜》。

1608年以後則轉為悲劇創作,在緊湊明快的風格中,富含情感,如《哈姆雷特》《李爾王》《馬克白》。最後期轉以悲喜劇(傳奇劇),在人生的歷練後,作品中的語氣似乎更為祥和,結局也多以寬恕作結。此時期的作品包括:《辛白林》《冬天的故事》《暴風雨》。

但也有許多學者認為原為臨時演員的莎士比亞,不可能寫出這樣的作品,有人甚至認為作品出自他人之手,只是借莎士比亞之名發表。各派說法不同,爭議不斷。

泰德現代美術館
Tate Modern Gallery

- http www.tate.org.uk
- ✉ Bankside
- ☎ 020-7887 8888
- ➡ 地鐵站Southwark / Blackfriars，步行約10分鐘
- ⏰ 10:00～18:00
- 💲 免費，特展另外收費
- MAP P.59 / J4

穿過千禧橋走往美術館

美術館完整保留原有的火力發電廠結構，藉以呼應現代藝術發源於英國、追求大量製造的工業革命；館內也收藏了現代藝術代表安迪沃荷及杰夫坤斯（Jeff Koons）的作品。而美術館每年都會委託一位藝術家在西側入口旁的渦輪室創作，所以每年可看到不同大師的藝術奇想。

美術館展出都經過精心設計，將兩位看似南轅北轍的藝術家作品放在一起，以激盪出精彩的火花，讓美術館更像是哲學思考源地！

也推薦大家參觀後到樓上的酒吧點杯飲料，在此欣賞倫敦優美的河岸景觀及對面的聖保羅大教堂。

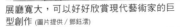

展廳寬大，可以好好欣賞現代藝術家的巨型創作 (圖片提供 / 鄧鈺澐)

結合數位的互動式設計 (圖片提供 / 鄧鈺澐)

倫敦地牢
London Dungeon

- http www.the-dungeons.co.uk/london
- ✉ Riverside Building, County Hall, Westminster Bridge Rd.
- ☎ 020- 7654 0809
- ➡ 地鐵站London Bridge，步行約2分鐘
- ⏰ 10:00或11:00～16:00或17:00
- 💲 £28起
- MAP P.58 / H4

英國史上最恐怖的大事件，全在此血腥重現，像是巨石區的活人祭典、亨利八世王妃被斬首的血腥畫面，以及1665年鼠疫大流行時民不聊生的恐怖氣氛等，讓遊客毛骨悚然，心跳指數直逼200。

圖片提供 / London Dungeon

倫敦城
The City

聖保羅大教堂
St. Paul's Cathedral

- http www.stpauls.co.uk
- ✉ St Paul's Churchyard
- ☎ 020-7246 8357
- ➡ 地鐵站St Paul's，步行約1分鐘
- ◉ 週一〜六08:30〜16:30，週三10:00開始
- 💲 £18
- MAP P.59 / J3

前往聖保羅大教堂

英國國教教會的主座教堂，為建築奇才克里斯多佛・雷恩爵士（Sir Christopher Wren）之另一巨作，許多重要的典禮都在此舉行。教堂原為西元604年薩克遜的木造教堂，歷經倫敦大火之後，重建成目前的樣貌，英國古典教堂的建築樣式，內部有精湛的馬賽克拼畫，並大量採用石雕藝術裝飾。

教堂的大圓頂提供穹頂探險之旅：首先爬257層階梯來到耳語廊（Whispering Gallery），向著對角的牆壁悄聲說話，對面的人就可清楚聽到。繼續往上爬，來到教堂外圈的石廊（Stone Gallery），最後一段是又窄又彎的迴梯，然後抵達距離地面約85公尺高的金廊（Golden Gallery），階梯總數為528階。若體力、勇氣都充足，可沿鏤空的旋轉階梯達到最高點。

此外，聖保羅大教堂的唱詩班是倫敦最重要的唱詩班之一，每天17:00舉行晚禱。

空中花園
Sky Garden

- http skygarden.london
- ✉ 20 Fenchurch Street
- ☎ 0333-722 0020
- ➡ 地鐵站Monument
- ◉ 花園週一〜五10:00〜18:00
  週六、日11:00〜21:00
- 💲 免費
- MAP P.59 / K3

空中花園是倫敦最高的公共花園，位於倫敦的「對講機大樓」（Walkie Talkie），因其建築外型像對講機而得此名。遊客相當多，建議在官網提早預訂免費票。這裡不僅可以參觀有設計感的室內花園，還能在觀景台上眺望倫敦市景。內部還有酒吧。

倫敦塔
The Tower of London

🌐 www.hrp.org.uk
✉ Tower Hill
📞 0844-4827 777
➡ 地鐵站Tower Hill，步行約3分鐘
🕐 時有異動，主要從09：00或10：00
　～15：00或16：00
💲 £29.9
🗺 P.59／L4

倫敦塔是征服者威廉王於900年前所建立的古老皇宮，城堡中的白塔（White Tower）可謂象徵英國及倫敦的地標性建築，在英國歷史上扮演著極重要的角色，亨利八世的第二任妻子安妮皇后（Anne Boleyn）即在此受刑。

遊客可參加免費導覽團，隨著古代武士（Yeoman Warder）的腳步探尋歷史故事。珠寶室（The Jewel House Wardens）中，收藏著皇室各大加冕典禮中曾經用過的王冠珠寶及寶杖、寶劍。而高達27公尺的White Tower，為當時倫敦城最高的建築物，現在展示各朝代的盔甲，其中包括亨利八世以及查理一世的御甲。

另外，西班牙盔甲室（Spanish Armoury）中展示古代各種酷刑，

聖約翰禮拜堂（Chapel of St. John Evangelist）則為保存完整的11世紀諾曼式禮拜堂，充分展現其樸實、優雅之感。而充滿悲劇故事的血腥塔（Bloody Tower），西元1483年愛德華四世過世後，2位年幼王子隨即被狠心的叔父關入此塔，爾後離奇消失，這件事至今仍是一個謎團，原因及下落從未被證實過。

旅行小抄
傳統鎖閘儀式

遊客還可參觀700多年的傳統儀式The Ceremony of the Keys，這是傳統的御用侍從鎖閘儀式，最主要是要守護全球最珍貴的皇冠寶石。每天晚上21：30～22：05，會收取£5參觀費用，但因非常受歡迎，須好幾個月前先上網預訂。

布魯斯伯里 梅利波恩
Bloomsbury / Marylebone

大英博物館
British Museum

- http www.britishmuseum.org
- ✉ Great Russell St.
- ☎ 020-7323 8299
- ➡ 地鐵站Tottenham Court Rd.，步行約5分鐘
- ⏰ 10:00～17:00，週五～20:30
- 💲 免費（每天都有不同的主題導覽）
- MAP P.58 / H2

17世紀英國的博物學家漢斯．斯隆（Hans Sloane）將個人近8萬件收

圖片提供 / 鄧鈺澐

藏贈予國家，英國隨即於1759年成立全球首座國立博物館。19世紀時又陸續添加了各國文物至館內，由於館藏相當豐富，於是將自然史、美術以及圖書移出，分別由自然史博物館，國立美術館，及大英圖書館收藏。

圖片提供 / 鄧鈺澐

圖片提供 / 鄧鈺澐

旅行小抄

博物館1小時快覽

大英博物館館藏相當多，若只有1小時，建議安排參觀以下經典展品：

- 破解古埃及象形文字的關鍵：羅塞塔之石(The Rosetta Stone)
- 比希臘當地還要完整的古希臘建築及雕像：帕德嫩神殿雕刻群像(Parthenon sculptures)，18號廳
- 出自北歐的路易斯西洋棋(The Lewis Chessmen)，40號廳
- 號稱英國最資深的公民，在英國境內發現的2千多歲木乃伊：林道人(Lindow Man)，50號廳

- 法老王石像：4號廳
- 木乃伊：如Mummy of Katebet，62、63號廳
- 詳細刻劃往生者如何通過考驗走向永生的死亡之書，62、63號廳
- 羅馬時代製造的精美寶石玻璃花瓶：波特蘭花瓶(Portland Vase)，70號廳

註：遇特展展品有可能移動，請以現場為準。羅塞塔之石目前特展展出中。

攝政公園
Regent's Park

✉ 地鐵站Regent's Square，步行約5分鐘
MAP P.58 / F1

倫敦動物園

原為亨利八世的狩獵場，這座占地190萬平方公尺的公園綠地，18世紀末由建築大師約翰納許重新規畫為公園住宅區，在還未進入公園前，可先看到公園外優雅的住宅建築。而廣大的公園分為好幾區，包括5～7月最受歡迎的瑪莉皇后玫瑰園。倫敦動物園也在此，還可由此搭船經小威尼斯及肯頓市集。

杜莎夫人蠟像館
Madame Tussauds

http www.madametussauds.com/London
✉ Marylebone Rd.
☎ 0871-894 3000
➡ 地鐵站Baker St.右手邊，步行約2分鐘
🕐 約09:30或10:00～16:00或17:00
$ £33.5起
MAP P.58 / E2

杜莎夫人是法國革命時期專為著名人士(如法王路易十六)製作蠟像的名工藝師，各尊蠟像的逼真程度，讓人為之驚豔。杜莎夫人蠟像館在全球開設了好幾家分館，每家分館均以當地名人為主。倫敦遊客總喜歡到此與黛安娜王妃、披頭四、英國知名足球明星、甚至蜘蛛人，照張令人分不清孰真孰假的紀念照。許多英國王子迷更不放過和王子近距離合照的機會！

貝克街
Baker Street

`MAP` P.58 / E2

柯南道爾著名的《偵探福爾摩斯》主要場景爲倫敦，而在小說中，福爾摩斯與華生博士的偵探所便設在貝克街221B號，現已改爲博物館。

貝克街也因爲這位虛擬偵探人物而聲名大噪，地鐵站內的牆面拼磚全爲福爾摩斯剪影像，站外則可以看到福爾摩斯瀟灑的雕像，街上也有許多福爾摩斯紀

貝克街地鐵站都是福爾摩斯的身影

念品商店。若你也是披頭四迷，可以到偵探福爾摩斯博物館隔壁的披頭四紀念品店挖寶。

福爾摩斯博物館
Sherlock Holmes

`http` www.sherlock-holmes.co.uk
`✉` 221B Baker St.
`☎` 020-7224 3688
`➡` 地鐵站Baker St.，步行約3分鐘
`◷` 09:30～18:00
`$` £16
`MAP` P.58 / E2

進入著名的福爾摩斯偵探博物館之前，可別忘了先在門口戴上偵探帽，叼起煙斗照張紀念相。Baker St.是知名偵探小說《福爾摩斯》的傳奇街道，而221B就是神探的住家。

館內收藏許多小說中所提到的文物，可滿足偵探迷的好奇心。1樓爲紀念品店，古色古香的維多利亞風格房間內有許多偵探相關文物。

肯辛頓
騎士橋
卻爾希區

kensington / Knightbridge Chelsea

有陽光就有嘉年華會的民族

維多利亞與艾伯特博物館
Victoria & Albert Museum

- http www.vam.ac.uk
- ✉ Cromwell Rd.
- ☎ 020-7942 2000
- ➡ 地鐵站South Kensington，步行約5分鐘
- ⊙ 10:00～17:45，週五10:00～22:00
- ⑤ 免費
- MAP P.57 / D5

威廉・莫里斯（William Morris）是英國工業革命最盛期的織品設計師、社會運動家兼作家，他主張應讓所有階層的人都能擁有更好的生活環境。他曾說「要不是人人都能享受藝術，那麼藝術究竟跟我們有什麼關係？」而以威廉・莫里斯為首的V&A博物館，原為工藝博物館（Museum of Manufactures），後來維多利亞女王以夫婿艾伯特之名改稱。館內從古老的基督教器皿到東方神祕藝術、16世紀以後的服裝設計、中國藝術（最著名的為徐展堂中國藝術館）、玻璃陶器品、空間設計以及現代的家具設計等，都在收藏之列。堪稱當代各層面的工藝及設計之大全，並以別出心裁的方式展出各主題，極具藝術啟發性。

博物館不定期會舉辦免費的特殊導覽活動，有興趣可以上官網查詢Tours；另外，一年之中有幾個月分的最後一個週五，博物館會舉辦Late Friday免費主題活動，時間為18:30～22:00。

1.展廳本身就是一件藝術品(圖片提供／鄧鈺澐) ／ **2.**喬治風格房間 ／ **3.**館內收藏陳列相當用心(圖片提供／鄧鈺澐) ／ **4.**英國服飾設計發展史(圖片提供／鄧鈺澐)

自然史博物館
The Nature History Museum

- http www.nhm.ac.uk
- ✉ Crornwell Rd.
- ☎ 020-7942 5000
- ➡ 地鐵站South Kensington，步行約3分鐘
- ⏰ 10:00～17:50
- $ 免費
- MAP P.57 / C5

　　這座優雅如大教堂的自然史博物館，於西元1881年啓用，收藏豐富的自然史文物，共有6,800萬多種標本。除了最受歡迎的恐龍標本外，還有達爾文室，詳細說明達爾文理論。另外地球館的部分還可讓遊客看到各種寶石及鑽石切割過程，當然還包括地球的演變、隕石等大自然現象，有許多可讓遊客互動學習的設計。

科學博物館
Science Museum

- http www.sciencemuseum.org.uk
- ✉ Exhibition Rd.
- ☎ 033-0058 0058
- ➡ 地鐵站South Kensington，步行約7分鐘
- ⏰ 10:00～18:00
- $ 免費
- ℹ Lates限成人參加，每個月最後一個週三舉辦，18:30　22:00
- MAP P.57 / C5

　　完整呈現整個科學史的發展與技術，從蒸汽火車到太空船，從電子領域到印刷等各種科學技術，內容相當豐富。館內還有3D大螢幕電影院，另還舉辦Lates博物館之夜活動，爲成年人舉辦各種趣味性十足的科學娛樂活動。

太空探索館

旅行小抄

Exhibition Road展覽路

　　充滿大英帝國氣勢的展覽路，一路上都是倫敦最重要的音樂廳及博物館、大學學院，儼然就是一條藝文大道。當初會在此設立如此多博物館，最主要是1855年在海德公園舉辦世界博覽會後，艾伯特親王認為應該設立可展覽各種英國相關文物的博物館，因此便在此規畫了一家又一家博物館。

　　2011年重新整修後，成為倫敦最優美的步行道，展現出煥然一新的感覺，假日也經常舉辦各種藝文活動。

整條街是一家又比一家精采的博物館

肯辛頓宮
Kensington Palace

- http www.hrp.org.uk
- ✉ Kensington Palace
- ☎ 0844-4827 777
- ➡ 地鐵站High Street Kensington／Queensway，步行約10～15分鐘
- 🕐 時有異動，請查詢官網
- $ £20
- MAP P.57／B4

黛安娜王妃生前的住所，坐落在綠意盎然的肯辛頓公園內，肯辛頓宮雖為皇家寓所，但仍開放大眾參觀，遊客可以買票進入。喬治王一世將它轉為富麗堂皇的居所後，一直為皇室家族喜愛的居所之一，維多利亞女皇即誕生於此，童年也是在這裡度過的，旁邊還有受當地小朋友歡迎的黛妃紀念遊樂場。

有優美花園的肯辛頓宮

這邊也是威廉與凱特在倫敦的家。這棟1689年所建的宮殿，穿過氣勢輝煌的國王階梯（King's Staircase），走進富麗堂皇的國王及皇后寓所（State Aparments），欣賞各位國王皇后最喜愛的生活空間、精緻的工藝品與飾品；而園丁悉心照顧下的美麗花園，也是值得駐足、拍照的好地方。最後別忘了到紀念品店，逛逛皇室相關紀念品。

逛完宮殿後，可沿著花園往上走到倫敦著名的Orangery茶室餐廳（請參見P.22）。

設計博物館
Design Museum

- http designmuseum.org
- ✉ 224-238 Kensington High St
- ☎ 020-3862 5900
- ➡ 地鐵站High Street Kensington，步行約7分鐘
- 🕐 10:00～18:00，週五、六～21:00
- $ 一般展覽免費
- MAP P.57／A5

設計博物館於1989年由泰倫斯・康藍（Terence Conren）創辦，原址位於泰晤士河畔，後於2016年搬遷至優美的荷蘭公園旁，比原先的地點擴大三倍，定期舉辦各種前衛及具教育意義的產品、工業、平面、時尚、建築設計展覽。

這棟由大英國協總部的老建築改建的博物館，內部天頂設計相當有看頭，以橡木環繞的挑高中庭，讓人得以清楚欣賞雙拋物線的獨特屋頂設計。

當然，也別錯過設計博物館的商店，可找到許多有趣的設計品。

皇家艾伯特演奏廳
The Royal Albert Hall

- http www.royalalberthall.com
- ✉ Kensington Gore
- ☎ 020-7589 8212
- ➡ 地鐵站South Kensington / High Street Kensington，步行約10分鐘
- MAP P.57 / C5

這座仿造羅馬圓形大劇場的紅磚建築，從西元1871年開始啟用，成為倫敦城內最古老的音樂廳。這裡除了古典音樂會，還有一些搖滾樂及流行音樂會。每年夏季Proms聚集世界各地的樂迷前來欣賞。若無緣入內欣賞音樂，也可參加音樂廳導覽，包括Grand Tour、後台及下午茶導覽。開演前可先到館內迷人的餐廳用餐。

諾丁丘
Notting Hill

- ✉ Notting Hill及Portobello Rd.區
- ➡ 地鐵站Notting Hill Gate / Ladbroke Grove，步行到Portobello市集約5分鐘
- MAP P.57 / A4

1950、60年代時，諾丁丘曾為加勒比海人的活動中心，各棟建築五彩繽紛，散發出溫馨的社區氣氛。而Portobello Rd.上的波特貝羅市集（Portobello Market），則在短時間內從上百家二手攤販增至破千家，逐漸成為英國有名的市集，後又因電影《新娘百分百》（Notting Hill）一炮而紅，吸引全球各地的觀光客前來，躍升為倫敦最有活力的市集。

每年8月銀行假日（Bank Holiday）的週末，更有著自1966年延續至今的街頭嘉年華會，成為歐洲最著名、精采的化妝遊行盛會之一。

知識充電站

英國史上最嚴重的火災

1666年的倫敦大火(Great Fire of London)是英國歷史上最嚴重的火災，該年9月2日凌晨，位於布丁巷(Pudding Lane)一間麵包坊的爐子起火，在大風的助長下，這一小撮火苗迅速延燒了整個街區，一直到5日才被撲滅，嚴重燒毀古城內的許多中古世紀建築，雖然火勢逼近西敏區時已及時控制住，但仍造成聖保羅大教堂、其他87座教堂、13,200戶民宅及許多市政建築被燒毀，7萬多市民無家可歸。由於大火前一年倫敦才爆發了大規模瘟疫，有10萬多人死亡，因此倫敦人口幾乎銳減1/10，當時英國王室緊急遷往牛津。

然而，這場大火同時也燒死了倫敦城的老鼠，杜絕了瘟疫蔓延。

倫敦北區
North London

肯頓
Camden

➡ 地鐵站Camden Town
MAP P.58 / F1

位於攝政河畔的肯頓區，一出地鐵站就可看到街上各家商店，使盡全力為自己打廣告，在店家正面以大型鞋子、甚至飛機等裝置藝術吸引顧客的眼光。這裡的商家所販售的東西都相當勁爆，是世界各國的年輕人最喜歡挖寶的地方。

而過了運河的肯頓水門市集（Camden Lock Market）還有室內市集，販售許多手工藝術品，市集外面則為便宜的亞非食品攤（便宜又大碗，是便宜用餐的最佳地點），以及特色商店街。

這裡可挖到奇特的商品

相當誇張的裝潢

假日有較多街頭表演

有很多好玩的食品攤

旅行小抄

小威尼斯 Little Venice

位於Paddington火車站旁的運河區，總有一艘艘繽紛多彩的船屋停靠在小運河旁，河濱的垂柳綠地構出雅致悠閒的氣息，因此獲得了「小威尼斯」的美稱，非常值得一訪。附近的地鐵站Warwick Avenue外面，還可看到計程車司機休憩專用的綠色木造小屋。

遊客可由倫敦動物園搭船沿著攝政運河(Regent's Canal)，經此前往肯頓，沿著運河欣賞倫敦水上風光。每年的五月銀行休假日，這裡週末還會舉辦彩色船屋大會。
MAP P.57 / C2

倫敦東區
East London

東區及碼頭區
East End & Docklands

➡ Spitalfields市場(地鐵站Liverpool)，
船塢區(地鐵站Canary Wharf)，紅磚
區(地鐵站Shoredich HighStreet /
Aldgate East / White-chapel)

MAP P.59 / L2

倫敦東區在中古時期是私釀酒、醋及漂洗等行業的集中地，17世紀時更是法國宗教難民的大本營，這些難民擅長於絲織業，所以Spitalfields這區也就成為當時的絲綢製造中心。後來雖然這個行業日

紅磚區(Brick Lane)是倫敦自由發聲之地

令人驚豔的利德賀市場

漸沒落，Spitalfields市場卻成為倫敦高級市集，內有許多設計師及藝術家的工藝作品，是現代雅痞最愛的地方。若對18世紀的生活有興趣，可參觀Spitalfields市集附近的Dennis Severs' House (18 Folgate St.)，這是藝術家Dennis Severs以想像設計出的一個絲綢家庭的生活，內有10個房間，非常精采。另外推薦隱藏在Liverpool St.火車站周圍林立的現代建築中，古老而典雅的利德賀市場(Leadenhall Market)。

船塢區原本只是老舊的倉庫區，近年來卻急速發展，成為倫敦新興的辦公區。除有曾為倫敦最高建築的加拿大大廈(Canada Tower)，還有許多知名的現代建築。

白教堂藝廊
Whitechapel Gallery

http www.whitechapelgallery.org
✉ Whitechapel High St.
☎ 020-7522 7888
🚇 地鐵站Aldgate East
🕐 週二～日11:00～18:00，週四～21:00
💲 免費
MAP P.59 / L2

白教堂藝廊，就如其名，坐落在一座禮拜堂內，為倫敦最重要、最前衛的藝廊之一，永遠可在此欣賞全球各地新銳藝術家的作品。

藝廊的創立起源相當美：由於東區原本是倫敦較貧窮的區域，1901年時Samuel Barnet牧師想藉由這座藝廊的創立，為這區注入點不同的文化、提升居民生活品質。後來聲名逐漸遠播，由原本一座地區性藝廊，轉為世界級藝術中心，1939年更被選為畢卡索對西班牙內戰反思所創作的作品Guernica世界巡迴展的首展之地。又於1956年首將Pop Art引進倫敦，一直以來也致力於推廣英國藝術家的作品。

這裡的咖啡館及餐廳在倫敦也享負盛名，餐廳的菜單依照當季食材的不同，每日都有變化。

倫敦南區
South London

格林威治
Greenwich

🔗 www.visitgreenwich.org.uk
➡️ 地鐵站DLR線Cutty Sark／Greenwich，或Mze Hill火車站
ℹ️ 格林威治主要免費景點：國立海軍博物館、皇后宮、舊皇家海軍學院(Painted Hall收費參觀)、皇家天文台部分展區、格林威治公園以及市集

倫敦城南，一個以天文、海事及皇家歷史聞名的小鎮，格林威治是世界標準時間子午線所在地，優雅的小鎮內有許多皇家別墅及小市集，已列為世界文化遺產城市，2012伊莉莎白二世60週年慶也將之升為皇家自治鎮。

一出地鐵站可先前往舊皇家海軍學院(The Old Royal Naval College)參觀，這是鎮內的主要建築，為17世紀的建築大師克里斯多佛．雷恩之作，欣賞完美的雙子圓頂、精緻的Painted Hall天頂畫，還可看到原放在皇后宮(Queen's House)裡的30

在格林威治市場可找到許多獨特的商品，尤其是週末

多件寶貴文物，一窺這座美輪美奐的都鐸宮殿。

而身為海軍重地的格林威治，還有一座規模廣大的國立海軍博物館(National Maritime Museum)，內有200多萬件海軍及英國航海史物。成立於1675年的老皇家天文台，現為天文博物館，遊客到此地，一定要拍一張跨過子午線，同時踩在東西半球的照片。

而停靠在河岸邊的卡提沙克號(Cutty Sark)曾是英國茶葉的大功臣，19～20世紀時往返中國及印度等地，為英國人提供香醇的茶飲。

最後可來到人氣最旺的格林威治市集(Greenwich Market)，可在此找到許多獨特的設計商品，以及美味的食物及咖啡豆、茶葉，週末時的氣氛尤其熱絡。

1.舊皇家海軍學院由4個街區組成，其中最古老的是查爾斯國王庭院(King Charles Court)，現為三一拉班音樂舞蹈學院／**2.**皇后宮有4百多年的歷史，是一座新古典主義建築／**3.**格林威治大學一隅，仿如電影場景

倫敦西區
West London

邱園
Kew Gardens

- http www.kew.org
- ✉ Kew Rd., Kew
- ➡ 地鐵站Kew Gardens
- © 10:00～18:00
- 💲 票價£11起，提早訂票有優惠

占地300公頃的皇家植物園，建於西元1844～1848年，爲全球現存最重要的維多利亞式玻璃鐵架建築，共動用了16,000千片玻璃，有著令人讚歎的19世紀溫室（Palm House），種植1千多種植物，這座溫室後面即爲最著名的玫瑰花園。

另一座溫室Princess of Wales Conservatory裡，有從沙漠到雨林的各種植物生態，此外還有日本及中國庭園。不要錯過樹頂上的天空步道（Treetop Walkway），可鳥瞰整座邱園。邱園裡的Children's Garden非常受孩子歡迎，需事先預約。

由火車站通往邱園的步道相當優雅，除了美麗的住家外，還有幾間茶室及小商店，可略略享受逛街的樂趣。

圖片提供／英國文化學會

瑞奇蒙
Richmond

瑞奇蒙旅遊服務中心
- http www.visitrichmond.co.uk
- ➡ 地鐵站Richmond，或由Waterloo火車站搭火車前往，車程約20分鐘
- © 10:00～14:00或15:00

瑞奇蒙爲倫敦人戶外休閒地點，大部分遊客來此都是爲了參觀附近的邱園、漢普頓宮及漢姆宅邸。可沿著泰晤士河或到市區內的花園散步，享受靜謐的小鎭風情。

小鎭內最著名的啤酒巷，巷內有小工藝品店及酒吧

漢姆宅邸
Ham House

- http www.nationaltrust.org.uk/hamhouse
- ✉ Ham St., Ham, Surrey
- 📞 020-8490 1950
- ➡ 由Richmond火車站搭乘往Kingston的巴士371，約10分鐘
- © 10:00～16:00
- 💲 宅邸及庭園£7.5

外表樸實的17世紀大宅邸，坐落在泰晤士河畔，內部的保存仍相當完好，如壁畫、家具及吊飾等等，長藝廊展示著家族的肖像。房間內還能一窺當年主人的生活領域，華麗的風格，爲的就是讓賓客驚豔。

宅邸外圍繞著一座座花園，就如同許多大宅院，這裡也有廚房花園（The Kitchen Garden），種植著有機食材，若到宅邸咖啡店，便有機會嘗到出自於花園的有機食材。

倫敦近郊
London Suburb

漢普頓宮
Hampton Court Palace

🌐 www.hrp.org.uk
✉ Hampton Court Palace
➡ 由Waterloo火車站到Hampton Court 火車站，約30分鐘；也可搭船到此，由水道抵達宮殿會有較為獨特的體驗
🕐 夏季10:00～17:30，冬季大約～16:00
💲 £26.1

主要是由Wolsey樞機主教及亨利八世所興建的都鐸風格建築，後來威廉三世及瑪麗二世又增建了巴洛克風格建築。內部的Henry VIII's Great Hall為重要典禮舉辦場所，牆上仍掛著當時留下來的織錦畫，宮殿內的皇家寓所現在開放參觀，最精采的就數雕梁畫棟的皇家禮拜堂，使用至今已有450多年之久，另還可實地瞭解亨利八世和他6位夫人的奢華都鐸生活、欣賞英國最棒的中古世紀大廳、古老的劇院、亨利王的皇冠等。

宮殿內16世紀的老廚房，以前每天須供應1,200人的飲食。而坐落在泰晤士河旁的花園占地廣達60公頃，以優美的雕像及精緻的庭園設計來襯托宮殿的優雅，園內的花園迷宮相當有挑戰性，平均要花上20分鐘才能走到中心點。

溫布頓
Wimbledon

溫布頓草地網球博物館
Wimbledon Lawn Tennis Museum

🌐 www.wimbledon.com
✉ Church Rd., Wimbledon SW19 5AE
📞 020-8946 6131
➡ 由Waterloo火車站搭火車到溫布頓（約20分鐘），轉搭公車493；地鐵站Southfields / Southfield，步行約15分鐘，或搭公車493
🕐 10:00～17:30
💲 £13，博物館＋導覽£25

溫布頓是全球最著名的網球公開賽舉辦地點，也是倫敦郊區的高級住宅區，有許多高級商店及餐廳，鎮內的主要景點為溫布頓公園內的網球博物館。

每年6、7月在此舉辦英國網球公開賽，吸引世界各地的網球迷前往觀賞，溫布頓公園內設有網球俱樂部，目前只開放博物館部分。加訂90分鐘的場地導覽，可深入瞭解網球場的草地是如何維護及保養、親臨頂尖球員與媒體的訪問區，並參觀最重要的中央球場。

里茲堡
Leeds Castle

http www.leeds-castle.com

✉ Maidstone, Kent ME17 1PL

☎ 01622-765 400

➡ Bearsted火車站，轉搭Spot Travel巴士約10分鐘車程，回程也可走3英里的美麗步道前往Hollinbourne火車站，但不建議單行者走這條路線

🕐 4～9月10:30～16:30，10～3月10:30～15:30

💲 £32(提早2日以上訂票有折扣)

圖片提供／英國文化學會

這座1千多年的諾曼古堡分別建在2座小島上，建於西元857年，占地500公頃，曾為薩克遜皇族的居所，後來有6代英格蘭中世紀女皇居住在此，因為依照當時的習俗，新國王上任後，要將里茲堡贈予皇后使用。它同時也是亨利八世最喜愛的行宮之一。宮殿內部設計優雅，設有美術館、禮拜堂等，而戶外則有著占地廣大的幽靜林地、葡萄園(目前仍自製葡萄酒)、100多種罕見鳥類的鳥園、鳥類表演、及有趣的花園迷宮。難怪里茲堡有著世界上最迷人的城堡之美稱。

有趣的是，現在里茲堡還提供了住宿服務，讓遊客可留宿城堡，好好享受這裡優美的環境。里茲堡住宿分為優美的B&B民宿、可容納2～10人的頂級度假屋(Holiday Cottage)、葡萄園內的高級帳篷(Knight's Glamping)。

每年11月還有一次盛大的煙火秀，訂票請早。

1.城堡一隅／2.護城河也可以撐篙／3.城堡旅館旁的小花園／4.城堡內的房間

西區經典音樂劇之旅

絕不可錯過的音樂劇：悲慘世界

小小的西區(Piccadilly Circus與Covent Garden之間)竟擁有40多家戲院，這裡的戲劇不但在量上占全球首位，其演出水準更是與紐約的戲劇並駕齊驅，各有各的特色。除了許多經典戲劇，像是悲慘世界(Les Miserables)、歌劇魅影(The Phantom of the Opera)，這些已經長期演出超過35年之久的劇碼，另外還有許多新興音樂劇，例如冰雪奇緣(Frozen)。倫敦的音樂劇，絕對是來訪倫敦最重要的體驗。

購票方式

1. **網路預購：** 可在倫敦音樂劇官方網站「Special Offers & Competitions」查詢特惠訊息，另外還有See Tickets及Ticketmaster網站。
   http officiallondontheatre.com

2. **直接購票：** 劇院的票亭(Box Office)是最直接且實惠的購票方式，當日購票一般也都可買得到票(可先打電話詢問)。開演前，均可在劇院1樓的當日售票口購票。

3. **半價亭(TKTS)：** 位於Leicester Square，出售當日上演的半價票(歌劇魅影只優惠25%)，廣場上有許多半價亭，有些雖然票價比較便宜，不過手續費相對也較高，官方票亭位於廣場上的Clocktower建築內，也可先上網查詢有哪些特價票。
   http www.tkts.co.uk/whats-on-sale
   這種票每人限購4張，不可退票、

可在倫敦Leicester廣場上的TKTS票亭購票，或在開演前購買當日還剩的票券

選位，折扣票的手續費為£3，全票的手續費為£1，一般票價約為£20～65。

4. **下載抽樂透APP：** Today Tix是抽劇票樂透程式，只要過12點，就可抽Lottery的特價票或選擇Rush 09:00～10:00之後搶特價票。

座位選擇

1. 最高等級Orchestra Stalls (Stalls)為1樓靠近舞台的位置。
2. 第二級Rear Stalls為1樓後排位置。
3. 第三級Dress Circle／Royal Circle，2樓位置，視野好，票價又較便宜。
4. Upper Circle／Grand Circle為3樓位置，視野稍微差一點。
5. Balcony為最頂樓的票，距離舞台遠且視野較差。
6. Standing Room站票通常在2、3樓。
7. 最差的Restricted View的座位，無法看到部分舞台，票價也最便宜。

主要戲劇節目

大部分開演時間為19:30，週三、六通常也有14:30的下午場，均在開演前45分鐘開始入場。詳細節目表可參考旅遊服務中心、《The Official London Theatre Guide》，或者每週三所出版的《Time Out》，有些劇院有Backstage Tour參觀後台行程。

第一次看音樂劇,可考慮獅子王或阿拉丁,這類較為簡單易懂的劇碼;歌劇魅影及悲慘世界屬於劇情類,但內容及舞台太精采,千萬別錯過,欣賞前可先了解故事內容;如是親子旅遊,冰雪奇緣是很好的選擇;另外,哈利波特迷也一定不能錯過由故事改編的舞台劇。

每家劇院的設施略有不同,歌劇魅影及悲慘世界的劇院均相當華麗,萬花嬉春高樓層的座位很陡,有懼高症者記得買低樓層的座位。獅子王的官方網站有互動式座位圖,選位時可清楚了解各區座位的視野。

劇名	劇院 / 資訊	故事大綱
獅子王 The Lion King	Lyceum Theatre http www.thelionking.co.uk ✉ 21 Wellington St. ☎ 0333-009 6690 ➡ 地鐵站Covent Garden,步行約7分鐘 🕐 週二～六19:30,週三、六、日14:30	將迪士尼故事搬上舞台的音樂劇,維妙維肖的化妝、舞台效果,生動的道出小獅王的英勇故事。還有另一齣「MALTIDA」也很適合親子觀看。
歌劇魅影 The Phantom of the Opera	Her Majesty's Theatre http uk.thephantomoftheopera.com ✉ 57 Haymarket ☎ 020-7087 7762 ➡ 地鐵站Piccadilly Circus,步行約5分鐘 🕐 週一～六19:30,週三、六14:30	韋伯著名大作,故事以19世紀的法國歌劇院為背景,細說一名躲藏在歌劇院地底,戴著面具的天才音樂怪人,迷戀年輕美麗的女伶克莉絲汀的愛情故事。
悲慘世界 Les Miserables	Sondheim Theatre http www.lesmis.com ✉ 51 Shaftesbury Ave ☎ 44-482 5137 ➡ 地鐵站Leicester Square,步行約3分鐘 🕐 週一、三～六19:30,週四、六、日14:30	韋伯將法國大師雨果之作改為音樂劇,娓娓道出法國大革命時的悲壯故事。
摩門經 The Book of Mormon	Prince of Wales Theatre http www.princeofwalestheatrelondon.info ✉ 31 Coventry Street ☎ 0844-482-5115 ➡ 地鐵站Leicester Square 🕐 週一～六19:30,週五、六14:30	以揶揄搞笑的手法,講述到非洲傳教的兩位年輕摩門教士所發生的軼事。英文好的話,絕對讓你從頭捧腹笑到尾,為倫敦熱門劇碼之一。
哈利波特 Harry Potter and the Cursed Child	Palace Theatre http www.harrypottertheplay.com ✉ 113 Shaftesbury Ave. ☎ 0333-333 4813 ➡ 地鐵Leicester Square站或Tottenham Court Road站 🕐 週三、五～日午場上集;晚場下集	首齣將哈利波特故事搬上舞台的劇碼,旋即在倫敦大受歡迎,大約1年前要先上網搶票。音樂劇分上下兩集演出。
冰雪奇緣 Frozen	Theatre Royal Drury Lane http www.disneytickets.co.uk/frozen-west- end-musical-tickets ✉ Catherine Street ☎ 020-7087-7760 ➡ 地鐵站Covent Garden 🕐 週三～六19:00,週四、六14:00,週日 13:00及17:30	以一首<Let It Go>紅遍大街小巷的冰雪奇緣,在孩子界廣受歡迎。迪士尼舞台劇,絢爛的舞台效果以及歌唱令人期待。

逛街購物

【購物商圈】

Oxford St.

牛津街是倫敦最著名的購物街之一，可找到各連鎖品牌及百貨公司。

MAP P.58 / G3

Covent Garden

柯芬園市集與Neal Street附近個性商品及手工藝品店林立。

MAP P.58 / H3

Regent St.

攝政街大部分為高級精品店，另有古色古香的Liberty百貨公司及玩具百貨Hamleys。

MAP P.58 / G3

Kensington & Chelsea

綠園、氣質博物館街環繞的優雅區域，有許多精緻家具、古董店、以及高雅的餐廳酒吧。

MAP P.57 / A5

Knightsbridge

世界著名的哈洛德百貨公司及個性百貨Harvey Nichols都在這區。

MAP P.57 / D5

Piccadilly St.

麗池酒店及Fortnum & Mason等老店都位於皮卡地里街上。

MAP P.58 / G4

Bond St.

Marylebone High St.

　　如果你要的是最最高檔的商品，那當然是要到龐德街，世界知名的品牌都齊聚在這裡。另外，Jermyn St.以及伯靈頓拱廊也有許多英國品牌及世界名店。

MAP P.58／F3

　　若想舒服逛街，那當然得來這條優雅的購物街。氣質十足的書店(最美的書店Daunt Books)、小店林立，週日還有農夫市集、二手商品。此外South Molton St.及 Mount St.也有許多個性商店。

MAP P.58／E2

旅行小抄

柯芬園必逛商店

Whittard of Chelsea

http www.whittard.co.uk
図 33 Whiteleys
➡ 地鐵站Bayswater

　　1886年創立的英國好茶，榮獲皇家認證。風味特殊的水果茶深受女性消費者喜愛，另外還有大吉嶺等高海拔低汙染的高級茶。柯芬園分店還設了下午茶館，客人買茶之餘還可以享用浪漫茶點。若有特殊慶祝節日想找家特別的餐廳，可提早預訂附近浪漫的花房餐廳Clos Maggiore。

Neal's Yard

図 Neal St.與Shorts Gardens街角
➡ 地鐵站Covent Garden
MAP P.58／H3

　　70年代時，追求嬉皮生活的Nicolas Saunders首先在柯芬園開設第一家健康食品店，聲名漸傳開來後，許多講求天然、健康生活的品牌陸續入駐，如英國著名的天然有機保養品牌Neal's Yard Remedies就是其中一家。若你想放鬆做按摩Spa，這裡也有The Neal's Yard Therapy Rooms。

　　Neal's Yard位於柯芬園的Seven Dials區，這可說是倫敦市區最嬉皮的一區，可找到許多獨特的商品，尤其是Monmouth St.街區。

【街頭市集】

Borough Market

倫敦最古老的波羅市場，至今已有1千年的歷史，為倫敦最熱門的美食市場。除了市場內有美味生蠔、數不清的起司攤商、Bread Ahead的好吃麵包、Monmouth咖啡等。市集內還有現煮熱食，如有高評價的LA TUA PASTA、超推薦的香辣蝦捲，可以坐在現場吃或是帶走。這裡的唯一缺點，大概就是不走平價路線，價位偏高，不能太放鬆地狂買。

若是週五安排到此，早上還可到附近的古董市集Bermondsey Antiques Market尋寶。

🌐 www.boroughmarket.org.uk
🚇 地鐵站London Bridge，步行約3分鐘
🕐 10:00～17:00，週六08:00開始，週日～15:00。週三～六全部攤商都有營業
🗺 P.59／K4

Old Spitalfields Market

倫敦雅士最愛的市集，有許多新設計師的創意商品、服飾，極具民族風味的寶物，及各式有機食品與美食。市集每日營業，較特別的是週四古董市集，及每月第一、三個週五的Vinyl Market，黑膠唱片迷不可錯過。老市集旁邊還連接著比較新穎的Spitalfield Market，有許多獨立商店、手工藝品、餐廳及食物小販等。

🌐 www.spitalfields.co.uk
🚇 Liverpool St.火車站對面沿著指標走，步行約7分鐘
🕐 10:00～17:00或18:00，週四08:00開始
🗺 P.59／L2

1.著名的Richard Haward's生蠔／**2.**市場內繽紛的蔬果／**3.**整塊起司刨絲的烤馬鈴薯／**4.**市場外圍超推薦的Applebee's Cajun Fish and Prawn Wrap蒜辣蝦捲／**5.**專業的Monmouth咖啡

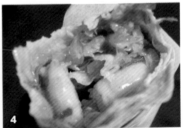

Broadway Market

相較於高價的Borough Market，Broadway市集較有傳統市集的溫馨感，讓平民也可輕鬆享受美食。19世紀開業至今，每週六聚集70多攤蔬果、甜點、美食、藝品店、廚具，是大倫敦最受歡迎的市集之一。

此外附近還有小型的Netil Market及School Yard Market。

🔗 www.broadwaymarket.co.uk
➡️ 地鐵站Bethnal Green；或由Liverpool St.火車站到London Fields火車站，車程約10分鐘
🗺️ P.59／L1

Portobello Road Market

由於電影《新娘百分百》而聲名大噪的古董市集，從一開始的小古董市場擴增到現在已超過1千個商家，不管是要找二手、找回憶、找蔬果或是找吃食，一應俱全。這邊還有許多極具英國特色的商品，是個相當美麗又有活力的市集。

🔗 visitportobello.com
➡️ 地鐵站Notting Hill Gate，步行約5分鐘
🕐 古董市集每週六08:00～19:00，平日為蔬果及一般市集
🗺️ P.57／A3

Brick Lane Market

倫敦最有趣的紅磚巷市集，也是手工設計師的新據點，除了有各種創意商品，還聚集許多著名的古著店。這裡還有倫敦最獨特的音樂店，Rough Trade裡還有邊跳舞邊剪髮的理髮店、躲在車子裡演奏的樂團等新奇事物。

當然，到紅磚巷絕不可錯過無時無刻都大排長龍的焙果店Beigel Bake，無論是經典的燻鮭魚、起司、或鹽燒牛肉(Salt Beef Beigel)，都美味到讓人甘願在此排隊等候!(159 Brick Lane／24小時營業)
➡️ 地鐵站Aldgate East
🕐 週日09:00～17:00
🗺️ P.59／L2

【百貨公司】

Liberty

- http www.libertylondon.com
- ✉ 210-220 Regent St.
- ☎ 020-3893 3062
- ➡ 地鐵站Oxford Circus
- ⏰ 10:00～20:00，週日12:00～18:00
- MAP P.58 / F3

　　這可說是英國最特別、古老的百貨公司之一，創建於1875年，建築本身為獨具英國特色的都鐸建築，室內設計散發著古色古香的典雅。Liberty一開始販售來自日本及東方的高級藝品、配飾，1884年首將化妝品部引進店內，之後將歐洲各國的新藝術風格商品帶入倫敦，可真是一家引領風騷的商店。

　　130年來，一直以Liberty印花商品及頂級奢華配飾在倫敦獨樹一格。相較於其他購物中心，這裡的商品較為別緻，也會定期推出自家設計的產品，尤以印花絲巾最為搶手。Liberty後面的小街巷（Carnaby St.）也有許多老酒館及小商店，可別錯過了！

哈洛德百貨 Harrods

- http www.harrods.com
- ✉ 87-135 Brompton Rd.
- ☎ 020-7730 1234
- ➡ 地鐵站Knightsbridge
- ⏰ 10:00～21:00，週日11:30～18:00
- MAP P.57 / D5

　　印度王子想訂一頭小象送人？你想調配一款屬於自己的香水？哈洛德百貨曾以有求必應的客服聞名，也因為這樣獨特的服務方式，讓哈洛德逐漸成為全球最奢華的百貨公司，內部裝潢真是令人嘖嘖稱奇。

　　其中最推薦的為食品廳，有著許多讓人看了垂涎三尺的美食，食品廳的咖啡茶館也是相當棒的休憩地點（推薦伯爵茶）。哈洛德出品的伴手禮相當受歡迎，例如哈洛德泰迪熊、手提袋、文具，以及茶葉、餅乾等。

Selfridges

http www.selfridges.com
✉ 400 Oxford St.
☎ 0800-123 400
➡ 地鐵站Bond Street
🕐 週一～五10:00～22:00，週六10:00
～21:00，週日11:30～18:00
MAP P.58 / E3

與哈洛德百貨齊名的傳奇奢華百貨，創辦人的故事還曾搬上電視劇。這是許多大明星習慣採購的百貨，因為這裡總是可找到當季最新潮時尚的服飾。

John Lewis

✉ 300 Oxford St.
☎ 020-7629 7711
➡ 地鐵站Oxford Circus
🕐 10:00～20:00，週日12:00～18:00
MAP P.58 / F3

有各種優質家用品、上班族及輕熟女服飾、3樓及地下室是居家雜貨愛好者的天堂，1樓的化妝品區也可買到好用的Liz Earle熱毛巾和天然卸妝乳。

Hamleys

http www.hamleys.com
✉ 188-196 Regent St.
☎ 371-704 1977
➡ 地鐵站Oxford Circus
🕐 10:00～21:00，週日12:00～18:00
MAP P.58 / F3

7層樓的玩具專賣店，可說是全球最大的玩具百貨，可在此買到各種新奇的玩具，而且所有店員拿著不同的玩具跟顧客遊玩，真是個充滿歡樂笑聲的購物經驗。

Harvey Nichols

✉ 109 Knightsbridge
☎ 020-7235 5000
➡ 地鐵站Knightsbridge
🕐 10:00～20:00，週日11:30～18:00
MAP P.58 / E4

展示櫥窗及專櫃設計一向是倫敦最前衛、最有趣味的，想找流行尖端的設計師品牌，到這家百貨公司就對了。

英格蘭—倫敦

逛街購物：百貨公司

105

【百年老店】

Berry Bros. & Rudd Ltd. www.bbr.com	300多年的高級葡萄酒店，店內充滿了古老的釀酒商風情。
Charbonnel et Walker www.charbonnel.co.uk	1875年開設的高級巧克力店，為皇家認證商店，也是威廉王子婚宴的喜糖。最著名的為Marc de Champagne Chocolate Truffle香檳松露巧克力。
Dr. Harris & Co. www.drharris.co.uk	1790年至今的皇家御用老藥局，以薰衣草水、男士香水、及英式花香水、天然皂、刮鬍用品聞名。
Fortnum & Mason www.fortnumandmason.com	倫敦著名的御用茶，詳細資訊請參見P.24。
Floris www.florislondon.com	創立270多年的英國老牌御用香水，散發著英國的內斂芬香。
John Lobb www.johnlobb1849.com	百年來曾為許多英國皇室及貴族打造鞋，這可是皇室認證的御用鞋店(更多御用品牌請參見www.royalwarrant.org)。
Penhaligon's www.penhaligons.com	英國的老牌香水，以亞洲特有的香料為基底，無論是古龍水或女性香水都有其獨特香氣，而香水瓶則是優雅甜美的維多利亞式設計。
Prestat www.prestat.co.uk	擁有皇家認證的百年巧克力店，以香醇的黑巧克力聞名，而粉紅香檳巧克力(Pink Champagne Truffle)更是受女性顧客的喜愛。
Partridges www.partridges.co.uk	皇家認證傳統超市，可買到英國及全球各國頂級食品。
Rigby & Peller www.rigbyandpeller.com	女王愛用的內衣品牌，還可量身訂做。
Smythson www.smythson.com	英國王室御用文具店，1887年創業以來，一直都以高檔文具、細木製品、皮夾、商務皮件、手拿包、及一次大戰時為前線戰士設計充滿正能量的賀卡聞名。
Thomas Goode thomasgoode.com	西元1872年開業以來，即榮獲英國皇家的賞識，專門提供皇室的御用餐具，有華麗的維多利亞風格，也有簡約的現代設計風格。
Twinings twinings.co.uk	唐寧是英國最老牌也最流行的茶葉品牌。唐寧的第一家茶店於1706年在Strand開幕，現今仍為旗艦店所在處。

【豪宅書店】

Maison Assouline

- 🌐 www.assouline.com/london-piccadilly
- ✉ 196A Piccadilly, St. James's
- ☎ 020-3034 1197
- ➡ 地鐵Piccadilly站
- 🕐 週一～三10:30～19:00，週四～六10:30 ～21:00
- 🗺 P.58 / G4

專門出版經典限量書的出版社，目前在全球各大知名城市都有據點，各間設計有不同的趣味，令人讚歎。例如位於聖詹姆士教堂旁的這家倫敦分店，讓在此工作的服務人員都感到驕傲不已呢。因為這不只是一家書店而已，除了自家出版的書籍外，還展售各種稀有古董家具、古董書，幾乎你在店裡看到的商品都出售。

室內裝潢高雅精緻，像是在參觀一間高級的宅邸博物館

1樓還開設了一家很有氣質的酒吧Swans Bar。

Hatchards

- 🌐 www.hatchards.co.uk
- ✉ 187 Piccadilly
- ☎ 020-7439 9921
- ➡ 地鐵站Piccadilly Circus與Green Park中間
- 🕐 週一～六09:30～20:00 週日12:00～18:00
- 🗺 P.58 / G4

倫敦最美的皇家認證老書店（1797年開業），裝潢典雅樸實，再加上獨特的書籍分類、每個小桌上手寫的名言卡，在此逛書店可真是一件舒心悅事。

特色餐飲

【下午茶・咖啡館】

英國的下午茶是到英國觀光絕不容錯過的,而首都倫敦有著許多著名的下午茶茶室,從一些高級下午茶飲到小茶室的精緻午茶,應有盡有(請參見P.21)。倫敦的咖啡館更是生活必需品,風格咖啡館隱於各小區。近年倫敦早餐的選擇也相當精采,詳細資訊請參見P.18。

Monmouth Coffee

- http www.monmouthcoffee.co.uk
- ✉ 27 Monmouth St.
- ➡ 地鐵站Tottenham Court Road,步行約7分鐘
- 🕐 09:00～18:30,週日休息
- MAP P.59 / K4

Monmouth是倫敦最著名的咖啡之一,除了自家咖啡館外,許多小咖啡店也選用他們烘焙的咖啡豆,因為他們會親自到各農場了解咖啡豆的種植情況,並不斷探尋新的咖啡豆,以最適合的方式處理各家農場的豆子。

Monmouth自1978年就開始在柯芬園的Monmouth St.本店烘焙咖啡,30年後(2001年)才在波羅市集外開設第二家分店,現總店移到空間較大的Bermondsey。Monmouth最著名的咖啡為單品手沖,採用的牛奶及搭配的點心都是精心挑選。請注意,店家不再提供一次性紙杯,建議自備咖啡杯。

St James's Cafe

- http benugo.com
- ✉ St James's Park
- 📞 020-7451 9999
- ➡ 地鐵站St James's Park,步行約5分鐘
- 🕐 08:00～19:00
- MAP P.58 / G4

位在優雅的聖詹姆士公園內,從餐廳茶室可遠望西敏區建築及公園內的小湖,整棟建築也採以木造材質,呈現出自然、寧靜的野趣。

England / London

Kaffeine

http kaffeine.co.uk
✉ 66 Great Titchfield St, Fitzrovia
☎ 020-7580 6755
🕐 07:30～17:00，週六08:30～17:00，週日09:00～17:00
MAP P.58 / F2

　　倫敦迅速竄紅的實力派咖啡館，咖啡口味偏澳洲風格。這家悠閒的咖啡館就位於牛津街不遠處，是許多內行咖啡愛好者的口袋名單。

Wild & Wood Coffee

http wildandwoodcoffee.co.uk
✉ 47 London Wall
☎ 0752-515 5957
➡ 地鐵站Holborn，或由大英博物館步行約5分鐘
🕐 07:00～17:00，週六、日休息
MAP P.58 / H2

旅行小抄

高空景觀花園Sky Garden
　　Wild & Wood Coffee附近還有一座高空景觀花園Sky Garden，可免費參觀。(見P.83)

　　小小的咖啡館裡，所有木質桌椅全部取自老教堂，希望藉由這些材質在這繁忙的城市裡，呈現出平和、樸實的溫暖氛圍。這裡的咖啡也非常棒，採用倫敦著名的咖啡豆Monmouth及Jersey有機牛奶，煮出香醇的歐式咖啡。蛋糕及甜點則選自倫敦的Clarke's of Kensington and Cocomaya。可到這裡享用義大利的Foccacia及法國三明治(午餐)，或美味的手工蛋糕。

Terry's Cafe

http terryscafe.co.uk
✉ 156-158 Great Suffolk Street
➡ 地鐵站Borough，步行約5分鐘
🕐 週二～日08:00～15:00
MAP P.59 / J5

　　走進Terry's Cafe，彷彿搭上時光機回到老英國咖啡館，牆上掛著黑白老照片，整體為標準二戰後風格。這裡選用的都是當地的食材，茶葉是自有品牌。Terry's Cafe 的英式早餐「The Works」分量充足，還包含了在英式早餐裡罕見的Bubble & Squeak，美味到曾經被INSIDER評論為最佳英式早餐。

【餐廳】

從傳統英國菜到歐洲菜、中東菜、非洲菜、亞洲菜，無論是素食餐或速食餐，只要想得到的，倫敦都找得到。倫敦美食餐廳不斷推陳出新，可參見當地雜誌《Time Out》或報紙，餐廳評比可參見www.yelp.co.uk。

Flat Iron

🌐 flatironsteak.co.uk
✉ 17-18 Henrietta St.
📞 020-3019 4212
➡ 地鐵站Covent Garden，步行約5分鐘
🕐 12:00～00:00，週日～23:30
🗺 P.58 / G3

£13就可以在倫敦吃到好吃的牛排？這就是Flat Iron！即使已經開了這麼多家分店，還是家家客滿，建議先從官網的連結進行訂位，以免向隅。

牛肉通常會有2種肉質選擇，基本上都很好吃，熟度則建議5分熟甚至3分熟。每份牛排都會隨附一小杯沙拉，另也可點其他配菜。牛肉的分量其實並不大，他們的甜點做得很棒，吃完牛排再來一份甜點分量剛剛好。

以倫敦的高消費而言，是CP值很高的牛排

現場做的海鹽巧克力焦糖慕斯

The Rules

🌐 rules.co.uk
✉ 35 Maiden Ln.
📞 020-7836 5314
➡ 地鐵站Covent Garden，步行約5分鐘
🕐 週二～六12:00～23:30，週日～22:00
🗺 P.58 / H3

Rules於1798年開業，號稱倫敦最老的餐廳。內部充滿典雅氣息，現仍為紳士淑女們最愛的餐廳，前往用餐請勿穿著短褲或運動裝。在這裡可以品嘗到最經典的英國菜，尤其是當季野味料理，而巨大的約克夏布丁也總讓遊客驚豔。

BAO

🌐 baolondon.com
✉ 53 Lexington St.
📞 020-3019 2200
➡ 地鐵站Piccadilly circus或Oxford circus
🕐 週一～四12:00～15:00、17:00～22:00
　　週五、六12:00～22:30
　　週日12:00～17:00
🗺 P.58 / G3

幾位台灣及香港年輕人，在倫敦市集開創的刈包店，旋即在倫敦大受好評，BAO的Soho本店已經連續好幾年入選米其林必比登名單，雖是街頭小吃，但講究的是從精選過的供應商直接購入的食材，再加上獨創的口味，吸引大量顧客前往排隊。若想節省時間，也可先在網上預訂再去取。BAO在Fitz、Borough及King's Cross都開了分店，各分店都有自己的特色及獨特商品。

旺記 Wong Kei

✉ 41/43 Wardour St, London W1D 6PY
☎ 020-7437 8408
➡ 地鐵站Leicester Square，出地鐵站後沿著Lisle St.走，右轉Wardour St.
🗺 P.58 / G3

　　旺記大酒樓是中國城內的老牌餐廳，以隨便的服務態度聞名，若是單人用餐的話，常會和陌生人同桌吃飯。這裡上菜非常有效率，且炒飯、麵，價格合理又大碗，所以相當受到中外人士的喜愛，它的北京烤鴨相當受留學生喜愛，中午也提供平價的套餐。

Burger & Lobster

http www.burgerandlobster.com
✉ 6 Little Portland St, Fitzrovia
☎ 020-7907 7760
➡ 地鐵站Oxford Circus
🕐 12:00～22:00，週五、六12:00～23:00
🗺 P.58 / F2

　　以大份超值龍蝦及漢堡著稱的餐廳，也是倫敦目前最熱門的餐廳之一。龍蝦為加拿大龍蝦，鮮度夠，吃的時候還會發給顧客一個相當可愛的圍兜。如果同時想吃龍蝦和漢堡，可以考慮Combo組合餐；對於胃口不大的人，推薦優先選擇龍蝦堡，滿滿的龍蝦夾在香氣四溢的布里歐麵包裡，美味滿分。Burger & Lobster在倫敦有許多分店，可上網事先訂位避免久候，或是由Deliveroo外送餐點。

龍蝦堡

Eat Tokyo

http www.eattokyo.co.uk
✉ 27 Catherine St., Covent Garden
☎ 020-3489 1700
➡ 地鐵站Covent Garden
🕐 週一～六12:00～23:30，週日～22:30
🗺 P.58 / H3

　　吃膩了西式食物嗎？平價又美味的日本餐廳Eat Tokyo，是遊客想念亞洲風味的好選擇。不論是生魚片、日式便當、咖哩飯，或是熱騰騰的烏龍湯麵，你可以在這裡獲得滿足。每家店因日本主廚不同，口味略有差異。

　　最常有遊客路過的是柯芬園分店。用餐不一定要事先訂位，但在英國人的午、晚飯時間經常需要排隊，若想避免等候，各分店皆接受電話預約。

【特色酒吧】

若想體驗道地的英國人生活，千萬不要錯過各大酒吧。在英國，「酒吧」等於日常休閒、社交以及歡樂的代名詞。

George Inn

- http www.greeneking-pubs.co.uk
- ✉ 77 Borouge High St.
- ☎ 020-7407 2056
- ➡ 地鐵站London Bridge，步行3分鐘
- ⏰ 11:00～23:00，週四～六11:00～24:00
  週日12:00開始
- MAP P.59 / K4

倫敦橋附近的喬治客棧，為黑白色調的17世紀古建築，細緻的窗框構成溫馨的客棧氣息，是倫敦市區內僅存的馬車客棧，曾經出現在狄更斯筆下的《小杜麗》(Little Dorrit)故事中。目前由Greene King集團管理，雖然客房只供出租辦活動，不過酒吧仍繼續經營，也提供英國傳統酒吧食物。

知識充電站

查爾斯‧約翰‧赫芬姆‧狄更斯

Charles John Huffam Dickens，1812～1870，英國維多利亞時期最著名的小說家，對英國文學的影響相當深遠(就連中國作家老舍也深受其影響)。1870年病逝，葬於西敏寺的詩人角落。

狄更斯生於英國南部的Porthmouth，後因家庭債務問題，與父親遷入牢房生活(後來狄更斯將此經歷寫進《小杜麗》一書中)，那時狄更斯還到工廠當童工，每日工作10小時，一週卻只有6先令的工資。家裡經濟逐漸好轉後，狄更斯靠著自學進入報社工作，成功當上記者，並陸續在各報刊發表文章。1836年因出版探討城鄉社會問題的《匹克威克外傳》而引起熱烈討論，出現一波「匹克威克熱」。

爾後又持續出版多部小說，包括最受歡迎的《孤雛淚》《小氣財神》《塊肉餘生錄》《雙城記》等經典作品。狄更斯的作品為寫實風格，勇於提出對社會階級與貧窮的反動，常在文句中透露出對英國貴族的諷刺，如《尼古拉斯‧尼克貝》。

England / London

Ye Olde Cheshire Cheese

- http ye-olde-cheshire-cheese.co.uk
- ✉ 145 Fleet St.
- ☎ 020-7353 6170
- ➡ 地鐵站Blackfriars，步行5分鐘
- Ⓒ 週一～六12:00～23:00，週日～22:30
- MAP P.59 / I3

這家位於西提區的酒吧，創立於1538年，1667年倫敦大火後重建為現在的樣貌，至今已有300多年的歷史，招待過許多著名人士。內部擺飾古樸典雅，而且在許多知名英國作家的著作中，都出現了這間老酒吧，例如狄更斯的《雙城記》（A Tale of Two Cities）。在著名偵探小說家Agatha Christie的《百萬美元證券失竊案》（The Million Dollar Bond Robbery）中，偵探還在這間老酒吧點了招牌菜牛排腰子餐（Steak and Kidney Pudding）。

Mayflower

- http www.mayflowerpub.co.uk
- ✉ 117 Rotherhithe St.
- ☎ 020-7237 4088
- ➡ 地鐵站Rotherhithe，步行約2分鐘
- Ⓒ 12:00～23:00，週日～22:00

號稱泰晤士河畔最老的英式酒吧，可讓客人在溫暖的老橡木間或甲板上，欣賞美麗的泰晤士河風光。Mayflower更是唯一一間合法可販售郵票的酒吧！

Sherlock Holmes

- http www.greeneking-pubs.co.uk
- ✉ 10 Northumberland St.
- ☎ 020-7930 2644
- ➡ 地鐵站Charing Cross，步行5分鐘
- Ⓒ 10:00～23:00，週四～六 10:00～00:00
- MAP P.58 / H4

整家酒吧以福爾摩斯為布置主題，貼滿了福爾摩斯的信件，而2樓更依照小說情節，布置出福爾摩斯的私人書齋。此外，Soho區的The Coach & Horses也是一家1731年開業至今的老酒吧（1 Great Marlborough St.），這裡的食物很受好評，除了英國當地食物外，還有許多美味的歐陸料理。

The Grapes

- http thegrapes.co.uk
- ✉ 76 narrow St.
- ☎ 020-7987 4396
- ➡ 地鐵站Limehouse，步行約10分鐘
- Ⓒ 12:00～23:00，週日～22:30

500年歷史的老酒吧，狄更斯及許多文學家均曾是這裡的老主顧，酒吧也曾出現在狄更斯的小說《我們共同的朋友》（Our Mutual Friend）一書中。這條美麗的老街深受藝術家青睞，曾有許多藝術家居住在此。酒吧可享用簡單的傳統酒吧食物，樓上曾是精緻的用餐區。

住宿情報

　　倫敦的住宿選擇從經典的頂級酒店、設計感十足的精品設計旅館、小而獨特的個性旅館、溫馨民宿、充滿歡樂氣息的青年旅館、便利的大學宿舍、方便的連鎖旅店，或是短租房型等等。

　　若要便於觀光，住宿選在1區(Zone 1)且靠近地鐵站最便於觀光，節省每日搭車進出市中心的時間及費用。藍線地鐵沿線或是Paddington火車站附近是最熱門的選擇；柯芬園附近距離逛街、美食，甚至劇院都很近，也相當理想。若想鬧中取靜，海德公園一帶也可納入考慮。一般而言，越往市中心外圍找，價格可能越划算，部分旅客也會考慮住O2/格林威治、東邊的Stratford或是西邊的Hammersmith一帶，這些地點進出市中心交通都很便利，尚可接受，只是街道在視覺上感覺比較雜亂。

台灣人之家庭旅館
Lupton Guest House

- www.45lupton.com
- 45 Lupton Street London NW5 2HS
- 0207-4854 075
- 地鐵站Tufnell Park
- 單人房(每位￡39)，雙人房(每位￡44)

　　張誌瑋、嚴文正2位台灣人在倫敦用心經營的家庭旅館，整體風格充滿家的溫馨感。而且2位主人均擁有相當豐富的知識與經驗，入住這裡不妨找點時間跟他們聊聊，保證你的英倫行會更豐富喔。

　　在多年的經驗累積後，現在民宿也提供各種套裝行程，在各個經典行程中，挖掘出許多獨特的景點及特殊體驗，相當受客人喜愛。

旅行小抄

倫敦華人民宿

　　大倫敦區還有多家華人民宿，如經營多家旅店的樂活倫敦，以及Kiki倫敦Chelsea溫馨民宿等。其他民宿資訊可查詢THE LONDON BED + BREAKFAST AGENCY。

樂活倫敦
- www.lohaslondon.com

Kiki。倫敦Chelsea溫馨民宿
- zh-tw.facebook.com/londoncosykiki

THE LONDON BED + BREAKFAST AGENCY
- www.londonbb.com

【頂級旅館】

倫敦最經典的百年旅館當屬Mayfair的Claridges，1854年開幕，就像是迷你版的白金漢宮，一直是王公貴族的最愛；另一座百年旅館The Gore Hotel，充滿老英國的典雅風格，也是英國行最經典的體驗之一，且旅館就靠近博物館街，相當適合文化旅遊者；著名的文華東方也在倫敦有分店，提供頂級Spa服務，當然還有著名的Ritz酒店及Browns酒店，而風靡全球的W Hotel也選在熱鬧的購物商圈亮麗登場。

倫敦W Hotel

The Lanesborough

🌐 www.lanesborough.com
✉ Hyde Park Corner
📞 020-7259 5599
➡ 地鐵站Hyde Park Corner，步行約3分鐘
🗺 P.58 / E4

位於海德公園角落的頂級旅館The Lanesborough，在此以私人管家制，提供專屬服務給每位賓客。這座旅館依照Viscount Lanesborough的鄉間別墅建造，服務及房間的典雅布置均會讓人以為自己是王公貴族呢！更特別的是，旅館內還有雪茄俱樂部。

Sofitel London St James

🌐 sofitelstjames.com
✉ 6 Waterloo Pl, St. James's
📞 020-7747 2200
➡ 地鐵站Piccadilly Circus，步行約5分鐘

所在地點絕佳，且服務親切到令人不想離開的五星級旅館。旅館建築的其中一面靠近白金漢宮，另一端面向倫敦最主要的購物區，這種景點與購物兼具的旅館地點，對於遊客來講真的太方便了。房間內部設施相當舒適、溫馨，衛浴用品選用愛馬仕產品，而旅館人員的服務品質更是這家旅館最受好評之處。

The Soho Hotel

- http www.firmdalehotels.com
- ✉ 4 Richmond Mews
- ☎ 020-7559 3000
- ➡ 位於Tottenham Court Rd.、Oxford St. 及Piccadilly Circus這3個地鐵站之間，較靠近的地鐵站是Tottenham Court Rd
- MAP P.58 / G3

　　Firmdale Hotels集團在蘇活區所打造的另一家風格旅館。由於公共區域有當代雕刻及裝置藝術，馬上呈現出強烈的設計感。旅館內同樣有著超時髦的小電影院及Spa中心。除了一般客房外，也提供公寓式服務，很適合親子旅遊。

　　另一家適合親子旅遊的旅館是Royal Lancaster Hotel。飯店裡有兩房相連的房型，適合家庭旅遊。地點就在海德公園旁邊，環境優美，只要過個馬路就有廣大的綠地及遊樂場可讓孩童恣意跑跑跳跳。

Blandford Hotel

- http www.blandfordhotel.com
- ✉ 80 Chiltern St, Marylebone
- ☎ 020-7486 3103
- ➡ 地鐵站Baker Street
- MAP P.58 / E2

　　這家四星級旅館位於優雅的Marylebone購物街區及著名的貝克街附近，為小型旅館。雖然沒有強烈的設計感，但房間溫馨乾淨，所在位置也相當寧靜、安全。

The Sumner

- http www.thesumner.com
- ✉ 54 Upper Berkeley St.
- ☎ 020-7723 2244
- ➡ 地鐵站Marble Arch
- $ £160起
- MAP P.58 / E3

　　多年都被評選為倫敦最好的小型旅館，所有的房間設計與布置都非常雅緻，而且靠近牛津街、海德公園，購物與觀光都相當便利。

The Royal Horseguards

- http www.guoman.com/the-royal-horseguards
- ✉ 2 Whitehall Court
- ☎ 0207-523 5062
- ➡ 地鐵站Embankment
- MAP P.58 / H4

　　泰晤士河畔這棟美麗的白色宮殿建築，靠近倫敦最著名的各大景點，可說是倫敦最迷人的住宿之一。而它在一次世界大戰時，竟然還是特務情報局總部，現被譽為倫敦「Best Kept Secret」旅館。

Flemings Mayfair

- http www.flemings-mayfair.co.uk
- ✉ 7-12 Half Moon St.
- ☎ 020-7499 0000
- ➡ 地鐵站Green Park
- MAP P.58 / F4

　　這家旅館就位在倫敦最高級的路段，距離海德公園、哈洛德、皮卡地里圓環、牛津街及白金漢宮均不遠。1851年創立的旅館，將6棟喬治風格建築結合在一起，提供套房式或公寓式房間，並在每個細節注入時尚色彩與元素，讓人一踏進旅館，馬上眼睛為之一亮。

England / London

【平價住宿】

倫敦各區的青年旅館及廉價住宿相當多，再加上假期出租的大學宿舍，選擇相當豐富。

YHA London Central

🌐 www.yha.org.uk
✉ 104 Bolsover St, Fitzrovia
📞 0345-371 9154　💲£28起
🗺 P.58 / F2

位於倫敦市中心，靠近熱鬧的牛津街及攝政街，這個街區卻相當安靜。旅館的清潔度佳，設備又完善，包含寬敞的廚房、交誼廳，另設有洗衣間、行李寄放處，並推出不同的導覽團，也可預訂優惠音樂劇或特殊活動門票。房間以及交誼廳都提供免費無線網路。

Generator Hostel

🌐 www.generatorhostel.com
✉ 37 Tavistock Place WC1，靠近Russel Square
📞 020-7388 7666　💲£13起
🗺 P.58 / H1

Generator為歐洲連鎖青年旅館，位於倫敦的這家分店規模相當大，越早訂越便宜。設備完善，女生房有貼心的淑女設計，衛浴均相當乾淨。除了免費無線網路及寄放行李外，每天也有免費市區導覽。The Walrus Hostel是另一家熱門青年旅館，位於Waterloo火車站附近，風格獨特，也附設英式酒吧。

Safe Stay Holland Park

🌐 www.safestay.com
🗺 P.57 / A4

位於優雅荷蘭公園內的青年旅館，整座建築相當雅致，很適合想要慢慢感受倫敦的旅客。

University of Westminster

🗺 P.58 / G5

London School of Economics and Political Science

Imperial College

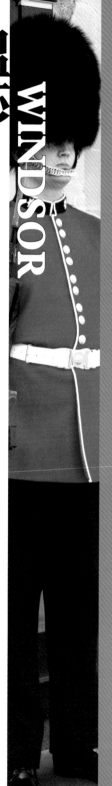

溫莎 WINDSOR

　　500多年來一直是英國最大、最古老、也是深受皇家喜愛的溫莎城堡，每年吸引了無數遊客前往。而溫莎的對岸伊頓小鎮，貴族學生身著黑色燕尾服的高貴氣息，吸引了不少遊客的青睞。此外，兩鎮之間的泰晤士河風光及鎮內的小商店、茶室等，也有其不容忽視的旅遊魅力！

【溫莎旅遊資訊】

溫莎鎮內有2座火車站，一為溫莎城堡對面的Windsor and Eton Central火車站，另一座則為較靠近伊頓，但離溫莎城堡也僅7分鐘路程的Windsor and Eton Riverside火車站。如果抵達Riverside站的話，可出火車站後右轉沿著Thames Ave.直走右轉Eton High St.，依Eton College的指標往北直走。High St.為伊頓鎮的主街，走到底即為伊頓中學。接著可依照原路往回走到溫莎鎮，前往城堡及鎮內觀光。

如果抵達的車站是Central火車站，則可先參觀城堡及溫莎鎮，之後前往泰晤士河搭乘遊船，最後抵達伊頓鎮後前往伊頓中學及鎮內。

溫莎僅距離倫敦約40～50分鐘，可安排一天的時間拜訪溫莎。

火車

Windsor and Eton Station，由倫敦Paddington火車站出發約30分鐘(須於Slough換車)。

巴士

可從倫敦維多利亞巴士站搭乘Green Line 702號巴士前往，車程約一個半小時起。而703號巴士則連通溫莎及希斯洛機場。

溫莎旅遊服務中心

🌐 www.windsor.gov.uk，可下載APP導覽
✉ Guildhall, 51 High St, Windsor SL4 1LR
📞 01753-743 900
🕐 10:00～16:00

溫莎市區地圖

地圖繪製／許志忠

熱 門 景 點

溫莎城堡
Windsor Castle

🌐 www.royalcollection.org.uk
✉ Castle Hill
☎ 020-7766 7322
➡ 由Central火車站步行3分鐘；由Riverside火車站右轉Thames Ave.到底左轉Thames St.即可看到Castle Hill上的城堡，步行約7分鐘
🕐 3～10月10:00～16:00，11～2月10:00～15:00(最後入館時間)
💲 £26.5起
🗺 P.120

　　這座世上最大、最古老、同時深受皇室家族喜愛的城堡，最初只是西元1070年威廉征服王以木材建造的一個堡壘，用於防衛敵人由倫敦西部襲擊。爾後，亨利二世於1170年將木造的圓塔改爲較堅固的石頭建築。城堡後來的工程大部分由亨利二世及愛德華三世建造，仍以防衛爲主要目的，一直到1823年，喬治四世才將它改造爲城堡，後來歷代國王又加以整修，擴建爲現在所看到的皇家城堡！

　　溫莎爲伊莉莎白二世生前的主要居所之一，現在更是她與家人長眠的地方。此外，溫莎城堡也可近距離看到衛兵交接，目前是週四與週六的11:00，日期時有異動，行前請查詢官網。

　　城堡內最受矚目的地方爲圓塔東側的上庭區(Upper Ward)，也就是君主的國家寓所(State Apartment)，這裡通常也是典禮及官方娛樂場所，掛滿了皇家收

藏的重要藝術品，像是魯本斯、凡戴克及維多利亞女王本身的作品。而瑪莉皇后的娃娃屋（Queen Mary's Dolls' House）有著1924年以1:12建造的迷你屋，這是城堡內最夢幻的展覽區，總是吸引參訪者流連忘返。女王的交誼廳（Queen's Drawing Room）內則有歷代國王的肖像，像是亨利八世、伊莉莎白一世等，再往前走是謁見廳（Audience Chamber），為君王謁見賓客的場所。接著則為皇室收藏（Royal Collection），皇室大部分的收藏品都集中在此，定期輪展，這些都是世界上極為珍貴的藝術收藏，其中包括文藝復興三傑之米開朗基羅的真跡等。

中、下庭區（Middle and Lower

Ward）除了目前圓塔內所收藏的皇家文獻及攝影資料外，往西為聖喬治禮拜堂（St. George's Chapel），這座15世紀的美麗教堂，建於西元1475～1528年間，有著令人讚歎的中殿及彩繪玻璃。這裡也是哈利與梅根結婚的地點，還可透過語音導覽了解神祕的英國騎士制度。這座教堂也是皇家列祖列宗安眠的地點，共有11位君王葬於此。一般民眾也可參加禮拜堂的晚禱，聆聽唱詩班吟唱禱歌。

內部與外表均相當優美的聖喬治禮拜堂

伊頓中學
Eton College

- ✉ Eton High St.
- ☎ 01753-370 603 (導覽預約電話)
- ➡ 位於High St.底
- ◉ 導覽5~9月每週五14:00、16:00
  藝廊與展館週六、日14:30~17:00
- $ 導覽£10，展館免費
- MAP P.120

色燕尾服上學，成了伊頓街上的特殊景觀。

伊頓中學為英國最著名的公立學校（Public School），亨利六世於西元1440年創立，許多貴族及上流社會的子弟在此就學，共孕育出20位英國首相。伊頓中學仍保持許多傳統文化，譬如這裡的學生仍穿著黑

校區共有25座學院，其中最值得參觀的為建於1441年的學院禮拜堂（College Chapel），完整展現哥德式建築風格，現仍保留完整的英國濕壁畫。

樂高世界
Legoland Windsor

- http www.legoland.co.uk
- ☎ 01753-626416
- ➡ 由溫莎市中心搭乘專車前往(£1.5~3)
- ◉ 10:00開始，結束時間不一，部分月分不開放，請查詢官網
- $ £32起，7天前網路預訂可享較多優惠
- MAP P.120

樂高以它們看似簡單，實則變化萬千的樂高玩具打造出的奇幻世界。其中最有看頭的為迷你世界，包含著各大城市的縮小版，其精緻

度真是讓人歎為觀止，尤以倫敦城的迷你世界最為精采。現在還可入住樂高世界，房間有許多樂高拼成的玩具，還可依孩子的喜好選擇入住不同主題的房間。

旅行小抄

泰晤士河之旅

啟發許多藝術家、文學家靈感的泰晤士河，為英國經典河濱風光的代表。而伊頓與潘伯尼(Pangbourne)之間幽靜的風光，最能讓人體驗到這種平靜、浪漫的英倫風情。

夏季時，遊客可由伊頓搭乘遊船漫遊泰晤士河，沿途行經迷人的克萊夫河段(Cliveden Reach)、古老的漢布

列登白磨坊(Hambledon Mill)、擁有許多15、16世紀老房子的漢列(Henley)小鎮、如詩如畫的平靜小鎮白教堂磨坊(Whitechurch Mill)、以及《柳林中的風聲(The Wind in the Willows)》書中插畫背景的潘伯尼鎮。

溫莎當地有多家船公司提供遊河服務，詳細資訊可參見溫莎旅遊網站，或向當地旅遊中心諮詢。

劍橋 CAMBRIDGE

　　劍橋是康河(Cam River)上第一個可航行的地點，所以從羅馬時代它就是個重要的河港城市，西元1209年一群宗教學者與牛津大學分道揚鑣後，到此建立另外一所貴族大學，而這也就是在600多年間成立了31所學院的劍橋大學，並以「啟蒙之所、智慧之源」為校訓。劍橋大學也是世界上孕育出最多諾貝爾得主的大學(至今已有121位)，達爾文、牛頓、羅素、培根、拜倫、E.M.佛斯特均出此名校。

【劍橋旅遊資訊】

劍橋的主要觀光景點即為31座各具特色的學院建築,整個小鎮至今仍保有沉靜的學術氣息。除了建築本身外,老學院後面靠近康河的後花園(稱為The Backs),更散發出劍橋優雅的迷人氣質。

劍橋火車站距離市中心約25分鐘路程,市區大部分為徒步區,車輛禁止進入,一般市民均以腳踏車代步。

康河河畔的優雅後園「The Backs」,為劍橋大學最迷人的角落。

劍橋的主要街道為King's Parade(整條大街總共有4個不同的街名),以及商店林立的Sidney St.,市中心則位在康河東側,公車總站則在Emmanuel St.街區附近。

【對外交通】

火車

Cambridge Station(Station Rd./ 08457-484 950)。由倫敦King's Cross (50分鐘)或Liverpool Street火車站出發(約1小時25分鐘)。

巴士

倫敦維多利亞巴士站出發的National Express長途巴士,到劍橋約2小時30分鐘。

✉ Parkside Cambridge

【對內交通】

巴士

Stagecoach單程票£1起,Dayrider一日票£4.2。可由火車站搭Citi 1/3/7到市中心。

計程車

Cam Cabs's
📞 01223-704 704

腳踏車

劍橋應該是全英國最多自行車騎士的城市,主要道路均有腳踏車道。租用腳踏車的地點:

City Cycle Hire
🌐 www.citycyclehire.com
✉ Newnham Road
📞 01223-365 629
🕐 09:00～17:30,週六、日休息
💲 4小時£10,4～8小時£15(押金£40),24小時£20

劍橋的馬路均規畫完善的單車道

【旅遊資訊】

市區導覽

鼎鼎大名的書香城市劍橋,實則暗藏豐富的歷史,值得一一探索。從劍橋黑歷史導覽到老少咸宜的精選景點導覽,都可以在劍橋資訊網預訂。
🕐 90分鐘
💲 £20

住宿

　旅遊資訊網上提供許多住宿選項，從一般的飯店、特色早餐加住宿(B&B)、公寓、露營地，甚至劍橋大學學生宿舍都有。劍橋大學各學院宿舍新舊以及位置不同，若想體驗劍橋學生生活，不失為一個好選擇。

http www.visitcambridge.org/plan-your-trip

劍橋市集廣場

劍橋市區地圖

地圖繪製 / 林惠群、蔣文欣
地圖修訂 / 許志忠

劍橋大學
University of Cambridge

http www.cam.ac.uk
MAP P.127

劍橋大學大部分的古學院建築都集中在康河東岸，也就是Magdalene Bridge及Silver St.之間。而優雅的庭園、後花園則可由西岸欣賞到最精華的部分。

建議路線：火車站步行往Sidney Street方向，一路逛到圓教堂，沿途經過逛街區→折返走St John's St.，途經三一學院→聖瑪莉教堂（可登頂）、市集廣場→國王學院→老鷹酒吧午餐→撐篙，河面上欣賞學院→往火車站方向行走，參觀費茲威廉博物館→搭火車回倫敦

如果時間不夠的話，建議以下景點為參觀重點：

- 國王教堂及其禮拜堂
- 聖瑪莉教堂及從教堂高塔俯瞰劍橋及國王學院
- 三一學院、聖約翰學院及嘆息橋、費茲威廉博物館
- 搭乘平底舟遊康河

國王學院
King's College

🌐 www.kings.cam.ac.uk
✉ King's Parade
📞 01223-331 100
🕐 09:30～16:15(有時不開放遊客參觀)
💲 現場購票£11,網路預購較優惠
🗺 P.127

國王學院為亨利六世於1441年創立,後來為了彰顯王室的地位,將建築蓋得相當宏偉,最後卻因資金短缺及戰爭,整個工程延宕到1544年亨利八世時才完工,成為英國中世紀晚期最重要的建築之一。禮拜堂內的構造由16世紀的名匠衛斯特爾(John Wastell)設計,他利用22座扶壁構出壯麗的天頂,塑造出禮拜堂莊嚴的氣氛。在禮拜堂外,可以找到知名詩人徐志摩的紀念碑,上頭刻有其作品《再別康橋》的經典詩句:「輕輕的我走了,正如我輕輕的來;我揮一揮衣袖,不帶走一片雲彩。」

國王學院另一項聞名於世的為唱詩班,耶誕節時電台轉播他們的耶誕頌歌,已成為英國境內的耶誕習俗之一。

國王學院為劍橋大學的主要景點,其垂直哥德式的禮拜堂是遊客必訪的景點之一

聖約翰學院
Saint John's College

🌐 www.joh.cam.ac.uk
✉ St. John St.
📞 01223- 338 600
➡ 由國王學院步行約7分鐘
🕐 10:00～17:00(有時不開放遊客參觀)
🗺 P.127

以嘆息橋聞名的聖約翰學院建於1511年,為劍橋大學的第二大學院,由亨利七世的母親博福特夫人所創立,共有11個庭院,第二庭院被譽為「英格蘭最美麗的都鐸式庭院」。此外,最著名的便是仿造威尼斯嘆息橋的新橋。白色高雅的橋梁,連接起學院內的古建築及新哥德式的新院(New Court)。聖約翰禮拜堂每天18:30也有晚禱(Evensong)。

克雷爾學院
Clare College

http www.clare.cam.ac.uk
✉ Trinity Ln.
☎ 01223-333 200
➡ 位於國王學院後面，康河河畔
ℹ 目前暫不開放，出發前請查詢官網
MAP P.127

克雷爾學院創於1326年，為劍橋大學第二古老的學院，以愛德華一世的孫女伊莉莎白克雷爾（Elizabeth de Clare）命名。不過，現今所看到的建築為1628～1715年間重建的。這座學院最著名的是它美麗的哥德式及古典主義風格庭院，再加上學院就在康河河畔，所以這裡的後花園景觀，要比其他學院來得美麗。而橫跨康河，建於1638年的克雷爾橋，更是劍橋大學最古老的橋梁。

耶穌學院
Jesus College

http www.jesus.cam.ac.uk
✉ Jesus Ln.
☎ 01223-339 339
➡ 由Bridge St.轉Jesus Ln.
MAP P.127

學院成立於1497年，建築本身是12世紀的修道院，因此學院內有許多古老建築，像是原為修道院使用的教堂，就是劍橋最古老的建築，內部的馬賽克玻璃為近代藝術家莫里斯之作。學院內高牆圍繞的小道，環繞著庭院三面，被戲稱為「裂口（Chimney）」。而學生餐廳內則保留完整的諾曼式梁柱及屋頂遺跡。

莫德林學院
Magdalene College

http www.magd.cam.ac.uk
✉ Magdalene St.
☎ 01223-332 100
➡ 由國王學院步行約13分鐘
ℹ 圖書館部分日期有開放一般民眾參觀
MAP P.127

以匹普斯圖書館聞名的莫德林學院，與牛津大學的一所學院同名，這也是劍橋大學最晚開放招收女學生的學院（1988才開放）。小說家匹普斯（Samuel Pepys）畢業於此學院，後來將藏書捐贈給學院，圖書館位於第二院（Second Court）中，館內收藏3千多冊珍貴的圖書。

基督學院
Christ's College

http www.christs.cam.ac.uk
✉ St. Andrew St.
☎ 01223-334 900
➡ 由國王學院步行約10分鐘
MAP P.127

西元1437年以「上帝之家（God's House）」創立這個學院，1448年遷移至此。1505年由亨利七世的母親博福特夫人出資重建這座學院，因此學院大門有著博福特夫人娘家家徽的城堡柵門圖案，以及象徵蘭開斯特家族的紅色薔薇。

學院內部的達爾文之室（Darwin's Room）位於G棟的第一院（First Court）1樓，但目前並不對外開放。

三一學院
Trinity College

- http www.trin.cam.ac.uk
- ✉ Trinity St.，參觀入口在Trinity Lane的 Queen's Gate
- ☎ 01223-338 400
- ➡ 由國王學院前的King's Parade直走即 可接Trinity St.，步行約3分鐘
- ⏰ 三一學院的The Backs開放參觀：09:00 ～17:30
- MAP P.127

這座劍橋大學最大的學院，為亨利八世於西元1546年所創立，牛頓、詩人拜倫（George Gordon Byron）、哲學家路德維希‧維根斯坦（Ludwig Wittgenstein）等都出自此學院，它總共孕育了34位諾貝爾得主。

從國王學院走往三一街，便可見到宏偉的大門（Great Hall），門上矗立著創校人亨利八世的雕像，門口附近還有一棵閃光燈不斷的蘋果樹，這是由牛頓發現地心引力的蘋果樹本尊嫁接過來的。

進入三一學院便是大庭院（Great Court），庭院一側通往學院的禮拜堂，裡頭有幾座三一學院大人物雕像，如哲學家培根、物理學家牛頓、數學家巴羅等。被建築包圍著的大庭院，中庭有一座始建於17世紀的噴泉，古色古香。遊客雖不能逐一參觀所有建築，不妨走往後園（The Backs），欣賞劍河風光。

旅行小抄

劍橋5月週狂歡節

劍橋大學的5月週雖名為5月週（May Week），但其實活動舉辦時間卻是在6月，也就是學生在學期結束前的狂歡節，期間有許多活動，音樂會、舞會、默劇表演（Footlights Revue），及精采的Bumps船賽。主要表演設在三一學院內，若此時來到劍橋大學，歡迎加入這個瘋狂、歡樂的5月週。

12月冬季節慶

Mill Road Winter Fair是劍橋最重要的社區活動之一，每年12月的第一個週六，在Mill Road有許多攤商、慶典以及遊行。

後園
The Backs

後園（The Cambridge Backs，簡稱The Backs），指的是劍橋大學其中7個學院，校園後側連接康河之處。這些腹地屬於各個學院，一般遊客僅能步行進入部分空間，但若藉由撐篙，便可窺探更完整的後園美景。

皇后學院
Queens' College

http www.quns.cam.ac.uk
✉ Silver St.
☎ 01223-335 511
➡ 越過康河,位於國王學院的右後方
🕐 10:00～16:30(有時不開放遊客參觀)
💲 成人票£5
MAP P.127

由學院的名稱可看出這個學院可不只有一位皇后而已。西元1448年亨利六世的瑪嘉烈安茹皇后(Margaret of Anjou)創立本學院,後來1465年愛德華四世的伊莉莎白皇后(Elizabeth Woodville)又重建此學院。院內1460年所建的校長室為河畔最古老的建築,而1448年的舊庭院及迴廊庭院,則呈現出經典的都鐸風格。

但它最著名的應屬首座完全不用螺絲建造的數學橋(Mathematical Bridge),小小的木造橋,精巧地橫跨在康河上,現在的木橋可看到螺栓,是因為後人試著拆解重組,卻無法成功組回。

旅行小抄

成績單從天而降

各系的學生都是在公布欄看考試成績的,但或許是牛頓的緣故,劍橋數學系的成績單都是從2樓拋下來的!除此之外,劍橋大學還有另一項有趣的習俗:所有畢業生在畢業典禮時,都要去握校長的手指。

知識充電站

夜間攀爬癖

歷年來的劍橋學生中,有許多喜歡挑戰夜間攀爬者,總在月黑風高的夜晚,偷爬到各棟建築上。如1978年曾有2名學生爬到劍橋最高點——圖書館的鐘樓;1958年某天早上,教職員赫然發現評議堂的樓頂出現了一台奧斯丁小貨車。這許許多多的攀爬逸事,全都記錄在《夜間攀爬者》一書中。難怪E.M. Forster曾這樣形容劍橋大學的生活:「精神和肉體、理智與情感、工作與玩樂、建築與風景、歡笑與嚴肅、生活與藝術,這些在他處對立的事物,在這裡卻融為一體。人和書籍相輔相成,智慧與情感同時並進,思考成為一種熱情,辯論因癡迷而意味深長。」

圓教堂 / 聖墓教堂
Round Church / Holy Sepulchre Church

✉ Bridge St.與St. John St.交接口
☎ 01223-311 602
➡ 由國王學院前的King's Parade往前直走,過Trinity St.後即接St. John's St.
🕐 10:00～17:00,週日、一不開放
💲 £3.5(也提供受好評的劍橋徒步之旅)
MAP P.127

這座特殊的圓形教堂,以相當罕見的圓形中殿聞名,是英國境內僅存的5座圓形教堂之一。教堂為12世紀的聖墓教堂,建於1130年,以耶路撒冷的聖墓為藍圖所建造。

凱特美術館
Kettle's Yard

- http www.kettlesyard.co.uk
- ✉ Castle St.
- ☎ 01223-748 100
- ➡ 由國王學院步行約12分鐘
- ◷ 11:00～17:00,週一不開放
- $ 免費
- MAP P.127

這座小建築,原為泰德美術館的策展人Jim Ede的私人住宅,建於西元1956年。宅內收藏許多20世紀的藝術作品,其展覽空間充滿溫馨的氣氛,有別於一般美術館。

遊客可任意參觀住宅內部,欣賞原主人的居家品味。此外,住宅外面的庭園也相當美麗,是散步或是享受寧靜的好地方。

費茲威廉博物館
Fitzwilliam Museum

- http www.fitzmuseum.cam.ac.uk
- ✉ Trumpington St.
- ☎ 01223-333 230
- ➡ 由國王學院前的King's Parade往南直走,即接Trumpington St.
- ◷ 週二～六10:00～17:00
  週日12:00～17:00
- $ 免費,自由捐贈
- MAP P.127

於1816年由第七代費茲威廉子爵捐贈的博物館,1樓為埃及、中東、中國、日本、希臘等文物,2樓則分為5個展覽館,其中包括各國重要大師的作品,如義大利油畫廳裡的豐富收藏,相當值得多花點時間欣賞。約翰魯斯金捐贈了大量透納的作品,及英國最偉大的畫作之一《最後的英格蘭》(The Last of England)。

另外,還有法國藝術家秀拉的《大傑特島上的星期日下午》(A Sunday Afternoon on the Island of la Grande Jatte)及塞尚的《誘拐》(The Abduction)。中國古文物方面也有相當精采的收藏,除了精緻的瓷器外,還有許多玉製品,如漢朝的陪葬品金縷玉衣及明朝的玉碗。約需2～3小時的參觀時間。

聖瑪莉教堂
Great St. Mary's Church

- ✉ Senate House Hill
- ◷ 週一～六10:00～18:00,週日12:00～18:00
- $ 高塔£6
- MAP P.127

聖瑪莉大教堂就位於國王學院對面,至少於13世紀便已有教堂的存在,目前的建築為16世紀所建。教堂本身也是大學教堂,當時還規定大學行政人員須住在距離教堂20英里內,大學生則須住在3英里的範圍內。遊客可以登上123階的高塔,鳥瞰國王學院及整座大學城。

伊利
Ely

➡ 由劍橋搭乘火車約15分鐘

伊利大教堂

🌐 www.elycathedral.org
📞 01353-667 735
🕐 10:00～16:00，週日12:30～15:30
💲 £8.5，週日免費

伊利的河畔停靠著許多當地人的第二個家：船屋

King's Ely，全球現存最歷史悠久的學校之一

位在劍橋附近的小城鎮伊利，以伊利大教堂（Ely Cathedral）聞名，整個城鎮散發著悠閒、高雅的氣息，小巷內的建築古色古香，在城內漫步時，隨處可見綠色林蔭及美麗的小花園。

由火車站步行到大教堂約15分鐘，一下火車就可遠望到大教堂的壯麗建築。沿著美麗的河岸，邊欣賞河濱風光，邊走到朱畢利公園（Jubilee Park）。越過公園後，直走到底左轉即可到達伊利的主要街道，而市集廣場（Market Place）為伊利的中心點，周圍許多小巷道值得逛逛，再往前走為美麗的大教堂。教堂左邊為彩繪玻璃博物館（另外收費），前面則為克倫威爾之家及遊客資訊中心。

伊利大教堂建於西元673年，後於1081～1189年再度重建，為典型的羅馬式建築。1348年重建為目前所見的八角塔（Octagon），光線從燈形天窗射入內部的八角殿，讓教堂充滿神聖的氣息。而教堂內的彩繪玻璃博物館（Stained Glass Museum）陳列了中世紀至今的精采作品。

教堂對面的小巷內為清教徒革命領袖克倫威爾之家（Oliver Cronwell's House），小小的17世紀老房子，展出克倫威爾的事蹟及17世紀的鄉野生活。

以大教堂聞名的伊利

【逛街購物】

　　劍橋雖是大學城，但城內仍有著熱絡的購物街區，大型購物中心位於攝政街上，三一街則可在各棟老建築找到流行服飾，週末還可在三一學院對面的小公園逛好玩的手工藝創意市集。

【特色餐飲】

Michaelhouse Cafe

http www.michaelhousecafe.com
✉ St Michaels Church, Trinity St
☎ 01223-693 216
◐ 09:00～17:00，週日12:00～16:00
MAP P.127

　　位於老教堂裡的咖啡館，為美食作家Bill Sewell開設的店，提供劍橋學生及居民美味又健康的餐點。

The Eagle Pub

http www.greeneking-pubs.co.uk/pubs/
cambridgeshire/eagle
✉ 8 Benet St.
☎ 01223-505 020
MAP P.127

　　位在劍橋中心地帶，為劍橋最老的酒吧之一。諾貝爾獎得主詹姆士·華生與同僚佛朗西斯·克里克，就是在此處發現DNA的雙螺旋結構。

旅行小抄

平底舟遊康河Punting

　　劍橋許多優美的景點都在康河沿岸，其中最著名的為後花園(The Backs)，也就是國王學院、三一學院、皇后學院等學院河畔區。此外，還可穿過許多座美麗的橋梁，放慢腳步細細體驗劍橋之美。

　　可自行划平底舟，或參加由學生划船的遊河團，通常有2條路徑，一為較短、較受歡迎、也較有趣的路徑：從Magdalena Bridge出發到Silver St.，另一條路徑則從Sliver St.到Grantchester小村莊，沿途風光相當優美。最佳季節為4～9月。

平底舟公司

　　劍橋有多家平底舟公司，甚至在路上行走都能見到拉客的船家，各家價格不一，有些小公司還可以講價，最平價的大概£10起，行程大約50分鐘。請注意，各船家的起點可能不一樣，購買前請先了解清楚。平底舟可以選擇悠哉地讓船夫代划，也可以租船自己划。

Cambridge River Tours
http www.puntcambridge.co.uk
☎ 01223-927 331

Scudamore's
http www.scudamores.com
✉ Magdalene Bridge與Silver Street
☎ 01223-359 750

Let's Go Punting
http www.letsgopunting.co.uk
✉ Landing Stage, Thompsons Ln,
☎ 01223-651 659

135

牛津 OXFORD

以牛津大學聞名世界的學術重鎮牛津，它所扮演的角色不只是英國首相及各國傑出研究者的搖籃，同時也是該區的經濟中心，郊區為英國汽車製造重鎮。雖說牛津城比劍橋多了一點繁榮的景象，但這樣的經濟發展，卻毫不削減牛津的魅力，各大學院優雅的建築，贏得「夢幻尖塔之城」的美稱。而優美的查威爾河(Cherwell)及艾希斯河(Isis，泰晤士河牛津河段的別稱)流經牛津城，增添牛津的童話感，也難怪世界著名的童話故事《愛麗絲夢遊仙境》即誕生於此！

【牛津旅遊資訊】

牛津火車站距離市中心約15分鐘，只需要徒步就可以飽覽市中心之美。市中心主要以卡爾法克斯塔(Carfax Tower)為主，向四周放射出去，往東直走為High St.，往北為Cornmarket St.，另與High St.平行的Board St.也是重點街道。

牛津本身即需要一整天的時間參觀，再加上郊區的景點(如布倫海姆宮、比斯特Outlet)以及科茲窩小鎮，如有足夠時間，在此處停留2～3天更適合，從牛津出發可搭乘大眾運輸、租車、或是參加旅遊團。

【對外交通】

火車

Oxford Station(Botley Rd. / 03457-000 125)連通倫敦Paddington及Marylebone火車站，路程約1小時上下。如從牛津繼續往北觀光，前往伯明罕的火車約1小時10分鐘。

巴士

牛津公車客運總站位在Gloucester Green，相當靠近市中心。這裡可搭乘Oxford Tube直達倫敦市中心(約2小時)，票價比火車便宜，24小時有車。牛津往返倫敦希斯洛機場或蓋威機場也相當方便，可選擇National Express或Airline。
🔗 www.theairlineoxford.co.uk

除了市中心旅遊，如欲一併遊郊區，可購買Stagecoach公車一日票。依照涵蓋區域的不同有多種日票可選，如市中心的Oxford DayRider、能前往布倫海姆宮的Oxford Plus DayRider，還有能前往科茲窩小鎮的

West Gold DayRider。
🔗 www.stagecoachbus.com/regionaltickets/oxfordshire/oxfordshire/dayrider

【對內交通】

市內公車

牛津市區的兩大公車公司：Stagecoach及Oxford Bus Company，可以上車再向司機買票。公車票一般來說，買來回會比單趟便宜；若搭乘3趟以上，直接買日票可能更划算。
🔗 **Stagecoach**：
www.stagecoachbus.com
🔗 **Oxford Bus Company**：
www.oxfordbus.co

牛津市區地圖　地圖繪製／林惠群、蔣文欣　地圖修訂／許志忠

Cardigan St.
Allam St.
Great Clarendon St.
Wellington St.
Walton Crescent
Nelson St.
Richmond Rd.
最後的書店
Worcester Pl
Walton St.
火車站
Hythe Bridge Rd.
Central Backpackers
Botley Rd.
Park End St.
New Rd
Hollybush Row
St. Thomas' St.
Tidmarsh Ln
城堡監
Becket St.
Osney Ln
Barrett St.
Norfolk
Oxpens Rd.

觀光巴士

24或48小時隨上隨下的觀光巴士，每人£17起，可輕鬆遊覽牛津城各大景點。

http www.citysightseeingoxford.com

【旅遊資訊】

牛津旅遊服務中心

提供免費的專業旅遊諮詢，並可代訂各式票券，如車票、折扣門票、景點通票、徒步導覽等等。

http www.experienceoxfordshire.org

15-16 Broad St.

01865-252 200

週一～六09:30～17:00，週日10:00～16:00

http 線上閱讀牛津導覽：

www.experienceoxfordshire.org/oxfordshire-visitor-guide

免費市區徒步導覽

這個免費的市區徒步行是認識牛津的最好方式之一，全程約兩個小時精采解說，用生動的方式解說枯燥的歷史，帶領遊客參訪牛津市中心的重要景點，並一窺牛津大學生的生活趣聞。每天11:00及14:00，請事先上網預訂名額。

http footprints-tours.com/oxford/oxford-walking-tours/2-hour-free-oxford-walking-tour/booking

特殊導覽

想試試看以不一樣的方式看牛津？這邊有各式主題的收費導覽。可以踏上腳踏車加入導覽；如果喜歡遊船，便能參團從水上飽覽鄉村風光；也有專為哈利波特迷設計的徒步導覽；想要在古老的城市聆聽鬼怪傳說？當然不要錯過Ghost Tour！

熱門景點

卡爾法克斯塔
Carfax Tower

- ✉ High St.與Cornmarket St.街角
- ☎ 01865-792 653
- ➡ 由火車站步行約15分鐘
- ⏰ 10:00～15:00或17:00，結束時間依季節不一
- 💲 £3
- MAP P.139

「Carfax」源自拉丁文，為「Centre（中心）」之意，這裡原為古牛津城的中心。1818年聖馬丁教堂重建，增加了目前這座鐘塔，後來道路重畫而將教堂移除，僅留鐘塔建築。

遊客可爬上99層的階梯，牛津最熱鬧的市區就在腳下，並可眺望夢幻尖塔之城的美景。

旅行小抄

牛津城參觀路線

牛津大學是英語系國家中最古老的大學，至今已有9世紀之久(創立時間不可考，1096年開始教學)，共教授了7個國家的11位國王、6位英王、及無數的諾貝爾得主、首相、王儲，其中包括柴契爾夫人、日本明仁皇太子與太子妃等。1209年時，牛津學生與市民發生衝突，後來有一批學者到劍橋創立劍橋大學。

牛津大學以拉丁文Dominus Illuminatio Mea「上主是我的亮光」為校訓，目前共有38個學院，有些學院只收研究生，而萬靈學院則是至高的榮譽學院。建議可先參觀著名的基督學院，再由High St.行經大學學院、馬頓禮拜堂、植物園，再到對面的莫德林學院，接著轉進Longwall St.左轉Holywell St.參觀新學院，再到Turf老酒吧喝一杯，之後可到自然史博物館暨Pitt Rivers人類博物館參觀，再回到Braod St.參觀嘆息橋、波德里安圖書館、拉德克里夫圖書館、萬靈學院及聖瑪莉教堂，參觀完後可在教堂後面的餐廳酒吧休息或者Covered市場用餐。

休息過後前往阿什莫林博物館，參觀完到附近的高級旅館享用頂級下午茶，或到Cornmarket St.逛街。

England / Oxford

基督學院
Christ Church

🌐 www.chch.ox.ac.uk
✉ St Aldate's St.
☎ 01865-276 492
➡ 由卡爾法克斯塔往南的St. Aldate's St.步行約5分鐘
🕐 時有異動，請查詢官網
💲 £17，網路預訂較便宜
🗺 P.139

哈利波特電影中的用餐室Great Hall

Tom Quad

牛津大學最具代表性、也是最大的學院，在學院建築內甚至還有英格蘭最小的主座教堂（Cathedral），同時也是全英國唯一的主座教堂暨學院禮拜堂。進入教堂後可注意看左手邊第五扇窗，這扇花窗彩繪了愛麗斯夢遊仙境的故事。因為這裡便是《愛麗絲夢遊仙境》的作者路易斯卡羅爾任教的學院。而著名的哈利波特電影，即在此學院中的用餐室（Great Hall）及湯姆院（Tom Quad）拍攝。目前Great Hall的布置仍保留電影拍攝場景，讓影迷們可以到此好好拍照留念。

學院創立於西元1525年，原名為卡迪納爾學院（Cardinal College），1546年時亨利八世才將它改名為基督學院，又稱為The House，共有16位英國首相畢業於此。

湯姆院中著名的大湯姆鐘（Great Tom），在21:05時（牛津比標準時間慢5分鐘）會響101下，提醒學院內的101位學生宿舍關閉時間（最初只收101位學生）。

此外，學院中的畫廊（The Picture Gallery）收藏許多14～18世紀的重要畫作，其中包括米開朗基羅跟達文西的作品。

1.基督學院 / **2.**曾在哈利波特電影中出現的階梯 / **3.**內部大量採用扇形拱頂裝飾，讓教堂顯得更壯麗 / **4.**Meadow庭園區 / **5.**基督學院內的主座教堂可來參加晚禱

大學植物園
University Botanic Garden

- http www.botanic-garden.ox.ac.uk
- ✉ Rose Lane
- 📞 01865-610 300
- ➡ 沿High St.走到底，旁邊即為平底舟船站
- 🕐 10:00～17:00
- 💲 £6.3
- MAP P.139

創立於1621年，由丹比伯爵（Earl of Danby）贊助建造，並委託著名的史東建築師（Nicolas Stone）設計其美麗的大門。幾個世紀以來，種下各種植物物種，並依照物種族系區分。園內美麗的庭園造景及花床，儼然成爲英國最古老且最美麗的大學植物園。

莫德林學院
Magdalen College

- http www.magd.ox.ac.uk
- ✉ High St.
- 📞 01865-276 000
- ➡ 大學植物園對面，靠近查威爾斯河
- 🕐 10:00～日落(最晚到19:00)
- 💲 £8
- MAP P.139

學院內靠近河畔的公園綠地（Grove）可看到許多閒逸的鹿群，而河濱步道（Water Walk）美麗的景色，讓它成爲牛津大學各學院中最詩情畫意的角落。再加上學院中庭優雅的迴廊設計及垂直式的禮拜堂與鐘塔建築，更增添一股古典浪漫風情。院內的鐘樓建於詹姆斯一世，每年5月的May Week，唱詩班會在此高唱，迎接春天的來臨，爲此學院的傳統特色。

新學院
New College

http www.new.ox.ac.uk
✉ New College Lane
☎ 01865-271 233
🕐 夏季10:30～17:00，冬季13:30～
　16:30，週一休息
💲 £8
MAP P.139

雖名為新學院，但其實一點也不新，而是牛津大學最古老的大型學院。當初之所以會創立這座學院，主要是因為14世紀的黑死病奪走許多人命，損失大量傳教人員，因此教會領袖威克罕（William of Wykeham）決定設立此學院，有系統地教授傳教知識、培養傳教士，並讓出身貧寒的學生到溫徹斯頓公學及這所學院免費受教育（後來亨利六世也受此啟發，設立劍橋大學的國王學院及伊頓公學）。

院內除了有1400年完成的迴廊與鐘塔外，還可看到12世紀的牛津古城牆。優雅寧靜的氛圍，可謂隱藏於各學院建築中的一顆珍珠。

聖瑪莉教堂
St. Mary the Virgin Church

✉ High St.
☎ 01865-279 113
➡ 大學學院對面，步行約2分鐘
🕐 09:30～17:00，週日12:00～17:00
💲 塔樓£5，教堂免費
MAP P.139

13世紀所建立的教堂，原為大學總部，同時也是初設大學時的圖書館。設計獨特的教堂塔樓，為牛津城領空最受矚目的建築，遊客可登上124階的階梯，眺望對面的萬靈學院及優雅的牛津城全景。

聖瑪莉教堂後面的迷人餐廳

此外也相當推薦教堂附設的咖啡館The Vaults，除了可充分感受教堂的古韻外，館內所有食材均來自郊區的有機農場，為城內經濟又美味的早餐、午餐、下午茶用餐地點。

原為大學總部，塔樓為最受歡迎的觀景點

教堂彩繪玻璃

大學學院
University College

http www.univ.ox.ac.uk
✉ High St.
☎ 01865-276 602
➡ 聖愛德莫學院斜對面，步行約3分鐘
ℹ 個人參觀請洽學院門房
MAP P.139

這座號稱由阿佛列大王所創立的學院，為牛津大學最古老的學院之一，建於西元1249年。浪漫詩派的大師雪萊（Percy Bysshe Shelley）曾在此就讀，不過因為他在就讀期間發表了《無神論之必要（The Necessity of Atheism)》而被開除，雖然如此，這座學院內仍建立紀念碑緬懷這位大詩人。此外，美國前總統柯林頓在牛津大學就讀時，就是在這個學院度過。另也可到大學學院旁的Merton學院禮拜堂參觀，這棟小教堂是哥德教堂的典範，木製唱詩班席位配上黑白拼磚，呈現出典雅溫暖的神聖。

Merton學院禮拜堂

嘆息橋
Bridge of Sighs

✉ Castle St.
➡ 在萬靈學院旁的Castle St.與Queen St.交接處，靠近Broad St.，波德里安圖書館對面
MAP P.139

在Castle St.上即可望見這座模仿威尼斯嘆息橋的美麗橋墩，連接著赫特佛學院（Hertford College）的新舊建築。不過這座橋梁並沒有真正跨越任何河流，倒是不時可看到學生騎著腳踏車穿梭在橋下，與威尼斯的嘆息橋相較之下，少了一股幽怨，多了一股活力！

萬靈學院
All Souls College

🌐 www.asc.ox.ac.uk
✉ High St.
📞 01865-279 379
➡ 拉德克里夫圖書館及聖瑪莉教堂旁
🕐 14:00～16:00
💲 免費
🅼🅰🅿 P.139

英國最頂尖的研究院，並不對外招收學生。以往只辦理人稱世界最難的考試，就連受邀的牛津優秀學生應試，也常是一年只有1、2人通過。因此能進入萬靈學院，被視為

萬靈學院為英國最頂尖的研究所學院

最高榮譽。而所有通過考試者，均被邀請參加晚宴，享受頂尖學者才有的尊崇禮遇。

此學院於西元1438年由亨利六世創立，為了紀念英法百年戰爭戰死的英靈，而命名為萬靈學院。學院建築被譽為牛津大學最優雅的學院之一，而北側的禮拜堂內更有著奪目的彩繪玻璃藝術。

拉德克里夫圖書館
Radcliffe Camera

✉ Radcliffe Square
📞 01865-277 204
➡ 由聖瑪莉教堂旁小巷往北走，步行約2分鐘
ℹ 大眾只能藉由參加導覽入內參觀
🅼🅰🅿 P.139

位於聖瑪莉教堂正後方的圓形建築，設計靈感來自雅典的風之塔（Tower of the Winds）。這裡原為拉德克里夫醫師之家，當他將個人豐富的藏書捐贈給大學後，大學便將之改為圖書館。西元1861年圖書移至對面的波德里安圖書館後，這裡便改為閱覽室，利用地下隧道將新、舊波德里安圖書館相互連接。

波德里安圖書館
Bodleian Library

🔢 www.bodleian.ox.ac.uk
✉ Broad St.
☎ 01865-277 094
➡ 拉德克里夫圖書館對面
🕐 請事先上網查看導覽空檔時段及訂票
💲 神學院£2.5；導覽30分鐘£9、60分
　鐘£12、90分鐘£18(僅限週日才有)
MAP P.139

　英國第二大圖書館，藏書僅次於倫敦的大英圖書館，至今已有500多年歷史。原本是爲了將宗教改革時期散落各處的圖書集中整理，後來英國所有出版品的初版均會寄到此圖書館，慢慢成爲藏書豐富的圖書館。牛津大學共有1,300萬冊藏書中，其中850萬冊便收藏於此，除了架上書籍外，還有許多收藏在連接著新波德里安圖書館及拉德克里夫圖書館的地下書庫。

　庭院一角的展示廳可免費參觀，不過圖書館的部分需參加導覽團，若無法配合導覽參觀，可購買1樓的神學院門票(Divinity School)，參觀講堂部分。

圖書館前的精緻入口

　神學院於1488年完成，爲牛津大學最古老的課堂及考試場所，也曾爲神學院學生口試公開辦證的地點。後來又加蓋了一層樓，最後建造出這棟後哥德風拱頂建築。天花板的設計由455件浮雕構成，展現精緻的哥德風格。

聖學堂曾是古老的講堂

希爾多尼安劇院
Sheldonian Theatre

- Broad St.
- 01865-277 299
- Broad St.與Castle St.街角
- 10:00開始,非每日開放,請查詢官網
- £4
- MAP P.139

由天才建築師克里斯多佛‧雷恩,以羅馬劇場的想法創造的圓形大講堂,建於1633～1669年間,現在每年仍以拉丁文在此舉辦入學及畢業典禮。所有學生由Broad St.繞行入廳,男生會繫上黑色領帶,女生則繫上白色領帶。2012年翁山蘇姬重返牛津大學接受榮譽學位時,就是在這裡舉行的。此外,許多世界級的重要表演也常在此演出,這裡更是許多音樂劇的拍攝地點,像是《紅色提琴手(The Red Violin)》即是其中之一。

上樓塔可眺望牛津各棟建築精采的屋頂

旅行小抄

平底舟遊河

牛津的平底舟遊河與劍橋有著同等地位,不過牛津學生大部分還會帶著啤酒或紅酒享受划船之樂。夏季可在Magdalen Bridge及Folly Bridge兩座橋旁搭船遊河。

Magdalen Bridge Boathouse
- Magdalen Bridge
- 01865-202 643
- 1小時£22起

Salter's Steamers Boat Hire Station
- Folly Bridge
- 僅開放4～10月初
- 1小時£20

牛津市政廳與博物館
Oxford Town Hall & Museum of Oxford

http www.oxford.gov.uk
✉ St. Aldates與Blue Boar St.街角
☎ 01865-252 761
🕐 週一～六10:00～17:00
💲 免費
MAP P.139

從史前時代恐龍還存在的牛津城，一直到現在的學經重鎮，讓你深入了解各個層面的牛津歷史。另有導覽行程，詳細介紹這座維多利亞風格建築，博物館常舉辦各種親子活動、音樂會等活動，內也設有咖啡館及紀念品店。

城堡監獄
Oxford Castle Unlocked

http www.oxfordcastleunlocked.co.uk
✉ 44-46 Oxford Castle
☎ 01865-260 663
➡ 由火車站步行約5分鐘
🕐 10:00～17:00(最後一場導覽團)
💲 £15.25起
MAP P.138

原爲諾曼城堡，後改爲監獄使用。雖然目前僅剩一片虛空的遺址，但是牛津人巧妙地以典獄長導覽的方式，讓這座看似不起眼的城堡，變得精采不已。不但可爬上窄小的階梯，登上塔頂欣賞周圍風光，還會講述各種有趣、浪漫、甚至恐怖的監獄故事。導覽最後還會帶你到監獄內拍張犯人照留念。現已成爲牛津最熱門的景點之一了！

城堡監獄已躍升爲熱門景點

精采的導覽讓參觀變得更有趣

最後還會幫遊客拍個犯人照

布倫海姆宮
Bleheim Palace

- http www.blenheimpalace.com
- ✉ Blenheim Palace, Woodstock
- ☎ 01993-810 530
- ➡ 由牛津巴士站搭乘公車S3或7號路線,可直達宮殿外的站牌
- ⓒ 宮殿10:30~17:30,公園09:00~日落
- ⓢ 宮殿加花園£32,只參觀花園£20.5
- MAP P.139

布倫海姆宮

布倫海姆宮是英國最受歡迎的宮殿之一,同時也是英格蘭最大、且唯一不是宮殿卻名為「宮」的私人宅邸,1987年列為世界文化遺址。由於Marlborough一世公爵在18世紀時為英國贏得重要的英法戰爭,因此安妮皇后特賜予廣大的封地與資金建造此宮殿。其後代子孫邱吉爾,即為第九世公爵,在此出生並在此舉行結婚典禮(目前的主人為第十一世公爵)。

建築師約翰凡布拉(John Vanbrugh)將美麗的巴洛克宮殿建在2,100公頃的廣大公園地內,由西元1705年開始興建,1722年完工。宮殿內富麗堂皇的國家寓所尤其受歡迎,內收藏許多珍貴的藝術品。

此外,布倫海姆宮優美又有趣的庭園更是不可錯過。其中包括葛萊姆河濱、義大利庭園、玫瑰花園、以及優美的小瀑布。而祕密花園(The Secret Garden)內,則以迷人的小步道帶領你慢慢探索流水、小橋、水塘等美景。

這還不過癮,最受兒童歡迎的其實是迷你世界,由宮殿外乘坐小火車進入歡樂之園(Pleasure Gardens),這裡有蝴蝶館,你還可打場迷你高爾夫,或走進迷宮林(Marlborough Maze)裡。參觀完宮殿,還可到茶室的庭園區享用下午茶。每年的5、6月,在布倫海姆宮會舉辦食物嘉年華(Blenheim Palace Food Festival),可以好好享受美食。

此外,布倫海姆宮所在的伍德斯塔克(Woodstock)小鎮即屬於科茲窩地區,鎮內有迷人的小店及茶店,可稍微體驗科茲窩小村莊的魅力。

文藝復興風格庭園

值得搭車到布倫海姆宮一遊,可順便一覽郊區風光

牛津博物館之旅

牛津城內有許多相當著名且館藏珍貴的博物館,而最令人欣喜的是,大部分的博物館都免費開放參觀。

阿什莫林博物館
Ashmolean Museum

http www.ashmolean.org
✉ Beaumont St.
☎ 01865-278 000
🕐 10:00～17:00
💲 免費
MAP P.139

這座英國最古老的博物館,建於西元1683年,也是參觀牛津時絕不可錯過的景點之一。博物館原本展出阿什莫林古物研究學者的收藏,後來又加入牛津大學的重要收藏品,館藏之豐富,從雕刻、繪畫、考古文物等都收藏在內。其中更包括米開朗基羅、拉斐爾、貝里尼、透納、林布蘭、畢卡索等重要藝術家的作品。而考古文物則涵蓋希臘、羅馬、東方各國及古英國的出土文物。

阿什莫林博物館是全球重要的博物館之一

有大量的考古文物　精采的繪畫收藏

自然史博物館&
皮特‧里弗斯博物館
Oxford University Museum of Natural & Pitt Rivers Museum

http www.oumnh.ox.ac.uk
www.prm.ox.ac.uk
✉ Park Rd.
🕐 自然史博物館10:00～17:00
皮特‧里弗斯博物館10:00～17:00
週一12:00～17:00
💲 免費
MAP P.139

新哥德式的博物館建築,為世界頂尖的自然史博物館,從史前時代的稀有動物及恐龍標本,到《愛麗絲夢遊仙境》中所提到的不飛鳥標本(現已絕種),館內有許多相當罕見的收藏品!而旁邊的皮特‧里弗斯博物館,為全球最精采的人類學博物館之一,將全球各地的文物用品分類依其用途展示,其中最眩目的為各種神祕巫術收藏,最知名的當然是Witch in the bottle。是怎樣的巫婆被裝進瓶子裡呢?趕快去聽聽博物館詳細的語音導覽,揭開謎底吧!

館內最著名的巫婆瓶

深受小朋友喜愛的自然史博物館

逛街購物

牛津城為充滿活力的購物中心，大多數商家及餐廳皆集中在Cornmarket St.、Queen St.、High St.以及Broad St.上。牛津的傳統市場以Covered Market為主，內有新鮮蔬果及掛著羊頭的肉販店，還有許多自製的手工食品及各國飾品。而巴士站後面的Gloucester Green - Market每週三～六營業，營業時間09:00～16:00或17:00，從食品雜貨、街頭小吃到文藝商品都有。

市區主要購物步行街Cornmarket St.

愛麗絲之家
Alice's Shop

✉ 83 St. Aldate's St.
☎ 01865-723 793
➡ 由卡爾法克斯塔往南步行約7分鐘，位於基督教會學院斜對面
🕐 10:30～17:00，週六10:00～18:00
🗺 P.139

　　愛麗絲之家原為牛津大學教長小女兒愛麗絲，常購買糖果的雜貨店，現為內部設有茶室的童話商品店。《愛麗絲夢遊仙境》的故事其實是有次任教於基督教會學院的數學家路易斯卡羅爾，與基督學院院長的3個女兒一同出遊，在途中為了取悅女孩們，編起這個「越荒誕越好」的奇幻冒險故事，後來竟出版為世界知名童話，以其跳躍式的寫作方式，成為「不合理文學」的典範。聽說維多利亞女王要求作家完成下一本著作後寄給他，沒想到女王所收到的竟是他的數學論文。

牛津室內市集
Oxford Covered Market

🌐 oxford-coveredmarket.co.uk
✉ Market St.，距拉德克里夫圖書館走路3分鐘
🕐 08:00～17:30，週日10:00～16:00
🗺 P.139

　　位在牛津市中心的市集，裡面聚集了獨立商家、餐廳、小吃以及咖啡店，重點是都在室內，下雨天也不怕淋雨。

牛津書店之旅

牛津城內有許多老書店及特色書店，其中更包括一些需事先預約的私藏中心、書籍修復店等。

布拉克威爾斯書店
Blackwells Bookshop

- ✉ 48-51 Broad St.
- ☎ 01865-792 792
- ➡ 希爾多尼安劇院對面，由卡爾法克斯塔步行約7分鐘
- ☻ 09:30～18:30，週日11:00～17:00
- MAP P.139

長達2.5英里的書架，可說是世界上最大的書店，據說這裡買不到的書，別處應該也很難買到，這裡更是出版第一本哈利波特的書商。老店對面的分店則為藝術及設計書籍、影音及海報等，也可買到一些較特別的紀念品。

牛津水石書店
Waterstones Oxford

- http www.instagram.com/oxford_waterstones
- ✉ Broad St.
- ☻ 09:00～17:00
- MAP P.139

雖然是英國常見的連鎖店，但這一間所在地的建築是一棟1914年的二級古蹟，而書店於1987年進駐於此。內部5層樓的藏書，以及小咖啡店，可以讓書迷泡上一整天。

最後的書店
The Last Bookshop

- http www.lastbookshopoxford.com
- ✉ Walton St.，離阿什莫林博物館走路6分鐘
- ☻ 10:00～18:00，週日較早結束
- MAP P.139

位在市中心外的這間小書店，也是當地居民及學生的最愛。門口招牌紅色和優惠價格吸引顧客來訪。如果看膩了大型書店以及豪華建築，這裡是體驗當地生活的地方。

旅行小抄

知名品牌暢貨中心：Bicester Outlet

整座暢貨中心猶如一座迷人的小村莊，共有130多家頂級品牌專賣店，且強調店員的專業知識可提供客人服飾搭配建議。這裡有許多知名的英國品牌，包括Aquascutum、Boss、Bally、Burberry、Church's、Clarks、Vivienne Westwood、Wedgwood等，以及義大利、法國各大知名精品。(詳細資訊請參見P.40)

- http www.bicestervillage.com
- ✉ 50 Pingle Drive, Bicester
- ☎ 01869-366 266
- ➡ 可由牛津或倫敦搭火車到Bicester Village站；或由牛津Magdalen St.搭S5巴士前往，車程約30分鐘
- ☻ 各季節營業時間略有不同

特色餐飲

牛津的餐飲選擇相當多，市中心的酒吧也各具特色。較便宜的餐廳集中在Magdalen Bridge前的幾個街區，有中國、波蘭及中東餐廳。

The Old Parsonage Hotel

http www.oldparsonage-hotel.co.uk
✉ 1-3 Banbury Rd.
☎ 01865-310 210
➡ 由St. Giles St.往北走到底右接Banbury Rd.，由卡爾法克斯塔步行約15分鐘
🕐 07:00～23:00
MAP P.139

這家老牌的高級飯店，整體布置及氣氛充滿迷人又溫馨的英國風，讓人一進門就不想離開了。老飯店供應的傳統下午茶，在牛津地區更是受歡迎。傳統下午茶套餐（Very High Tea，或Very Savoury Tea）每人£33，只要嘗過它的Clotted奶油配上特製鬆餅，就可以了解這家飯店為何能長駐牛津了，更遑論新鮮現做的蛋及鮭魚三明治！

溫馨的老飯店氛圍，甚是迷人

The Randolph Hotel

http www.macdonaldhotels.co.uk
✉ Beaumont St.
☎ 0844-879 9132
➡ 位於阿什莫林博物館對街，由卡爾法克斯塔Cornmarket St.往北直走，步行約5分鐘
🕐 下午茶12:00～18:00
MAP P.139

阿什莫林博物館對街的高級飯店，為1864年的維多利亞哥德式建築，是逛完整個牛津城後的最佳休憩地點。優雅的交誼廳，擺設著舒適的沙發及美味的下午茶點，為當地上流人士的社交場所，有錢的牛津子弟甚至會到此討論功課。

旅行小抄

米其林一星餐廳：Nut Tree Inn

若想品嘗高級的米其林餐廳料理，可選擇Nut Tree Inn餐廳，提供英式現代料理。餐廳位於15世紀的老茅草屋中，不但自己烘焙麵包、自製冰淇淋，甚至還自養高級豬種，就為了讓客人吃到最頂級的食材。

http www.nuttreeinn.co.uk
☎ 01865-331 253
➡ 搭乘計程車到郊區Murcott村

Ben's Cookies

- http www.benscookies.com
- ✉ 108-109 Covered Market
- ☎ 01865-247 407
- ➡ Covered Market傳統市場中，靠近High St.入口處
- ⏰ 週一〜六09:15〜17:30
  週日11:00〜17:00
- MAP P.139

這家著名的餅乾店，最初就是來自這個市場小攤，至今已開業超過35年。在英國的倫敦、巴斯、布里斯托等大城市，甚至杜拜、曼谷、首爾、東京都設有分店。

香脆的餅乾，內包著溫溫熱熱的巧克力餡，讓不吃巧克力的客人都不禁愛上它的餅乾，也難怪它能夠香名遠播！這是拜訪牛津絕對不可錯過的美食。

Quod Restaurant & Bar

- http www.quod.co.uk
- ✉ High St.
- ☎ 07:00〜23:00
- MAP P.139

餐廳位在牛津精華地段，坐望拉德克里夫圖書館以及聖瑪莉教堂。這裡的強項是運用英國食材製作成歐洲風味菜式，餐廳還會依照每季取得的食材，推出特色菜單。適合和三五朋友一起來小酌一杯，或是悠閒享用午茶。

The Turf Tavern

- http www.theturftavern.co.uk
- ✉ 4 Bath Place
- ☎ 01865-243 235
- ➡ 位在主街King's Parade上
- ⏰ 11:00〜23:00
- MAP P.139

小巷中的13世紀老酒吧，為牛津學生口中的The Turf，是城內最受歡迎的酒吧，每天供應10多種鮮啤酒。這裡還有歷代的酒量紀錄，奧地利的前首相鮑伯霍克（Bob Hawke）曾在11秒內喝完2個半品脫多的啤酒！此外，還供應各種美味的英式餐點及特製三明治。

George & Danver

- http www.gdcafe.com
- ✉ 94 St. Aldate's
- ☎ 01865-245 952
- ➡ 基督學院對面
- ⏰ 09:00〜23:00
- MAP P.139

最受當地人喜愛的手工冰淇淋店，口味相當多種，可說是全牛津城最好吃的冰淇淋店，不容錯過。

住宿情報

牛津市中心的住宿並不便宜，大部分為高級飯店。較平價的旅館，大部分聚集在市區北方的Banbury Rd.、東側的Cowley Rd.與Iffley - Rd.，及南側的Abingdon Rd.。牛津的旅行社也有許多住宿資料，如：

Malmaison Oxford：www.malmaison.com
Experience Oxfordshire：www.experienceoxfordshire.org

Central Backpackers

- **http** www.centralbackpackers.co.uk
- ✉ 13 Park End St.
- ☎ 01865-242 288
- ➡ 出火車站走到大馬路，往左邊可看到The Royal OXford Hotel，走進旅館右邊的Park End St.，直走約3分鐘即可看到
- $ £19～28
- **MAP** P.138

靠近火車站的青年旅館，步行到巴士站約3分鐘，到市中心約10分鐘。由於經營者本身也是背包客，因此營造出友善又完善的住宿環境，不但力求整潔，還免費提供各種活動，像是晚上的酒吧之旅等。

設備完善的Central Backpackers青年旅館

牛津大學宿舍

- **http** www.oxfordrooms.co.uk
- ✉ 各學院院區
- $ 各宿舍價格不一
- **MAP** P.139

牛津大學各學院宿舍，每年寒暑假也提供遊客日租住宿（有些全年均提供住宿，可從官網點選日期查詢），房間整潔、齊備，大部分也設有共用廚房，且許多學院就位於古城中心。

舒適的住房

旅行小抄

微遠距的特別住宿

Hawkwell House Hotel

- **http** mercureoxfordhawkwellhouse.com
- ✉ Church Way Iffley
- ➡ 由火車站搭3號公車，車程約30分鐘；或由市區搭計程車前往，車程約15分鐘
- $ £90起

位於牛津市區邊緣，白淨的建築坐落在茵綠草地上，附近是優雅的英式房舍及健行步道，是開車旅遊者享受鄉間度假氛圍的理想選擇。

Oxford Riverside Glamping

- **http** www.oxfordriversideglamping.co.uk/home
- ✉ Swinford, Witney
- ➡ 由牛津市中心搭乘S1號直達公車，車程約15～20分鐘
- $ £90起(最少要訂2晚)

近年流行豪華露營(Glamping)，帳篷設施齊全，也可以BBQ，既能徜徉在大自然，又相當舒適方便。此間位在郊區、鄰近泰晤士河畔。

巴斯 BATH

　　以前英國淑女總會坐在梳妝桌前，努力把自己抹得越白越好，以示自己是不用在太陽底下討生活的好命人。所以當時的淑女肖像畫都沒有笑容，一是因為笑也看不出，二是怕掉漆。巴斯或許就是這樣一位英國淑女，同為文化遺址的羅馬城，在歲月的洗禮下，一日又比一日迷人。但巴斯就像經過建築師拉皮後，保存在防腐箱內的木乃伊，還不時要上上妝，滿街掛滿花圈，宣告自己永遠的青春美麗。

【巴斯旅遊資訊】

巴斯原本只是個3,000人的小鎮,但有天皇后來到這個小鎮後,所有富人也跟著湧進,之後又來了個擅長辦社交活動的納許先生,這裡就成了英國最熱門的社交城,當時賭場的規模與盛況,可說是英國的拉斯維加斯。

巴斯距離倫敦很近,有美麗的Abbey大教堂、難喝的礦泉水(巴斯人自己說的)、設備完善的水療中心、完整的喬治風格建築,同時也是前往巨石區及科茲窩地區的最佳據點之一。這裡更有優良傳統的市長免費徒步導覽,以及高水準的劇院表演,還常舉辦各種節慶,誓保英國觀光城龍頭老大的地位。

【對外交通】

■ 火車

火車站位於Manvers St.底。自倫敦Paddington火車站可搭乘直達火車前往巴斯,車程大約在1.5小時以內。

Bath Spa Station
✉ Dorchester St.
☎ 0845-6064 446

■ 巴士

巴斯火車站出來往左邊走,就可以看到巴斯的巴士站。從倫敦維多利亞總站搭巴士前往牛津,大約2.5～3小時左右。公車聯票(Multi-operator Rider Ticket)是遊歷巴斯周圍的好選擇,可以在購買地區內搭乘由不同公車公司提供的路線。例如Bathrider日票(£5.6)可在巴斯範圍內任意乘坐公車;而大範圍的Avonrider日票(£7)可使用於巴斯、布里斯托等區域。
🌐 travelwest.info/tickets-travelcards/multi-operator-rider-tickets

【旅遊資訊】

■ 巴斯旅遊網站

巴斯目前沒有實體的遊客中心,建

議事先在官方旅遊網站上查詢資訊:不論是吃喝玩樂、最新活動資訊或是住宿推薦都找得到。另推薦從Bath So Maps下載巴斯地圖,除了清楚的市中心路線外,裡面還有標記了詳細的美食、景點等觀光客不容錯過的資訊。
🌐 www.visitbath.co.uk

■ 導覽團

免費市長徒步導覽團(The Mayor's Honorary Guides),令巴斯人引以為傲,導覽的景點都在徒步範圍內,輕鬆又有深度,最初由市長親自導覽,如今仍沿用此命名。導覽員都是巴斯人,全程約2小時,詳盡介紹建築、歷史。
☎ 週日～五10:30、14:00,週六10:30
5～9月週二、四19:00多加一場
ℹ 不需預約,在幫浦室(The Pump Room)廣場前集合

巴斯水療中心
Thermae Bath Spa

- www.thermaebathspa.com
- The Hetling Pump Room, Hot Bath St.
- 01225-331 234
- 09:00～21:30
- 2小時£38.00起
- MAP P.159

　　知名的巴斯水療中心，耗時10年才完工，也是英國唯一的天然溫泉館，共有3個泉源，出水溫度為攝氏45度，富含40多種礦物質。內有18世紀的5座澡堂、芳療桑拿室、Spa房、咖啡館餐廳等，頂樓還有個戶外溫泉池。傍晚是泡溫泉的最佳時間，可泡在溫泉中欣賞由7個山丘環繞的巴斯城景色。

巴斯市區地圖

地圖繪製／林惠群、蔣文欣
地圖修訂／許志忠

皇家新月樓

Brooks Guesthouse

The Circus Restaurant

巴斯建築博物館

服飾博物館暨集會館

Cote Brasserie

珍奧斯汀中心

巴斯郵局博物館

Christopher Inn

帕特尼橋

羅馬浴池博物館

巴斯修道院

巴斯水療中心

The Pump Restaurant
餐廳在羅馬浴池博物館內

Sally Lunn's

Anabelle's Guest House

霍爾本博物館

火車站

Lansdown Rd.
Upper Hedge-meda Rd.
Forester Ave.
Harley St.
Burlington St.
Ballance St.
Morford St.
Julian Rd.
Rivers St.
The Paragon
Walcot St.
St. John's Rd.
Bathwick St.
Forester Rd.
Bennett St.
Bartlett St.
Henrietta Rd.
Daniel St.
Sydney Pl.
Beckford Rd.
Brock St.
Royal Ave.
George St.
Milsom St.
Henrietta Mews
Great Pulteney St.
Upper Bristol Rd.
Charlotte St.
Gay St.
John St.
Upper Borough Walls
High St.
Pierrepont St.
Pulteney Rd.
New King St.
James St.
Green Park Rd.
York St.
Milk St.
Avon St.
Com St.
Manvers St.
Lower Bristol Rd.
Dorchester St.

羅馬浴池博物館
Roman Baths Museum

http www.romanbaths.co.uk
✉ Stall St.(巴斯修道院廣場上)
📞 01225-477 785
🕐 約09:00～18:00,依季節而異,請查詢官網
💲 £20起
MAP P.159

至今仍流出溫泉的羅馬巴斯博物館,可看到羅馬人精湛的建築技術

西元前860年時,因患痲瘋病而被驅逐出境的塞爾特國王布拉杜德(Bladud),在這裡發現這座天然溫泉,並從他飼養的豬群了解這裡的熱泥能治癒創傷,因此學豬群跳到熱泥中療養,竟將痲瘋病治癒。西元1世紀羅馬軍隊離開巴斯後,這座浴池便日漸荒廢。直到1880年才被挖掘出來,由於羅馬人建築技藝十分精湛,所以即使已經荒廢了這麼多年,整個浴池系統仍能持續運作如常。也因此,巴斯從此由一個生產羊毛維生的小鎮,一躍成為最優雅的溫泉鎮。

這裡的氣泡溫泉,是太古時期流入地底深層的雨水,地底下的雨水進而轉為高溫水層噴出地面。羅馬人在溫泉四周建造浴池及蘇麗絲米蟲娃(Sulis Minerva)女神殿,因此人稱巴斯溫泉為蘇麗斯神水(Acqua Sulis),並首度將英國唯一的熱泉引進室。現仍可看到大浴池、國王浴場及幫浦室。

博物館內展示古羅馬文物,其中以女神銅像最珍貴。過去溫泉量有25萬加崙,且水溫達47℃,館內的電腦動畫重現當時的浴場運作狀況,並提供語音導覽,詳細說明古羅馬人的智慧。

博物館內的幫浦室為當時最受歡迎的社交中心,目前已改闢為茶室及餐廳,寬敞又優雅的茶室每天高朋滿座。

優雅的幫浦室大廳

圖片提供 / 英國文化協會

珍奧斯汀中心
The Jane Austen Centre

http www.janeausten.co.uk
✉ 40 Gay St.
☎ 01225-443 000
➡ 由幫浦室步行約7分鐘
🕐 週日～五10:00～17:00，週六10:00
～17:30
💲 £12.5
MAP P.159

1801～1806年間著名作家珍・奧斯汀(1775～1817)，曾居住在巴斯城內(4 Sydney Pl.)，雖然巴斯的社交生活讓她覺得這是個抑鬱的城市，不過許多作品仍然以巴斯為場景。

奧斯汀中心本身並沒有任何她個人的遺物，不過卻詳盡說明她的作品與巴斯城的故事。中心內還有個相當受好評的Regency Tea Room，可以在參觀之餘享用午茶。中心的一大盛事就是每年9月舉辦的珍奧斯汀年度盛典，在其中的兩個活動中，參加的人都要穿上傳統服飾共襄盛舉。

服飾博物館暨集會館
Fashion Museum Bath

http www.fashionmuseum.co.uk
ℹ 博物館將遷址到新龐德街上的舊郵局建築，出發前請查詢官網

西元1769年由約翰伍德(小伍德)所建造的豪華社交場所，華麗的水晶舞廳、牌室、茶室等，最多可容納1,000人，是當時最時髦的社交場所，開幕時更是吸引了世界各地的名媛雅士到此捧場，盛況空前。而這裡也是珍・奧斯汀《諾桑傑修道院(Northanger Abbey)》小說中描述當時社交景況的地點。由於集會館位在巴斯較高處，為了與低處的市區分開來，這裡普稱為「Upper Rooms(上館)」。

目前集會館改為服飾博物館，完整地呈現1750年以來的時尚服飾，有許多互動式展覽，紀念品店則有各種服裝設計書籍，此外還可到咖啡館的戶外座位區享受巴斯。

主殿古老的唱詩班座席及壯麗的花窗

巴斯修道院
Bath Abbey

- http www.bathabbey.org
- ✉ 13 Kingston Bldgs, Abbey Churchyard
- ☎ 01225-422 462
- ➡ 由火車站步行約7分鐘
- ⏰ 週一10:00～17:30，週六～17:00，週日13:15～14:30、16:30～18:15
- 💲 教堂自由捐贈，有收費導覽服務
- MAP P.159

西元973年時，英格蘭的第一位國王愛德加（King Edgar）在此舉行加冕典禮。但目前所看到的教堂始建於西元1499年。據傳當時的主教Oliver King作了一個夢，天使要他重建巴斯神靈之家，因而號召大眾，將修道院擴建為諾曼帝風格的大教堂，但後來由於宗教改革，未完成的教堂被降為市民教堂，爾後歷經好幾個世紀才終於在1617年完成。目前仍可以修道院西面看到主教的天使夢雕像。

外牆雕刻著沿著階梯爬上天堂與下凡間的天使們

霍爾本博物館
The Holburne Museum

- http www.holburne.org
- ✉ Great Pulteney St.
- ☎ 01225-388 569
- ➡ 過帕特尼橋直走到10分鐘
- ⏰ 10:00～17:00（週日11:00開館）
- 💲 免費，短期展另外收費
- MAP P.159

在這座美麗的巴斯建築中，展示威廉霍爾本爵士（Thomas William Holburne）收藏的藝術品，包括18～19世紀初豐富的繪畫作品、精緻的中國瓷器、銀器等古董。也常有不同的短期策展，內容相當豐富。

巴斯建築博物館
Museum of Bath Architecture

- ✉ museumofbatharchitecture.org.uk
- 📍 10 Paragon
- 📞 01225-333 895
- ➡ 由巴斯修道院前的Northgate High St.直走,接Broad St.到George St.,右轉接Paragon,步行約10分鐘
- ℹ 維修中,暫不開放,請查詢官網
- MAP P.159

後歌德式的博物館,前身為禮拜堂

　　巴斯於18世紀一躍成為英國上流社會最愛的溫泉療養鎮,因此在短短的時間內急速建造許多優雅建築。這棟建築博物館完整地述說巴斯建築史,運用許多精緻的城市、建築模型與多媒體設備,將各棟建築的精巧設計一一展現出來。博物館本身的建築原為漢廷頓伯爵夫人所有,她生前擁有上百家教堂,這就是其中一棟哥德式禮拜堂,因此博物館中也展示漢廷頓夫人的生平事蹟。

皇家新月樓
Royal Crescent

- ✉ 1 Royal Cresecent
- 📞 01225-428 126
- ➡ 從珍奧斯汀中心步行約5分鐘
- 🕐 週二~五10:00~17:30
- 💲 £13
- MAP P.159

　　喬治王時期,巴斯大部分建築均出自約翰伍德(John Wood)及其子小約翰伍德(John Wood, the Younger)之手,多採用金黃色的巴斯石,呈現出典雅端莊的風格。這棟造型獨特的半月形環狀建築,是由30間排屋(Terraced house)組成,建於1767~1774年間,是英國最大的喬治亞式建築之一。長達150公尺,立面高約15公尺,由114根愛奧尼式柱支撐,上方裝飾著帕拉第奧式(Palladian architecture)柱頂,顯得氣勢非凡。它不但是首座新月型排屋,更坐擁一片綠地,因位於維多利亞公園旁,環境相當優美。

　　如今內部大多已經改變,所幸外觀仍保持最初原貌。位居中央的16號,已闢為高級旅館和水療中心,房客可體會18世紀的英國貴族生活。坐落東側的1號則改為歷史房屋博物館,展出18世紀末喬治時期富裕家庭的居家風格和精緻的家具擺飾,讓人一窺當時的生活樣貌。

> **旅行小抄**
>
> ## 前後不一樣的建築特色
>
> 　　這些環形建築從前面看,每一棟建築都長得一模一樣,然後每棟建築的背面卻在屋頂高度、窗戶、牆面高度等都不盡相同,這也是巴斯建築的特色之一。

帕特尼橋
Pulteney Bridge

- ✉ Bridge St.
- ➡ 由巴斯修道院前的Northgate High St.右轉接Bridge St.，步行約3分鐘
- MAP P.159

　　亞芳河上的帕特尼老橋，為3座拱門連結而成的優雅橋墩，18世紀時羅伯特亞當受巴斯地主威廉帕特尼委託建造，其設計靈感來自威尼斯的高岸橋。後因戰爭無法完工，直到1774年才完成。

　　橋上有許多精緻的小商店，不但可以欣賞亞芳河的河上風光，又可享受逛街之趣。

巴斯郵局博物館
Bath Postal Museum

- http www.bathpostalmuseum.org
- ✉ 27 Northgate St.
- ☎ 01225-460 333
- ➡ 由巴斯修道院前的Northgate High St.直走接Broad St.，步行約5分鐘
- 🕐 週一、二、六11:00～16:00，週三～五14:00～16:00，開放日期請查詢官網
- 💲 £5
- MAP P.159

　　世界首封航空信長什麼樣子？巴斯郵局博物館完整展現1650年代以來的英國郵政史，從當時以距離核算郵資到1840年以重量核算後的制度。另也展出英國大紅圓郵筒的各位老祖先。1樓為紀念品商店，可自由參觀，2樓才是博物館。

【特色餐飲】

The Pump Restaurant

✉ Stall St.(羅馬巴斯博物館內，入口於售票口右側)
☎ 01225-444 477
⏰ 10:00～16:00
🗺 P.159

羅馬浴池博物館內的幫浦室，是18世紀最受歡迎的社交場所，現將這座維多利亞式大廳改為餐廳及茶室，全天供應早餐、午餐、下午茶、晚餐，還可品嘗巴斯著名的老溫泉水(下午茶由12:00開始供應)。

除了三層式午茶之外，也可單點三明治(Tea sandwich)，或主廚準備的美味輕食

Sally Lunn's

🌐 www.sallylunns.co.uk
✉ 4 North Parade Passage, Bath
☎ 01225-461 634
➡ 由Church St左轉North Parade Passage，步行約3分鐘
⏰ 餐廳10:00～21:00
🗺 P.159

莎利隆之家博物館餐廳就位在Sally Lunn 300年前製作Bun圓麵包的老建築內，這棟建築為1680年的巴斯古蹟，部分闢為餐廳，供應早餐、午餐、下午茶(傳統英式奶茶及點心)、燭光晚餐。許多遊客慕名而來，最好事先預約。

The Circus Restaurant

🌐 www.thecircusrestaurant.co.uk
✉ 34 Brock St
☎ 01225-466 020
➡ 由皇家新月樓往The Circus方向步行約3分鐘
🗺 P.159

這家餐廳可說是巴斯最受歡迎的餐廳之一，也備受BBC報導肯定。因為他的料理慎選當季食材，以創新手法演繹英國菜，並提供精選良酒。且餐廳就坐落在The Circus及皇家新月樓之間的喬治風建築中，內部布置相當溫暖。

Cote Brasserie

🌐 cote-restaurants.co.uk
✉ 27 Milsom Place
☎ 01225-335 509
➡ 由帕特尼橋往Broad St.直走約5分鐘
⏰ 10:00～22:00
🗺 P.159

英國著名現代法國菜連鎖餐廳，除了早餐外，也供應2道菜(£16.95)及3道菜(£20.95)的套餐選項。

【住宿情報】

　　巴斯的B&B大部分都集中在Pulteney Rd.及Pulteney Gardens區，及Marlborough Lane與Upper Bristol Rd.。巴斯是相當受歡迎的旅遊城市，住宿較爲昂貴。而這裡最特別的住宿之一，就是位在皇家新月樓的高級旅館The Royal Crescent Hotel & Spa，雖然所費不貲，但可體驗住在名牌街區的感覺，雙人房每晚£360起。若想有特殊的住宿體驗，可試試船屋旅館(Boatel)，船上是普通公寓裡應有的設施，重點是位於河上，離市中心也只要走路10分鐘。

The Royal Crescent Hotel & Spa
http www.royalcrescent.co.uk

船屋旅館(Boatel)
http www.bath-narrowboats.co.uk/b-b-boat-bed-breakfast-baths-boutique-boatel

青年旅館
Christopher Inn

- http www.st-christophers.co.uk
- ✉ 9 Green St.
- ☎ 01225-481 444
- ➡ 位在Northgate High St.與Green St.的交接處，由巴斯修道院步行約5分鐘
- 💲 £ 17.89起
- MAP P.159

　　位於市中心，地點相當理想。設備簡單、乾淨，內有網路設備，可免費寄放行李，住房附早餐。

Brooks Guesthouse

- ✉ 1 Crescent Gardens, Upper Bristol Rd.
- ☎ 01225-425 543
- ➡ 由火車站步行約20分鐘
- 💲 雙人房 £ 89起
- MAP P.159

　　跟隨18世紀上流社會的腳步，在皇家新月區待一晚吧！這家高級民

宿靠近皇家新月樓以及皇家維多利亞公園(Royal Victoria Park)，房內備有各種便利設施，早餐服務可選擇Eggs Benedict、Eggs Florentine或英式早餐。有時官網上可訂Last Minute特價房。

家庭旅館
Anabelle's Guest House

- http www.anabellesguesthouse.co.uk
- ✉ 6 Manvers St.
- ☎ 01225-330 133
- ➡ 巴斯火車站前Manvers St.直走，步行3分鐘
- 💲 雙人房 £ 90起
- MAP P.159

　　簡單的家庭旅館，位於火車站與市中心之間，地理相當便利，房間布置溫馨且乾淨。

巨石區之旅 Stonehenge

巴斯及蘇利斯伯里為遊客前往巨石區的主要據點。除了著名的巨石區外，若有時間還可參觀蘇利斯伯里直入雲霄的13世紀大教堂、亞芳河優雅的河濱風光，以及其活躍的城市生活。

蘇利斯伯里出發

由倫敦搭火車到蘇利斯伯里(Salisbury)約1.5小時(搭巴士約3小時)，再從蘇利斯伯里搭公車到巨石區(約40分鐘車程)。

巴斯巨石區旅遊團

創辦人是考古學家及地質學家，提供非常專業的旅遊背景，服務也很親切，且除了巨石區外，還開發了附近的小村莊順道遊，會讓巨石區之行更豐富！

巨石區團分為一日遊及半日遊，一日遊除了巨石區之外，還包括亞文伯里石圈、拉科克村莊(Lacock)、庫姆堡(Castle Combe)等。若沒有太多時間遊科茲窩，這是相當方便的選擇。時間有限的話，則可參加早上或下午的半日遊，同樣除了巨石區之外，還會參觀迷人的拉科克村莊。

另外也有科茲窩之旅，會帶遊客參觀他們認為較為迷人的數個小村莊。

http www.madmaxtours.co.uk
@ maddy@madmaxtours.co.uk
📞 07990-505 970
💲 巨石區及周邊小鎮一日團£60起
ℹ️ 請直接上官網預訂。一日團於08:30在Abbey Hotel前集合，約17:30回到原點，費用不包含巨石區門票

由巴斯可順道遊這個仍有許多15世紀老房舍的美麗村莊——拉科克

河上一座座的白色小木橋，當船隻通過時，會依序打開

哈利波特迷應該熟知哈利曾在鎮中看到父母，這就是哈利想像中的家

許多老房舍前會擺上這樣的小攤，讓路人自己挑選物品，然後將錢丟在攤上的桶中，十足美麗的科茲窩交易方式

巨石區
Stonehenge

http www.english-heritage.org.uk/visit/
places/stonehenge

http www.thestonehengetour.info/about-
the-stonehenge-tour

A344, Amesbury, Wiltshire

0370-3331 181

蘇利斯伯里火車站前搭乘公車前往，
約20分鐘車程；如果想參觀附近幾個
巨石景點，最簡單的方式是搭Stone-
henge Tour觀光巴士，從蘇利斯伯里
出發，行經巨石區、舊薩蘭區，隨上隨
下，成人票£34

3月～5月09:30～19:00
6月～8月09:00～20:00
9月～3月09:30～17:00

£24起

充滿神祕氛圍的巨石區，每年吸引1百多萬名遊客，為英國最重要的遺址之一。這些從3千多年前，歷經史前時代及青銅器時代所遺留下來的巨石，以精確計算的規則與距離，排列成直徑約30公尺的大圓，每塊巨石高約7公尺，重達45噸，遠從100英里外的南威爾斯運過來，英國BBC電視台的一個節目，曾試著以目前推測到的方式從威爾斯運送巨石到此，仍無法成功完成。

所以3千多年前的祖先，到底是如何將巨石運到此地，至今仍無人能解，甚至有人認為這是受到外星人或巨人之助才完成的。

根據推測，巨石圈為古代宗教所用，而其石塊排列方式，應是依據太陽及季節交替排列。這樣精確的計算，需要相當豐富的天文及數學知識才做得到。

西元前3100～1100年，這裡一直都是宗教天文重地，直到羅馬人入侵後，才漸被遺忘。外圈的29塊大石塊代表著陰曆29天，圓圈則與仲夏季太陽升起的最高點相對齊，而位於巨石圈西北方向的療石（Heal Stone）與夏至日出的方向一致，根據這些石塊的排列，可以精確地推測出月蝕及日蝕的時間。

2,500多年前，督伊德教（Druids）都會在夏至最長日的前夕，在此舉行祭典。目前每年仍延續著這個祭典，從各方聚集過來的人士，在此等待著太陽的升起，一整夜持續進行祈禱儀式，持著火炬沿著巨石圈環繞，追隨太陽行走的路線。

如果你想要在巨石區附近多待一些時間，這一區也有好幾條健行路線，可向旅遊服務中心詢問並索取地圖。（可事先上網預訂巴士及巨石圈聯票）

亞文伯里石圈&
亞歷山大凱勒博物館
Avebury Stone Circle & Alexander Keiller Museum

✉ Marlborugh, Wiltshire
☎ 01672-539 250
➡ 搭乘火車到Swindon轉巴士，
　約30分鐘車程
🕐 10:00〜17:00
💲 博物館£5.6

　　如果想近距離接觸巨石，建議可到巨石圈北方的亞文伯里。整個小村落由石圈圍繞著，雖然這些石塊比巨石圈的石塊小，但它的範圍卻較為寬廣。

舊薩蘭
Old Sarum

🔤 www.english-heritage.org.uk/oldsarum
✉ Castle Road, Salisbury
☎ 01722-335 398
➡ 蘇利斯伯里火車站前搭乘公車5/9號
🕐 4〜9月10:00〜18:00，10月10:00〜17:00，11〜3月10:00〜16:00
💲 £6.6

　　舊薩蘭在5千年前的青銅器時代，是蘇利斯伯里平原上重要的聚落中心，也是中世紀英格蘭境內繁榮的城鎮。13世紀時，主教選擇在目前的蘇利斯伯里建造新薩蘭（New Sarum），並興建大教堂，居民開始移居到新城鎮，舊薩蘭地區逐漸荒廢。16世紀時，這裡的房舍全部拆除，現在只剩下一片古遺跡。

　　這個地區有許多圓形古墓、土塚、城堡遺址、舊教堂、及皇宮。雖然現在所能看到的景物不多，然而每年5〜6月，燦亮亮的黃色花海，會拓現於滿山滿野的翠綠草地間，很值得過來感受英格蘭鄉間之美。

科茲窩 THE COTSWOLDS

「Cotswold」的意思為「環繞在山丘上的羊群(Sheep enclosure in rolling hillside)」，由其名就可知道科茲窩地區有著蜿蜒的山丘景色及英國人口中的生命泉源──羊群！這裡最吸引人的地方除了自然地景外，丘陵地內隱藏的迷人小村莊，最能感受到英國鄉間引人之處！

【科茲窩旅遊資訊】

科茲窩地區由西南往東北縱走，南以巴斯及賽倫賽斯特(Cirencester)起，東起於牛津附近的伍德斯塔克，西為切特漢(Cheltenham)，北為奇平坎登。由牛津搭火車到北部的莫頓因馬什站(Moreton-in-Marsh)，可轉公車到高地史杜及水上伯頓；從西北部的切特漢可搭公車到溫什科姆(Winchcombe)，途經最高點克利夫丘(CleeveHill)，續往東則是水上伯頓，往南是佩恩斯威克(Painswick)及賽倫賽斯特。自行開車還可往拜伯里(Bibury)、夏季的薰衣草天堂─雪丘(Snowshill)與羅馬別墅(Roman Villa)。

請注意：大部分公車週日停駛，盡量避免週日移動。

科茲窩交通路線地圖

網頁中標記出科茲窩的公車路線及國鐵標誌，對交通串聯很有幫助。
🌐 explorethecotswolds.com/cotswolds-by-public-transport

【對外交通】

火車

莫頓因馬什火車站(Oxford-Worcester線)，由牛津出發約30分鐘(可以購買非尖峰時間的一日票Off Peak Day Return)，距離倫敦則約1～2小時。科茲窩地區的火車站包括：切特漢、格洛斯特、肯布爾(Kemble，可轉車到賽倫賽斯特)、莫頓因馬什、石屋(Stonehouse)及斯特勞德(Stroud)，均有巴士銜接各村落，且距離不遠。

特價票

Cotswolds Discoverer交通券，可無限搭乘科茲窩地區的公車與火車，一日票£10.5，持Railcard火車證者另有折扣，16歲以下半價。可在火車站或合作的巴士購票。

【旅遊資訊】

旅遊服務中心

科茲窩旅遊服務中心

科茲窩一帶仍有多家實體的遊客服務中心，提供旅遊諮詢、代訂服務。也可到科茲窩旅遊網站查詢資料。
🌐 www.cotswolds.com

水上伯頓旅遊服務中心
✉ Victoria Street
📞 01451-820 211

莫頓因馬什旅遊服務中心
✉ Moreton in Marsh
📞 01608-650 881 (可代訂旅館)

當地旅行團

此區公共交通不是那麼便利，如果想要在短時間內拜訪多個村莊，最常見也最省時的方式是參加當地旅行團，推薦Mad Max Tours辦的行程，有1天參觀5個美麗村莊的The Cotswold Villages Experience，£60起。
🌐 www.madmaxtours.co.uk

搭公車漫遊

時間充裕者可搭公車慢慢探索，記得事先查好公車的班次與時間，安排小鎮參觀順序。各旅遊服務中心都有提供交通時刻表，還詳細列出各區地健行及參觀建議。可直接到Explore the Cotswolds的網站下載地圖，上面有清楚標示行駛公車編號和路線。
🌐 discovercotswolds.co.uk
🌐 explorethecotswolds.com/cotswolds-by-public-transport

熱門景點

拜伯里
Bibury

➡ 由賽倫賽斯特搭公車是最方便的方式

小溪、老橋、古石屋、巧緻庭園圍構起的小村莊，難怪威廉・莫里斯會說這裡是「英格蘭最美麗的村莊」。拜伯里規模雖不大，但科茲窩所有迷人的元素都聚集在這溪水潺潺的小村莊裡，尤其是阿靈頓路（Arlington Row）上那一排14世紀的寺院羊毛店屋，仍保留完整，出現在一部部電影中。

老石屋的9號目前開放住宿（www.nationaltrustholidays.org.uk）；鱒魚場旁的The Swan Hotel也是相當棒的住宿地點，有些房間看出窗外就能欣賞整座美麗的村莊，附設餐廳也是一處優雅的用餐地點。

水上伯頓
Burton-on-the-water

➡ 可由莫頓因馬什搭801公車，或搭火車到切特漢轉搭公車，約40分鐘

水上伯頓模型村
🕐 10:00～18:00，冬季10:00～16:00

莫頓因馬什模型村
💲 £4.5

香水博物館
🌐 www.cotswold-perfumery.co.uk
☎ 01451-820 698
🕐 週一～六09:30～17:00，週日10:30～17:00

汽車博物館暨玩具收藏屋
☎ 01451-821 255
🕐 10:00～18:00
💲 £7

鳥世界
🌐 www.birdland.co.uk
✉ Rissington Rd.
☎ 01451-820 480
🕐 10:00～16:00
💲 £11.95

潺潺流水貫穿這個迷人的小村莊，讓人不禁想在河邊上野餐或坐在河邊的各家茶室享用餐點，這樣悠閒的氣息，使得水上伯頓成為科茲窩地區最熱門的旅遊地點。

村內還有相當受歡迎的香水博物館及汽車博物館，可在此看到許多古董車；喜歡小動物者，則可到鳥世界參觀。

173

高地史杜
Stow-on-the-Wold

➡️ 由莫頓因馬什轉搭公車，約10分鐘

是此區最繁榮的市集中心，有許多餐廳、旅館及商店。可由莫頓因馬什搭車到此，到鎮內的旅遊中心詢問詳細的健行旅遊資訊，或者由水上伯頓回莫頓因馬什，在鎮內的老茶館享用下午茶。

尤其推薦Huffkins老茶館，這家茶館的烘焙曾多次獲獎肯定，每

鎮上多次獲獎的茶店Huffkins Bakery & Coffee

天都高朋滿座（巴士站對面 / www.huffkins.com）。

高地史杜是座可愛的小村莊，村內有多家民宿旅館、餐廳也是相當好的健行據點

旅行小抄

莫頓因馬什
Moreton-in-Marsh

莫頓因馬什本身並沒有很多景點，不過這裡的交通發達（火車及頻繁的巴士服務），且村內有許多住宿，所以是探訪科茲窩相當好的據點。

➡️ 由牛津或倫敦搭乘火車到More-ton-in-Marsh

旅行小抄

水上伯頓健行步道
Stow Walks – The Slaughters

可搭公車到高地史杜，再到鎮內的旅遊中心詢問詳細的健行路線，或購買旅遊中心提供的小手冊，

在柵欄上或步道上都可看到這樣的標示，只要依照這個標示行走即可

詳細描述沿路各路標及步行方向。由高地史杜可步行到下斯勞特(Lower Slaughter)，約6～7英里、2～2.5小時路程，參觀老磨坊及在此稍作休息後，可再步行或由此搭公車到水上伯頓。

出高地史杜旅遊中心往右轉，過街會看到眼鏡行旁有個小小的通道，走進這條小巷直走再右轉，即可來到墓園，穿過墓園走到大馬路，過馬路會看到步道的標示，依標示穿過林木、馬場、田園，步行來到下斯勞特，可在老磨坊稍作休息、用餐，再步行約20分鐘到水上伯頓。

健行時常需要穿過這樣的柵欄，記得通過後要將柵欄關好，以免牧場內的牛羊馬跑出去了

伯福德
Burford

➡️ 由牛津搭公車到此約50分鐘車程；開車到水上伯頓約15分鐘、到拜伯里約10分鐘

距離牛津約30公里的伯福德，原本是盎格魯薩克遜時期的堡壘區，後來發展為繁榮的集散地及羊毛貿易重鎮，現則為理想的住宿據點，小鎮本身的住宿選擇多、生活機能佳。主街上還有著從外面看似小店，一走進去卻是連著好幾棟老建築的The Oxford Shirt Co，規模宛如百貨公司。

市區最著名的景點為古樸又莊嚴的聖約翰教堂（St John the Baptist），對當地歷史有興趣者也

可參觀Tolsey museum，透過展出的文物了解當地歷史及生活文化；親子旅遊者則可到熱門的野生動物園（Cotswold Wildlife Park and Gardens）。

佩恩斯威克
Painswick

➡️ 最近的火車站為斯特勞德可由此轉搭公車約10分鐘車程

為優雅丘陵線環繞的小鎮，地景與一般平緩的科茲窩村莊較為不同，近年逐漸發展為高級度假小鎮，每年夏季還會舉辦藝術季。村內多為15世紀的老石屋，其中以聖瑪莉教堂庭園中，99棵造型奇特的紫杉樹聞名（最多只能種活99棵樹，傳說惡魔不會讓第100棵杉樹活下來）。

而村外還有一處著名的巴洛克庭園（Rococo Gardens），附近的森林地是科茲窩著名的賞鳥區。郊區的Painswick Beacon則可看到最美麗的山谷景致。

以99棵紫杉樹聞名的聖瑪莉教堂

賽倫賽斯特
Cirencester

➡ 搭火車到肯布爾轉搭公車約10分鐘，或由切特漢搭公車約40分鐘

科里尼姆博物館
☎ 01285-655 611
💲 £7.4

查德渥斯羅馬別墅
☎ 01242-890 256
➡ 週末The Cotswold Lion巴士，約15分鐘車程
🕐 3～10月10:00～17:00
　 2、11月10:00～16:00
💲 £12

賽倫賽斯特為科茲窩地區的首府，西元49年建立的羅馬古鎮，這裡也是羅馬鑲嵌畫的生產地，也因此鎮內的科里尼姆博物館（Corinium Museum）展示許多鑲嵌畫及當時生活景況。如果想要欣賞更多的鑲嵌畫展，則可前往北方8英里處的查德渥斯羅馬別墅（Chedworth Roman Villa）。

鎮內的中心——市集廣場，每週一、五有傳統市集，販售新鮮蔬果、花及藥草。主要景點為鎮內羊毛商籌資建造的施洗聖約翰教堂（Parish of St. John Baptist）。時間有限者可略過這個小鎮。

旅行小抄

科茲窩奧林匹克

每年6月的第一個星期，在多佛丘（Dover Hill）會舉辦科茲窩奧林匹克（Cotswold Olimpicks）。早在今日的奧林匹克運動會之前，西元1612年的多佛（R. Dover）即創辦第一屆運動會，比賽項目稀奇古怪，可別忘了參加這場盛會。

奇平坎登
Chipping Campden

➡ 由莫頓因馬什轉搭公車，約20分鐘

Chipping的意思為Market（市集），由名稱就可了解這個城鎮曾為科茲窩的市集重鎮。羊毛貿易興盛時，這裡可是貿易首府。村內最重要的觀光景點為High St.中段的市政廳（Market Hall），這棟老建築見證了400多年的經貿歷史。

此外，當時的羊毛商出資建造美麗的哥德教堂聖詹姆斯（Church of St. James），由內部裝飾就可看出當時的富裕景況。

溫什科姆
Winchcombe

➡ 可由切特漢搭巴士到此，約35～40分鐘車程

一來到溫什科姆，彷如踏進時間之輪，更遑論這裡還有亨利八世的遺孀凱瑟琳晚年居住的蘇德里城堡（Sudeley Castle）以及曾為英國重要朝聖中心的Hailes Abbey（現已幾乎看不到什麼遺跡）。

蘇德里城堡曾是伊莉莎白一世及查理一世居住過的地方，庭園部分相當優美。而村內主街還有著榮獲米其林肯定的餐廳5 North St餐廳，坐落在4百多年歷史的老建築中。

此外這裡還有一段復駛的老蒸汽火車Gloucestershire Warwickshire Railway，以往是亞芳河上史特拉福與伯明罕之間的重要幹線，目前仍連接Cheltenham Racecourse與Buckland之間幾個美麗小鎮，延伸到布洛威(www.gwsr.com)。

如果還有時間的話，另一座彷如被時間凍結的小村莊Castle Combe，也很值得拜訪。

威特尼
Witney

➡ 可由牛津搭巴士到此，約35分鐘車程

這是科茲窩牛津郡最為熱鬧的城鎮，在優雅氛圍中帶著活力，也是個很不錯的住宿地點。

威特尼為17世紀時最繁榮的羊毛貿易城鎮之一，因此仍可在城內看到許多當時的美麗建築，包括擁有150英尺高的尖塔教堂聖瑪莉教堂(St Mary the Virgin)。

格洛斯特
Gloucester

http 市區地圖下載：www.visitgloucester.co.uk/visitor-info
➡ 由切特漢搭火車約10分鐘車程，搭巴士約20分鐘

格洛斯特屬於中型的港口城市，以前的舊船塢區(Gloucester Docks)，經整修後現成為城內重要的休閒區，還可看到將部分港口涵納進展區的博物館。

這座城鎮最著名的當屬《哈利波特》、《福爾摩斯》等電影的拍攝場地，11世紀所建造的格洛斯特大教堂(Gloucester Cathedral)。這座教堂曾是諾曼王室的亨利三世加冕地點(1216年)，也是愛德華二世被謀殺後的長眠之處。因許多人到此緬懷愛德華二世，教堂才得以利用這些奉獻金，擴建出英國其他教堂紛紛仿造的扇形拱頂迴廊，以及燦麗的大東窗(Great East Window)。

英國其他教堂紛紛仿造的扇形拱頂迴廊

絢麗的馬賽克畫

雪丘
Snowshill Manor and Garden

- ☎ 01386-852 410
- ➡ 由最近的公車站Broadway步行約50分鐘
- 🕐 11:00～17:30
- 💲 £12.00

以獨特哲學打造的庭園

沿著蜿蜒鄉間小路前往，一進入村莊是古老的蜂蜜色石屋、教堂、紅色電話亭……一派的英國鄉間魅力，村內還有一座相當值得拜訪的莊園Snowshill Manor。

這座莊園的主人是個狂熱的收藏家，無奇不有，但更推薦以獨特哲學打造，將大自然框入園景中的庭

莊園宅邸內有各種奇特收藏

園。這裡也常舉辦各種活動，還有庭園茶室和紀念品店。

此外初夏時這裡的薰衣草園更是英國熱門景點，若當日收成薰衣草，還可參觀精油的提煉過程（Cotswold Lavender，6月初～8月初，www.cotswoldlavender.co.uk）。

雪丘為靜謐而迷人的山間小村莊

布洛威
Broadway

- ➡ 由莫頓因馬什轉搭公車，約20分鐘

布洛威塔Broadway Tower
- ☎ 01386-852 390
- ➡ 由公車站步行約25分鐘
- 🕐 4～10月10:00～17:00，11～3月11:00～16:00，週末10:00開門
- 💲 £4

奇平坎登4英里外的布洛威，由Broad大道，也就是現今的High St.分為兩區。布洛威16世紀時，就是因為有了這條大道，而成為這個區域的交通要地。村內有許多16、17世紀的老房子，喬治時期、都鐸建築比比皆是。High St.的熱鬧氣氛，散發著小村落的活力。

Chester House Hotel

🔗 www.chesterhousehotel.com
✉ Victoria St. Burton-on-the-water
📞 01451-820 286
💲 £120起

　　房間布置在現代英國設計中，還不失科茲窩地區的溫暖氛圍，且位於水上伯頓河濱後面的安靜區域，觀光便利、寧靜住宿的好選擇。

The Bay Tree Hotel

🔗 www.cotswold-inns-hotels.co.uk/the-bay-tree-hotel
✉ Sheep St, Burford
📞 01993-822 791
💲 £125起

　　位於交通還算便利、生活機能佳又散發著古老科茲窩村莊氛圍的伯福德小鎮。

　　旅館本身是數棟百年老建築連結而成，散發著古樸的客棧氛圍，但房間內部是布置溫馨又舒適的現代設施，提供遊客頂級、又具當地特色的住宿環境。

The Painswick Spa & Resort

🔗 www.thepainswick.co.uk
✉ Kemps Lane Painswick
📞 01452-813 688
💲 £180起

　　這家擁有16個房間的小型度假旅館，位於靜謐的佩恩斯威克小鎮，周圍擁有絕佳的丘陵景致。布置散發著高雅又慵懶的現代英國風，並以個人化的親切態度接待客人。尤其餐廳極具水準，無論是英國經典的威靈頓牛排，抑或極富東方風味的烤鴨料理，都令人讚不絕口。

亞芳河上的史特拉福

STRATFORD-UPON-AVON

　　這個滿溢著迷人都鐸風建築的英格蘭中部小鎮，便是大名鼎鼎劇作大師莎士比亞的故鄉。古老巷道中佇立著許多與莎翁相關的木造都鐸建築，再加上亞芳河畔的綠地，每年吸引無數遊客前來拜訪，不過也因為這樣，夏季的小鎮不再寧靜，多的是遊客的歡笑聲。

【亞芳河上的史特拉福旅遊資訊】

亞芳河上的史特拉福鎮中心並不是很大，大部分景點都在徒步範圍內(除了安哈薩威之家及瑪莉亞登之家)。火車站位在市中心西方，步行到市中心約7分鐘，出火車站後由Alcester Rd.往東直走接Greenhill St.即為市中心。而便宜的旅館區就位在火車站往市中心的路上(Grove Rd.往南整區都是B&B)，遊科茲窩也可以此為據點。

時間不多者，可在往返牛津及科茲窩途中停留，若想觀賞莎士比亞戲劇者，建議在此住一晚。由此往返牛津途中，也可拜訪華威城堡。

亞芳河上的史特拉福地圖

地圖繪製 / 林惠群、蔣文欣
地圖修訂 / 許志忠

↑ 🔲 瑪莉亞登之家

🚉 火車站

Alcester St.

🚌 莎士比亞中心

Greenhill St.

Henley St.

🔲 莎翁出生地

Hamlet House 🏨

Old Thatch Tavern 🍴

🔲 機械藝術與設計博物館 🚌

Wood St.

Shakespeare Hotel 🏨

Rother St.

Hathaway Tea Room

Ely St. High St.

Bridgeway Rd.

🔲 安哈薩威之家

Chestnut Walk

🔲 都鐸博物館

納許之家
與新屋 🔲

Sheep St.

Cymbeline
House

🍴 The Vintner

■ 莎士比亞基金會

霍爾園 🔲

🔲 皇家莎士比亞劇院

Old Town

The Other
Palace劇院

Swan
Theatre

YHA Straford-upon-Avon 🏨 →

Trinity St.

Shipston St.

Banbury Rd.

🔲 聖三一教堂

【對外交通】

火車

Stratford-upon-Avon Station，由倫敦出發，含轉車時間大約2～3小時，距離伯明罕約50分鐘，到華威(Warwick)則只需25分鐘車程。夏季週日也可搭乘老蒸汽火車The Shakespeare Express往返伯明罕Snow Hill火車站。

巴士

Riverside Bus Station(Bridgeway Road底，靠近Leisure Centre)。搭乘National Express從倫敦出發車程約3個多小時；1號開往科茲窩的布洛威(Broadway)約1小時車程；Stagecoach則有行經華威的路線(往Coventry的公車，行程約30分鐘 / www.stagecoachbus.com)。

【對內交通】

遊船

Canal & River Tours Ltd是唯一一間有合法執照的當地遊船公司，提供40分鐘的運河導覽，帶你從水面上一飽風光。

http www.canalandrivertours.com
🕐 11:00～16:00，每小時一班
💲 £11

觀光巴士

24小時隨上隨下的City Sightseeing觀光巴士每人£15起。

【旅遊資訊】

旅遊服務中心

提供免費地圖、住宿資訊、景點旅遊資訊、預訂行程等。
http www.visitstratforduponavon.co.uk
✉ Bridgefoot
📞 01789-264 293
🕐 週一～～六09:00～17:00，週日10:00～16:00

市區徒步團

每天提供市區徒步導覽，由專業導遊分享古城的各種歷史文化逸事及主要景點，也有鬼故事之旅。需要事先預約，導覽一趟約2個小時。

http www.stratfordtownwalk.co.uk
✉ 河濱天鵝噴水池(Swan Fountain)旁的黃色招牌集合地點
📞 07855-760 377
💲 £10

莎翁出生地
Shakespeare's Birthplace

- ✉ Henley St.
- ☎ 01789-204 016
- ➡ Market Square往北Minories St.直走即可接Henley St.，步行約5分鐘
- ⓒ 09:00～17:00，10月底～3月中10:00～16:00
- $ 請參見P.184旅行小抄
- MAP P.182

西元1564年世紀文學及劇作大師莎士比亞，即誕生在這棟都鐸建築中。內部保留或複製當時的家具擺飾，重現莎翁在此生活及受教育的景況。這棟老房舍以當地的橡木及石塊建造而成，原本分為兩大部分，一為家人活動空間，另一部分則為莎翁的父親，也是手套製造商及羊毛商人經營生意的地方。除了可看到莎翁出生的房間外，還可走到種滿各種花草的庭園。而旁邊的莎士比亞中心則完整展示出大師的生平事蹟。

旅行小抄

莎翁相關5大房舍

亞芳河上的史特拉福地區莎士比亞基金會，共擁有5座與莎翁相關的房舍，包含：莎翁出生地、霍爾園、安哈薩威之家、瑪莉亞登之家以及新屋，由基金會共同保管，雖然說莎翁工作時間大部分都在倫敦，但其家人及莎翁出生、受教育(愛德華六世文法學校)與退休地點都在這座美麗的小鎮，所有的老房舍都各具特色及歷史意義。此外，基金會部分還提供教育中心、圖書館等服務，詳情可參見基金會網站。購買聯票比較划算，也可購買獨立房舍門票。請注意，其中，霍爾園及瑪莉亞登之家這兩間房舍目前提供給學校使用，暫不開放。

- http www.shakespeare.org.uk
- $ 3房舍聯票£26.5。莎翁出生地獨立票£20，安哈薩威之家£15，新屋£15

霍爾園
Hall's Croft

- ⊠ Old Town
- ☎ 01789-292 107
- ➡ Market Square往東Wood St.直走右轉High St.即可接Chapel St.，步行約7分鐘；或由Henley St.往南直走接High St.及Chapel St.後左轉Old Town
- 💲 請參見P.184旅行小抄
- 🗺 P.182

莎翁的大女兒Susanna與其醫生夫婿John Hall，所居住的這座17世紀老房子內掛滿當時著名的畫作及藝術收藏，由家具擺設也可一窺當時富裕人家的生活。

由於霍爾本身為鎮內著名的醫師，因此房舍內還留有當時的看診室，17世紀的醫療設備，房舍外還有藥草園，以及美麗的玫瑰花園。

安哈薩威之家
Anne Hathaway's Cottage

- ⊠ Cottage Lane, Shottery
- ☎ 01789-204 016
- ➡ 距離市中心約1英里，可由市區步行約30分鐘；若想參觀郊區兩個景點，也可考慮購買Sightseeing觀光巴士票，較方便參觀
- ⏱ 10:00～17:00，冬季不開放
- 💲 請參見P.184旅行小抄
- 🗺 P.182

鎮外的安哈薩威之家，為17世紀的農舍，地主之女安在1899年與小她8歲的莎士比亞結婚前，即是在這座優美的茅草房舍出生、成長。從保留完整的茅草房舍，可看到當時農家的內部擺設，古色古香的寢室尤具風味。而戶外庭院區照顧得宜，種有果樹及其他不同的植物，非常有英國鄉間宅邸的花園風格。

都鐸博物館
Tudor World Museum

http www.tudorworld.com
✉ 40 Sheep St.
☎ 01789-298 070
➡ 由莎士比亞劇場約3分鐘路程
🕐 10:30～17:30
💲 £7
MAP P.182

　　想深入了解都鐸風的各種生活樣貌嗎？這座16世紀的老房舍中，完整展現出英格蘭都鐸生活的點點滴滴，甚至包括當時的巫術。

英格蘭都鐸時期

　　英格蘭都鐸(Tudor)時期指的是西元1485～1603年間，由亨利都鐸所開啟的王朝，直到最後一位女王伊莉莎白一世駕崩才告終。與羅馬教廷決裂以便再婚的亨利八世，也是這個時期的君主之一。這個時期的建築為垂直式英國哥德末期風格，外牆為裝飾性半木結構、窗戶窄小、山牆突出。

旅行小抄

莎士比亞戲劇欣賞

　　世界知名的莎士比亞戲劇，每年吸引上百萬遊客前來欣賞，除了倫敦的莎士比亞劇院外，這裡是另一個高水準的演出舞台。皇家莎士比亞劇團(Royal Shakespeare Company)每年演出所有莎翁劇碼，除了皇家莎士比亞劇院(Royal Shakespeare Theatre)外，還有伊莉莎白風格劇院Swan Theatre及150個座位的小劇場The Other Place劇院。

　　如要較好的座位最好事先預約，當天保留有10張優惠票，當日還有£25的Standby Rate候補票，可以買到開演前未售出的最佳座位。也可以試試搶Rush Tickets，每週五12:00～00:00會釋出接下來一週的限量折扣票。

　　另還可參加導覽團，深入了解後製工作情況，有機會看到演員化妝室、服裝室等。參觀完後才明白，原來每一場成功的演出，需要這麼多專業人員在背後默默的努力。並可透過導覽員的介紹，了解新、舊劇院的歷史與細節。還可購票上塔樓(The Tower)欣賞市郊風光。劇院1樓設有酒吧，頂樓則設有餐廳，可在此享受餐點或午茶。

http www.rsc.org.uk ☎ 01789-331 111

位於河濱的莎士比亞劇場

優雅的莎士比亞老劇場

瑪莉亞登之家
Mary Arden's House

- ✉ Wilmcote
- ☎ 01789-293 455
- ➡ 距離亞芳河上的史特拉福約3英里，可搭乘火車或公車前往
- 💲 請參見P.184旅行小抄
- ℹ 房宅目前暫不開放，僅供教育使用，出發前請查詢官網
- MAP P.182

西元1930年前一直都還在使用的農場，基金會購買後才改為鄉村博物館。這裡原本為莎翁之母瑪莉亞登出生、成長的地方，她的父親是當時富有的地主，擁有這棟設計完善的農舍，像是製造乳酪的器具、古老的冷藏地窖、及木製消防馬車等。此外，還可看到500多年來農村的生活景況，像是剪羊毛日（Sheep Shearing）、收割日（Harvest）及蘋果日（Apple Day）。這裡相當適合全家出遊，小朋友還有機會跟這裡的動物們近距離接觸，在此度過悠閒的一天。

1.農場的各個工坊，都有不同的工匠各司其職 / **2.**可深入了解當時的生活環境 / **3.**工作人員演繹著都鐸時期的農場及房舍生活

機械藝術與設計博物館
The MAD Museum

- 🔗 themadmuseum.co.uk
- ✉ 4-5 Henley St
- ☎ 01789-269 356
- ➡ 距離莎士比亞劇場約3分鐘路程
- 🕐 10:00～17:00，10～3月10:30～16:30
- 💲 £7.8
- MAP P.182

全館展出各種有趣的機械裝置，

歡迎大人小孩一起過來玩玩這些趣味發明。

聖三一教堂
Holy Trinity Church

- ✉ Southern Lane
- ☎ 01789-266 316
- ➡ 由Market Square往南Rother St.直走轉Chestnut Walk接Old Town後右轉Trinity St.
- 🕐 週一、二、四、五11:00～12:45，週三～12:45，週六～15:30，週日12:00～15:45
- 💲 教堂免費
- MAP P.182

　　莎士比亞受洗及安息的地點均在這座沿河而建的聖三一教堂，乘坐亞芳河上的遊船可欣賞到教堂最美麗的一面。教堂北側的木門有個有趣的歷史：依照古律，犯罪者在判刑之前可到此敲門環，要求37天的庇護，因此人稱這個門環為「庇護門環」。

　　此外教堂內部還有15世紀的洗禮盤，以及教區生死簿。

教堂墓園區古老的刻文石

納許之家與新屋
Nash's House and New Place

- ✉ Chapel Street
- ☎ 01789-292 325
- ➡ Market Square往東Wood St.直走後右轉High St.即可接Chapel St.，步行約7分鐘；或由Henley St.往南直走接High St.
- 🕐 10:00～17:00，冬季關閉
- 💲 請參見P.184旅行小抄
- 🗺 P.182

新屋（New Place）爲鎮內第二大房舍，莎士比亞於1597年以他在倫敦所賺取的酬勞購買這座大房子，這應該也是他在西元1616年辭世的地點，最近還發現莎翁晚期的一些作品即是在此完成的《如暴風雨》。不過18世紀時的屋主飽受遊客干擾，一氣之下便將這棟房子損毀，現在只剩下一些當時的基座，及美麗的伊莉莎白式花園；五彩繽紛的花床，深受遊客喜愛。

而納許之家（Nash's House）爲莎翁的孫女及其夫婿居住的地方，房舍內部仍保留完整，可看出原主人高貴的品味，目前還闢爲民俗博物館，呈現鎮內的歷史沿革。

華威城堡
Warwick Castle

- 🌐 www.warwick-castle.com
- ✉ Warwick Castle, Warwick
- ☎ 01962-406 610
- ➡ 可由亞芳河上的史特拉福搭乘火車，或由Sheep St.搭乘巴士前往，車程約15～35分鐘
- 🕐 夏季10:00～17:00，冬季10:00～16:00
- 💲 £24起

華威城堡

華威小鎮距亞芳河上的史特拉福不遠，往返牛津與史特拉福時，可行經這裡參觀城堡

中世紀的古城堡，包括富麗堂皇的領主大宅邸及維多利亞派對，給遊客不同的驚喜與讚歎。諾曼風格的古堡內有許多美麗的賓客寢室、宴會大廳、陰森的地牢、充滿傳奇故事的鬼塔、收藏各種武器的軍械室，及綠意盎然的庭園區，可沿著城堡厚實的城牆欣賞全景。堡內各廳室還有栩栩如生的蠟像展出，呈現出皇室週末派對等場景的熱鬧氣息。整個城堡可看之處相當多，最好安排3～4小時的時間，週末或夏季還有穿著古裝的武士表演等活動，聖誕節也有聖誕頌歌音樂會及各種活動。

【特色餐飲】

The Vintner

- http www.the-vintner.co.uk
- ✉ 4-5 Sheep St.
- ☎ 01789-297 259
- ➡ 由旅遊服務中心前的Rother St.往南走，第1條街左轉Ely St.，直走即為Sheep St.，步行約5分鐘
- MAP P.182

　　這棟建築原為1600年的酒商之家，全天供應餐點，包括各種英式及歐式料理，以及Sunday Roast及Pre-Theatre的午、晚餐套餐。

Old Thatch Tavern

- ✉ Old Thatch Tavern, 23 Greenhill St.
- ☎ 01789-295 216
- ➡ 位於River Nadder上，由市中心沿著Town Path步行約15分鐘
- ◯ 週一～六12:00～23:00，週日12:00～18:00
- MAP P.182

　　鎮內僅存的500年傳統茅草屋。酒吧內除了提供各式美酒外，還有道地的酒吧食物，尤其推薦週日中午的烤肉大餐，設有戶外座位區。

Hathaway Tea Room

- http www.hathawaytearooms.com
- ✉ 19 High St.
- ☎ 01789-264 022
- ➡ 由莎士比亞劇場步行約5分鐘
- ◯ 週三～五、日10:00～17:00，週六09:30～17:00
- MAP P.182

　　在這個隨處都是迷人都鐸建築的小鎮，當然要找家老建築好好享用午茶，而這家位於High St.的老茶店，就是鎮內最佳選擇之一。這裡有提供傳統下午茶，早上也可過來享用傳統英式早餐，中午則是提供簡單的餐點。

【住宿情報】

YHA
Straford-upon-Avon

- http www.yha.org.uk/hostel/yha-stratford-upon-avon
- @ strarford@yha.org.uk
- ☎ 0345-371 9661
- ➡ 走出巴士站的Bridgeway Rd.左轉Bridgefoot Clopton Bridge，接Banbury Rd.後沿B4086往東北走，步行約35分鐘。建議搭乘公車前往(Bridge St.上的公車站搭乘X18／X77／618)，約10分鐘車程
- 💲 單人床位£15起，私人房£29起
- MAP P.182

由200多年的老建築改成的青年旅館，白色的喬治王時期建築坐落在一片綠地上，爲相當舒適的住宿地點。

Hamlet House

- http www.hamlethouse.com
- ✉ 52 Grove Rd.
- ☎ 01789-204 386
- ➡ 出火車站由Alcester Rd.往東直走後，右轉Grove Rd.，步行約5分鐘
- 💲 雙人房£60起
- MAP P.182

這家家庭式旅館，設備相當齊全，房客可免費使用網路及旅館內的自行車。房間布置溫馨舒適，前往火車站或市中心景點都很便利。

Cymbeline House

- http www.cymbelinehouse.co.uk
- ✉ 24 Evesham Place
- ☎ 01789-292 958
- ➡ 出火車站沿Alcester Rd.直走，轉進Grove Rd.，繼續往前走約5分鐘
- 💲 每人約£26～36
- MAP P.182

非常具有英國傳統風格的民宿，提供單人、雙人、及三人房，設備完善，含免費網路及豐富早餐。

Shakespeare Hotel

- ✉ Chapel St.
- ☎ 01789-294 997
- ➡ 火車站前的Alcester Rd.往東走到市中心後，接Wood St.直走右轉High St.接Chapel St.，步行約10分鐘
- 💲 £110起
- MAP P.182

1637年創業至今的老牌旅館，古老的建築與內部的悠古風情，數百年來吸引無數的旅客慕名前來。而它所有的房間名稱均以莎士比亞劇中的角色命名。1樓還設有老酒吧及茶室。

坎特伯里

CANTERBURY

　　英國之旅絕不可錯過的英國小鎮之一，城鎮內有許多保存良好的中古世紀老房舍。西元597年，羅馬教皇派聖奧古斯丁(St.Augustine)到此傳教後，這個小城鎮自此成為英國基督教重鎮。爾後1170年，法國暴君亨利二世遣派3位祕密武士到坎特伯里暗殺大主教聖貝克特(Thomas Becket)，主教在此殉教，更使得它更成為英國的宗教中心。

【坎特伯里旅遊資訊】

坎特伯里的市中心為環形狀，古城牆圍繞著整個古城，東火車站(East Station)位在市中心的西南邊，站前天橋的另一端即為古城牆，步行到市中心(大教堂)僅7分鐘路程。1942年二次世界大戰摧毀了古城南側，因此目前北側的中古房屋保留較完整，南側則為戰後重建的新城區。夏季週末或國定假日的坎特伯里遊客如織，不過千萬別因為這樣就錯過這美麗的小鎮。可盡量安排在非假日，給自己一整天的時間或者到南部遊覽時在此停留一晚，好好享受這個小城鎮的優雅氣質。

曾為300多年來的朝聖地，現在仍為英國熱門的觀光重鎮

市中心最著名的當屬馳名中外的坎特伯里大教堂，充滿各種傳奇歷史故事，可以從中了解坎特伯里的歷史史蹟與中古世紀的各式建築風格。其他景點均由這裡為中心點延伸出去，坎特伯里故事館訴說著名作家的朝聖故事；坎特伯里美術館及博物館則可看到許多古文物及藝術品；古城牆外的聖奧古斯丁修道院遺址至今仍可看到當時的修道院遺址。

坎特伯里市區地圖

地圖繪製／林惠群、蔣文欣
地圖修訂／許志忠

- 西火車站
- St. Dunstan's St.
- Le café des amis du Mexique 墨西哥餐廳
- 西門塔樓
- St. Peter's St.
- Palace St.
- Sun Hotel
- 坎特伯里美術館
- 坎特伯里大教堂
- Canterbury Cathedral Lodge
- High St.
- 熱狗堡餐車
- 羅馬博物館
- Broad St.
- Stour St.
- Castle St.
- Watling St.
- St. George's St.
- 聖奧古斯丁修道院
- St. Geprge's Pl.
- Station St. East
- Old Dover Rd.
- 東火車站
- Nunnery Fields

【對外交通】

火車

坎特伯里有東、西兩個火車站：Canterbury West以及Canterbury East。從倫敦出發，St. Pancras International火車站搭快車，1小時內可抵達東站，由Charing Cross站到東站需1小時40分；若由Victoria站上車，約1個半小時可抵達西站。

巴士

搭乘National Express由倫敦出發約2小時(票價£6.8起)。另有Day-Rider當地一日遊車票，可在一日內搭Stagecoach巴士遊覽購買範圍內的近郊城鎮。Stagecoach的M2路線還能直接從倫敦的北格林威治往返坎特伯里，相當方便。Stagecoach車票可從官網直接購買。

Stagecoach
🌐 www.stagecoachbus.com

坎特伯里巴士站
✉ St. George Ln. 📞 01227-472 082

【對內交通】

遊船

45分鐘的遊船，帶領遊客欣賞Weaver的河上風光(3～11月)。

Weaver's River Tour
🌐 www.canterburyrivertours.co.uk
📞 07790-534 744
💲 £15

【旅遊資訊】

坎特伯里旅遊服務中心

4～10月每天11:00均有徒步導覽團(£15，4～10月14:00多加一場)。提供旅遊手冊，詳列坎特伯里的所有活動及景點簡介。可在此購買景點門票及預訂行程。
🌐 www.canterbury.co.uk
✉ 18 High St.
📞 01227-862 162
🕐 週一～三、五、六10:00～17:00，週四～18:00，週日11:00～16:00

重要節慶

10月中為期2星期的坎特伯里節慶，有許多音樂、戲劇、文化活動及展覽。

Canterbury Festival
🌐 www.canterburyfestival.co.uk
📞 01227-452 853

熱門景點

坎特伯里大教堂
Canterbury Cathedral

http www.canterbury-cathedral.org
✉ 11 The Precincts
☎ 01227-762 862
➡ East Station步行到大教堂約7分鐘，在旅遊服務中心對面
🕐 週一～六09:00～17:00，週日11:30～17:00
💲 £14
MAP P.194

這是成就坎特伯里脈動的大教堂，不但使得坎特伯里小鎮成為英國的基督教中心，更讓今日的坎特伯里，成為英國旅程中不可錯過的中古小城。

1070年前，第一任的諾曼大主教蘭法蘭克（Lanfranc），決定在原已荒廢的撒克遜大教堂遺址重建新教堂。1170年時，大主教貝克特不幸被亨利二世派人謀殺，主教死後4年，大教堂又逢祝融之災。後來才又慢慢重整，建立三一小祭室，將主教的遺體放在這裡，爾後更成為基督教徒的朝聖地。

坎特伯里大教堂在多次擴建過程中，涵蓋了各式建築風格。教堂的中殿建於700年前聖奧古斯丁剛到英國時所建造的教堂遺址上，主要

England / Canterbury

196

為哥德風格，大部分都是13～15世紀時建造完成的，長達100公尺，為歐洲擁有最長中殿的中世紀教堂。而貝克特主教的神龕（Thomas Becket's Shrine）1538年被亨利八世破壞殆盡，現在教徒在此點上蠟燭緬懷殉難的大主教。Altar of the Sword's Point就是大主教被害身亡之處。

另外，建於1496年的Bell Harry Tower，在中央塔樓收藏了一座百年大鐘，而其垂直的後哥德式扇形天頂，呈現出大教堂的精緻之美。

聖奧古斯丁修道院
St. Augustine's Abbey

http www.english-heritage.org.uk/visit/places/st-augustines-abbey
✉ Monastery St.
☎ 01227-767 345
➡ 由旅遊服務中心前的Sun St.直走接Burgate街，出城牆後，繼續沿著指標直走，步行約10分鐘
🕐 4～9月10:00～18:00
10月10:00～17:00
11～3月週六～日10:00～16:00
💲 £9
MAP P.194

羅馬教皇於西元597年派遣聖奧古斯丁到此傳教，而這裡就是他所建造的聖本篤派修道院，當時與他同赴英國的40位修道士均落腳於此，為當時歐洲最大的修道院。但不幸的是，亨利八世自創英國國教後，便與羅馬教會對立，並於1538年下令關閉坎特伯里所有修道院。自此這座修道院荒廢到18世紀，直到在修道院旁建醫院時，才又發現這座修道院的遺址。

目前遺址中較為完整的為1309年所建造的芬頓門。修道院提供免費語音導覽，詳細說明修道院的歷史、皇宮、庭園、尤其是在石堆中的聖奧古斯丁之墓。

坎特伯里
美術館
Beaney House of Art and Knowledge

- ✉ 18 High St.
- ☎ 01227-862 162
- ➡ 位於市中心High St.上，由旅遊服務中心步行約3分鐘
- ☻ 週二～六10:00～17:00
  週日11:00～16:00
- 💲 免費
- MAP P.194

由富商出資建造的美麗建築，以楔木爲造型，構成相當優美的維多利亞風格，目前爲坎特伯里的圖書館及美術館，館內收藏許多當地藝術家的作品。除了永久收藏品外，還有一些短期的主題展。

優美的維多利亞建築，展出許多當地藝術家的精采作品

西門塔樓
Westgate Towers

- 🌐 www.onepoundlane.co.uk/westgate-towers
- ✉ One Pound Lane
- ☎ 01227-808 755
- ➡ 火車站往市區方向步行約5分鐘
- ☻ 博物館12:00～15:45，週六不開放
- 💲 £4
- MAP P.194

往市區的方向走，必定不會錯過這座顯眼的塔樓。西門塔樓建於百年戰爭期間，用於防禦外敵，樓高18公尺，是英國現今保存最好的中世紀塔樓。自20世紀開始，塔樓搖身一變爲博物館，裡面展示其故事及市民戰爭等歷史。而最棒的當然是登上塔樓，從高處欣賞坎特伯里市這座美麗的古城。

坎特伯里
羅馬博物館
Canterbury Roman Museum

- 🌐 canterburymuseums.co.uk/canterbury-roman-museum
- ✉ Butchery Lane
- ☎ 01227-785 575
- ➡ 大教堂旁走路行約1分鐘
- ☻ 10:00～17:00
- 💲 £9.6
- MAP P.194

1868年，工人在此地挖掘建造排水系統時，在8尺深的地下挖到了羅馬地磚遺跡，而這也是羅馬博物館的起源。隨著越來越多重要文物的發現，博物館隨後於1946年誕生。這座肯特郡唯一的羅馬博物館，藉由出土的馬賽克磚及各式文物，搭配免費的語音解說，讓遊客能進一步了解羅馬生活之一二。博物館經常搭配許多互動活動，很適合小朋友。

【特色餐飲】

坎特伯里有相當多的美食餐廳，餐廳主要聚集在St. Peter's St.以及High St.上。

熱狗堡餐車
The Gourmet Sausage & Burger

🔗 www.gourmetsausageburgerco.co.uk
✉ The Parade
➡ 距離大教堂步行約3分鐘
🕐 09:00～18:00，週日10:00～17:00
🗺 P.194

廣受當地人喜愛、超大分量的熱狗堡餐車就在坎特伯里的市中心。沒有時間進餐廳、或是偏好街頭小吃的遊客，一定要來品嘗一番。

墨西哥餐廳
Le café des amis du Mexique

✉ 2 Westgate Grove
📞 01227-464 390
➡ 由旅遊服務中心步行約5分鐘
🕐 週一～五12:00～18:00
💲 可點套餐，2道£17.95，3道£21.95
🗺 P.194

以地中海傳統料理方式呈現墨西哥菜肴的創意餐廳。

【住宿情報】

B&B集中在High Street，靠近West Station火車站。較便宜的旅館則在New Dover Road，由East Station步行約10～15分鐘，出火車站後右轉直走，接著這條街名變為Upper Bridge Street，第二個圓環右轉到St. George Place，繼續往前直走即是New Dover Road。

市區也有2家青年旅館：YHA Canterbury及Kipps Independent Hostel，另也推薦市中心由最老的建築改建的公寓住宿Cathedral Mews（www.mulberrycottages.com）

Canterbury Cathedral Lodge

🔗 www.canterburycathedrallodge.org
📞 01227-865 350
💲 單人房£90(附早餐)
🗺 P.194

位在市區最重要的景點坎特伯里大教堂之中，從建築本身的窗戶就能欣賞教堂之美，絕對是讓人難忘的住宿回憶。

Sun Hotel

🔗 www.sunhotel-canterbury.co.uk
✉ Sun Street
📞 01227-286 671
💲 £125起
🗺 P.194

位於熱鬧街區的15世紀傳統都鐸建築改建的精品旅館。

布萊頓

BRIGHTON HOVE

　　18世紀開始流行的海水浴，布萊頓也在此時期成為英國第一個海濱度假城。布萊頓距離倫敦相當近，可說是倫敦人的海濱度假地。布萊頓的皇家閣，是全英國最富異國風味的行宮，而海灘、多元文化，以及多彩繽紛的The Lanes及North　Laine街區也是這個城市的最大魅力。

【布萊頓旅遊資訊】

若想看看這著名的濱海城市，不防規畫2日觀光，從倫敦搭火車到布萊頓，住在布萊頓或附近其他城鎮，像是附近的中古世紀小鎮萊伊(Rye)、或同樣可享受海洋氣息的伊斯伯恩(Eastboune)都是相當好的選擇，這些地方的住宿不但比布萊頓便宜，而且也乾淨、舒適許多。但如果要深入體驗布萊頓的多元文化及夜生活，那就要多待一些時間才能真正體驗到它的迷人之處。

布萊頓火車站位在城市的北方，由車站前的皇后大道(Queen's Rd.)往下走即可到達市中心，步行約10分鐘。抵達鐘樓(Tower Clock)後左轉到北街(North St.)直走約7分鐘即可抵達皇家閣，北街與皇家閣中間的小巷區(The Lanes)有許多迷人的小巷道及小商店，火車站與皇家閣之間，充滿嬉皮、龐克風的有趣街區North Laine，可別錯過了！便宜的住宿則位在連接著北街(過皇家閣)的聖詹姆士街(St. James St.)，與聖詹姆士街交叉的各小巷道內有許多B&B。濱海地區即為著名的皇家碼頭及水族館，同時也有許多高級飯店。

布萊頓濱海地區即海風非常大，有時候下午4、5點整個城市就籠罩在大霧下。夏天適合水上活動，因此有許多倫敦客及來自英國各地的遊客到此度假，當然，住宿也是一房難求且價格高昂。

【對外交通】

火車

由倫敦的London Bridge、London Victoria搭車,約50~60分鐘,途中行經London Gatwick機場。提早一週以上可訂到較便宜的票。

http www.nationalrail.co.uk

巴士

由倫敦維多利亞巴士站搭乘巴士到布萊頓約3小時20分鐘。

【對內交通】

巴士

火車站外就有巴士站,購買倫敦到布萊頓的火車票時,也可選購含有布萊頓市區巴士的套票PlusBus,價格會比直接買巴士日票划算。

市區巴士服務處
http www.buses.co.uk
📞 01273-886 200
🎫 市區單程票£2.8,全日票£5.5

市區觀光巴士
(CitySightseeing Brighton)
✉ 皇家碼頭等超過10個景點
🕐 10:00~17:00

PlusBus
http www.plusbus.info/prestonprk

【旅遊資訊】

布萊頓旅遊服務中心

http www.visitbrighton.com
✉ Churchill Sq Shopping Centre, Western Rd
📞 01273-327 428
➡ 由火車站步行10分鐘,5分鐘可到海灘

重要節慶

7月的Paddle Round the Pier,及8月的Brighton & Hove Pride,是為最熱鬧的夏日派對活動。

布萊頓市區地圖

地圖繪製 / 林惠群、蔣文欣
地圖修訂 / 許志忠

🚉 火車站
Trafalgar St.
Dyke Rd.
Richmond Place
Gloucester Rd.
Queen's Rd.
North Rd.
Jubilee St.
Regent St.
North Laine街區
Gardner St.
Gardner St.
Church St.
銀禧圖書館
布萊頓博物館暨美術館
North St.
邱吉爾廣場
🛍 ℹ
邱吉爾購物中心
Food for Friends
The Market Inn
皇家閣
One Broad St.
West St.
Middle St.
Ship St.
East St.
Broad St.
St. James St.
King's Rd.
市政廳 / 監獄博物館
The Mock Turtle
Old Steine
Marine Pde.
YHA Hostel Brighton
Grand Junction
布萊頓海洋生物館
海鮮攤
皇家碼頭

203

皇家閣
The Royal Pavilion

- http brightonmuseums.org.uk
- ✉ Old Steine
- ☎ 0300-029 0900
- ➡ 由火車站沿著皇后大道直走,左轉北街直走約7分鐘
- ⏰ 4～9月09:30～17:15,10～3月10:00～17:15
- 💲 £17
- MAP P.203

皇家閣可說是全英國最富異國風情的皇宮,整個皇家閣的外觀以優雅的乳白色調,塑造出神祕的印度風格;內部設計卻為中國清朝風格,尤以雕龍畫鳳的大廳(Saloon)為最。

內部還有宴會廳、音樂廳、維多利亞女王臥房、及精美的雕飾、水晶吊燈、與家具設計,另外還有喬治四世最引以為傲的大廚房,因為內部有許多巧妙的裝置,例如滾輪式自動旋轉烤肉架,同時還可看到1817年一流法國主廚開的菜單。

當時即將登基的威爾斯王子,也就是後來的喬治四世(George IV)來到布萊頓度假後,深深愛上這個地方(這裡也是他與情婦M. Fitzherbert的定情之地)。因此,特別聘請建築大師約翰納許(John Nash)興建這座寢宮,總共花了7年的時間建造完成。

雖然建築師從未拜訪過中國,但卻採用許多中國元素,將他心中的中國風情盡展現在設計中,造就出獨特的建築風格,頓時成為全歐洲最著名的皇宮之一(1882年完工)。維多利亞女王後來將這座寢宮賣給布萊頓政府,並將所有重要的家飾都運回倫敦,幸運的是,大部分家飾又再歸回原位,因此這座皇宮至今仍完整保持原有的樣貌。

參觀完宮殿後,可到皇家閣內的茶館享用經典的下午茶點及各式三明治、餡餅派。

布萊頓博物館暨美術館
Brighton Museum & Gallery

🔗 brightonmuseums.org.uk
✉ Royal Pavilion Garden
📞 03000-290 900
➡ 博物館就在皇家閣旁
🕐 週二～日10:00～17:00
💲 £7.5，特殊展覽另收費
🗺 P.203

　　布萊頓博物館暨美術館就在皇家閣花園內，延續著皇家閣的異國風情。館內收藏許多著名的新藝術（Art Nouveau）與裝飾藝術（Art Deco）的家具設計，另外還有豐富的維多利亞時期服裝、文物，以及布萊頓發展爲海濱度假勝地的歷史。以各種有趣的互動式展覽，讓人輕鬆了解布萊頓的發展史。

知識充電站

喬治四世與夏洛特公主

　　皇家閣就是英國喬治王四世性浮誇奢華排場之最佳代表。極盡華麗的排場，要讓來訪的賓客驚豔、再驚豔！

　　但喬治四世紙醉金迷的放縱生活，也讓自己原本瀟灑的身型，惹來一身病，老年時胖得不敢出來見人，老是躲在皇宮裡，最後於1830年在溫莎城堡抑鬱而終。雖然喬治王的生活奢靡，他對藝術的熱愛，爲倫敦留下許多具代表性建築，如大英博物館、特拉法加廣場、攝政公園，並重新整修了白金漢宮及溫莎城堡。

　　喬治王雖然生前情婦滿懷，但真正合法的繼承人卻只有夏洛特公主一人。不幸的是，夏洛特公主卻因難產早逝，王位於是傳給喬治三世的三子，也就是後來的威廉四世。

巷道區
The Lanes

✉ 北街(North St)、西街(West St)、東街(East St)、國王路(King's Rd)之間
☎ 01273-290 900
➡ 由火車站沿著皇后大道直走，左轉北街直走約5分鐘

位於皇家閣與濱海地區的巷道區，原本為布萊姆史東村(Brighthelmstone)的街道，這些有如迷宮般的巷道，現在規畫為徒步區，裡頭隱藏許多有趣的小店面，尤以珠寶店為主，另外還有一些古董店及設計小店，是百分百的尋寶地！

彼得詹姆斯

布萊頓知名的懸疑小說作家。最暢銷的系列之一為Roy Grace，場景就設定在布萊頓，該系列的第一本《簡單死亡》(Dead Simple)甫上市時，就席捲英國懸疑小說界，排行居高不下。彼得詹姆斯至目前為止，已有超過40本創作。

旅行小抄

監獄之旅 The Old Police Cells Museum

布萊頓市政廳下面的警察總局現開放參觀，向大眾揭開1830～1967年間這不為人知的黑暗角落。博物館也透過詳細的導覽，讓遊客了解在這段期間曾發生過的奇案，例如1844年警察總長Soloman是怎麼被犯人謀殺的。遊客還可穿上各時期的英國警察制服拍照留念。

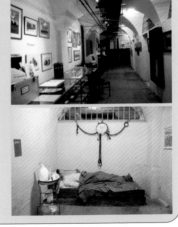

🌐 www.oldpolicecellsmuseum.org.uk
☎ 01273-901 272(建議先預約)
🕐 週六10:00～13:00
💲 免費(自由捐贈)
ℹ 可事先上官網預約導覽
🗺 P.203

皇家碼頭
Brighton Palace Pier

- http www.brightonpier.co.uk
- ✉ Maderia Drive
- ☎ 01273-609 361
- ➡ 北街底的城堡廣場(Castle Sq.)往海邊方向轉Old Steine街，走到海邊即為皇家碼頭
- ⊙ 全年開放
- ⑤ 免費
- MAP P.203

西元1899年建立的皇家碼頭為典型的維多利亞風格，內部設施完全符合布萊頓嬉遊特性，充斥著各種遊樂設施。而其海濱位置，更加散發出度假小鎮的休閒、遊樂氣氛。附近還有摩天輪及彈跳設施。

布萊頓
海洋生物館
Brighton Sea Life Centre

- http www.visitsealife.com/brighton
- ✉ 33 Marine Pde
- ☎ 01273-604 234
- ➡ 由布萊頓皇家碼頭越過馬路即可抵達
- ⊙ 時有異動，請查詢官網
- ⑤ 成人網路優惠票£17起
- MAP P.203

布萊頓的海洋生物館於1872年開幕，是世界上最老的水族館。它巧妙地結合原有的維多利亞式建築，融入最新科技，讓參觀者可以從長的透明水底隧道，近距離觀賞鯊魚等水生動物。館中總共分為8個主題區，除了可欣賞到英國近海的魚類外，還可看到許多罕見的極地海洋生物。

【逛街購物】

　　購物區可分為巷道區的古董、珠寶區，邱吉爾廣場上的邱吉爾購物中心(Churchill Square Shopping Centre)，購物中心外的邱吉爾街(Churchill St)則有許多流行專賣店，像是ZARA、Hollister等，另外龐德街(Bond St)也有許多獨立店家。

邱吉爾購物中心附近的TK MAXX可買到便宜的服飾及香水、飾品

North Laine

🔗 www.visitbrighton.com/food-and-drink/areas-to-explore/north-laine
➡️ 由Gloucester Road到Queens Road，再連接到Victoria Gardens

　　位於皇家閣與火車站之間，許多條街巷林立著繽紛多采的小房舍，共有300家商店、近40家的咖啡館、20多家酒吧在此讓布萊頓居民及訪客盡情享受波希米亞人生。

　　此外，還有個獲獎肯定的銀禧圖書館(Jubliee Library)，讓人一窺英國人的現代藝術與文化氣息。這條街區也有多家優質的餐廳咖啡館。

【特色餐飲】

The Mock Turtle

✉️ 4 Pool Valley
📞 01273-327 380
🕐 09:00～18:00，週一～三休息
🗺️ P.203

　　布萊頓最著名的下午茶室。1樓部分擺出令人垂涎三尺的蛋糕及布丁，呈現出溫馨的英式茶室氛圍。這裡最受歡迎的是英式奶茶(Cream Tea)及手工鬆餅，塗上最新鮮的自製奶油及草莓醬，絕對是各位英國女士七嘴八舌時的最佳伴嘴。

海鮮攤

✉️ 皇家碼頭區
➡️ 由皇家閣步行約10分鐘
🗺️ P.203

　　布萊頓碼頭區附近的沙灘上可看到一些海鮮小攤，販售各種海鮮冷食，包括生蠔、淡菜、章魚等，簡單地淋上醋及鹽巴食用。

Food for Friends

✉️ 17-18 Prince Albert St.
📞 01273-202 310
🕐 12:00～22:00
🗺️ P.203

　　布萊頓最有名的素食餐廳，以當地新鮮食材呈現出一道道的現代英國料理。除了中午套餐外，也可跟英國人一樣點杯熱湯，配上一片麵包，就是簡單又平價的一餐。

【住宿情報】

聖詹姆士街上聚集許多的B&B，這區也是相當著名的同志區。聖詹姆士街上的消費也較為便宜，有許多簡餐店及上網中心、雜貨店。

The Market Inn

- http www.reallondonpubs.com/the-market-inn
- ✉ 1 Market St.
- ☎ 01273-329 483
- ➡ 由火車站往下直走，左轉North St.，再轉進East St.，接著走進White Company旁的小巷即可抵達，步行約15分鐘
- MAP P.203

到英國當然要找家傳統酒吧客棧入住，體驗最經典的英式客棧，而位於布萊頓古城區的The Market Inn就是最佳選擇之一。19世紀老建築所改建的酒吧，提供兩間精緻又舒適的客房，從窗戶往外看即可看到迷宮般的巷道區，樓下則是最經典的英國酒吧氛圍，早上還可在房間享用傳統英式早餐。而且這家客棧位置奇佳，外面就是最熱鬧的購物街，過馬路即是著名的皇家閣。

客棧樓下即是傳統英國酒吧

可在此品嘗傳統英國酒吧食物

YHA Hostel Brighton

- http www.yha.org.uk/hostel/yha-brighton
- ✉ Old Steine
- ☎ 0345-371 9176
- 💲 1床£20起，私人房£49起
- MAP P.203

這家很受好評的YHA位於布萊頓的海濱區，白色的優雅建築散發著慵懶的濱海度假氣息。青年旅館規模大，除了多人房外，也提供相當完善的私人房，算是市區相當超值的住宿選擇。

Kipps Kipps Brighton是城內另一家相當受好評的青年旅館，由火車站步行約10分鐘路程。整體氛圍跟YHA相較之下更為活潑歡樂（www.kipps-brighton.com）。

One Broad Street

- http onebroadstreet.co.uk
- ✉ 1 Broad St.
- ☎ 01273-699 227
- 💲 雙人房£65起
- MAP P.203

民宿房間設計相當清新、明亮又具現代化，布置用品也全都精心選擇，有些房間可直接眺望到藍色大海，是相當優質的住宿地點。

萊伊 RYE

　　萊伊可說是英國最美麗的古城鎮之一。小鎮內隨處可見爬滿綠藤的都鐸時期與喬治王時期建築，以及迷人的小花園，整個街道散發著濃厚的古老小鎮氛圍。單是踏在小石頭拼成的小徑上，就可以深刻感受到小鎮的古老軌跡。

【萊伊旅遊資訊】

萊伊是充滿古意的美麗小鎮，西元1287年一場大風雨，將羅瑟河(Rother)的入海口改至萊伊，讓它成為重要的防禦城鎮。萊伊曾經多次遭受法國攻擊，1377年的戰役更是將整個小鎮夷為平地，在許多石頭建築上仍然可以看到大火所留下的痕跡。鎮內有許多值得參訪的地方，像是美麗的聖瑪莉教堂、目前已改為特色商店林立的懷舊碼頭倉庫，另外還有美人魚街，以及曾為海賊基地的瑪梅德客棧。鎮內的藝術風氣也相當濃厚，以波西米亞生活聞名於英國，小鎮內有許多當地藝術家的藝廊。

充滿悠閒藝術氣息的碼頭倉庫區

火車站就位在古城西北方，出火車站後沿市場路(Market Rd.)往上爬，即可抵達市中心High St.。所有景點均可步行抵達，小鎮並不大，大約半天時間即可看完所有景點，不過建議可多留一些時間在城內的茶室享受下午茶或午餐。這裡的住宿品質優良，很適合以這個小鎮為定點，拜訪周圍各個城鎮。

【對外交通】

火車

由倫敦的St. Pancras International搭車，需在Ashford International換車，車程約為1小時15分鐘。往返布萊頓約1小時35分。

巴士

前往布萊頓的巴士多停靠赫斯汀(Hastings)，且須在伊斯特本(Eastbourne)轉車，車程約2～3小時。

【旅遊資訊】

萊伊旅遊服務中心

萊伊遊客服務中心就位在鎮公所中，可以來此詢問住宿、景點情報，也提供地圖或是介紹手冊。遊客可選擇租借語音導覽，或是參觀導覽活動，探尋萊伊歷史。

http www.ryesussex.co.uk

✉ Rye Town Hall, Market Street

☎ 01797-223 902

🕐 10:00～16:00，11～3月週一～四10:00～13:00

聖瑪莉教堂
St Mary's Church

🖂 Church Sq.
➡ 由High St.轉入Lion St.即為教堂正門口
💲 免費

優雅的聖母瑪麗亞教堂，可說是萊伊的精神象徵。教堂內最古老的建築部分為1150年時建立的。16世紀的小塔上有英國現存最古老的時鐘之一。在教堂庭院散步時，可抬頭欣賞1735年所建立的高塔（Tower Pump），或登上塔樓眺望萊伊地區的優美景觀。

拉姆宅邸
The Lamb House

🖂 West St.
📞 01580-762 334
➡ 位於美人魚街與西街(West St)街角
🕐 時有異動，請查詢官網
💲 £8

這是一棟優雅的18世紀磚造房子，為著作《鴿翼》的美國作家亨利詹姆斯（Henry James）晚年長住的地方（1898～1916年）。後來為另一位作家班森（E.F. Benson）所有。目前由國示信託基金會管理這棟房子，展些詹姆斯的生活文物，宅內還有萊伊最大的庭園。

213

美人魚街
Mermaid St

優美的美人魚街仍保留1377年與法國慘烈戰役之後所重建的鵝卵石步道，這條斜坡步道上有許多喬治王時期及中古世紀的優美建築。而且各棟建築不是以門牌區分，而是各有各的怪名稱，像是「The House Oppoise（對面的房子）」、或「The House with Two Front Doors（有2扇前門的房子）」等。當然街上最著名的就是曾為海盜基地的美人魚客

棧，這棟11世紀的老旅館，至今仍開放接待世界各地的遊客。

萊恩城堡博物館與伊布斯塔
Rye Castle Museum & Ypres Tower

🌐 www.ryemuseum.co.uk
✉ 博物館：3 East Street
　　塔樓：Ypres Lodge
📞 01797-226 728
➡ 博物館位於與High St.交接的East St.上，走到盡頭即為伊布拉塔；塔樓位在Gun Garden中
🕐 博物館：3～10月10:30～15:30
　　塔樓：10:30～16:30
💲 塔樓£4

博物館分處兩地：一為建於西元1249年的伊布斯塔（Ypres Tower），這曾是城內最重要的防禦點之一，同時也是萊伊地區最古老的觀光景點。塔內有古老的堡壘、房舍、法庭及監獄，可以由此了解當時的歷史文化。另外還可從這裡眺望從前最繁忙的港口（雖然目前已因為河口淤積，繁榮景象不再）。

東街的部分則為18世紀的戰砲，可在這個博物館了解萊伊港口的興衰史。另外一項特殊的展覽是關於萊伊著名的波西米亞生活展，尤其是1920～1940年間的生活文化。

七姊妹斷崖
Beachy Head

- http www.beachyhead.org.uk
  （參見Activities單元）
- ✉ Beachy Head, South Downs, Eastbourne
- ☎ 01323-423 878
- ➡ 從伊斯特本或由布萊頓搭乘公車12、12X、N12，在七姐妹站(Seven Sisters)下車
- 💲 免費

圖片提供 / Grace Tai

伊斯伯恩是個優雅的濱海城鎮，以鎮外淒美的七姐妹斷崖聞名，曾出現在許多英國影片中，爲伊斯伯恩海岸線上最美麗的景點。由南唐步道(South Downs Way)的起點海灘岬(Beachy Head)步道可通往頂端觀景，從這裡可以看到著名的七姊妹斷崖(Seven sister Cliff)。此外，這一區相當適合進行戶外活動，是健行及騎單車的熱門地點。

【特色餐飲】
Fletcher's House

- ✉ 2 Lion Street
- ☎ 01797-222 227
- 🕐 週三～六12:00～15:00、18:00～22:30，週日12:00～17:00
- 休 週一、二

位於聖瑪莉教堂前的可愛中古老房舍，也是萊伊鎮內最古老的茶室。可在此享用傳統英國茶點，充分體驗英國小鎮的傳統茶室風情。

【住宿情報】
Jeake's House Hotel

- http www.jeakeshouse.com
- ✉ Mermaid St
- ☎ 01797-222 828
- ➡ 美人魚街上，距離火車站步行約10分鐘
- 💲 雙人房£135.00起，含早餐

16世紀的老建築，曾爲倉儲室、學校、Men's Club，美國詩人Conrad Aiken購買這棟建築後，更有許多作家、藝術家曾拜訪過這棟老建築。旅館內設有酒吧，可在此享用餐前酒，坐在壁爐前看看書，享受悠閒的時光。每個房間的感覺依照它原本的特色重新裝修，爲一座優雅的英國鄉間別墅。

照片提供 / John Such and Visit Cornwall

康瓦地區

CORNWALL

　英格蘭西南半島的康瓦地區，為英國境內最受歡迎的度假勝地，變化多端的海岸線，有著巍聳的峭壁、隱藏在峭壁內的小海灣、美麗的金色長沙灘、充滿藝術氣息的小城鎮，而這裡更是海上活動的熱門地點！閒靜的度假氣息，不但吸引遊客來訪，許多藝術家更選擇定居於此，讓這裡動人的自然景觀撥動他們的創作靈感！

【康瓦地區旅遊資訊】

由樸利茅斯越過邊境的塔馬橋(Tamar Bridge)即進入康瓦地區，沿岸最受歡迎的小城鎮包括南海岸的佛茅斯(Falmouth)、人類創作奇蹟的伊甸園計畫(Eden Project)、聖米迦勒山(St. Michael's Mount)、最熱門的度假勝地朋占斯(Penzance)、海角盡頭地角(Land's End)；過了地角後往北為最具藝術氣息的白色小村落聖艾維斯(St. Ives)、以及其附近的衝浪勝地紐魁(Newquay)。

照片提供 / Matthew Jessop and Visit Cornwall

【交通資訊】

火車

康瓦地區最佳的火車旅遊據點為朋占斯，這也是英國西南部的終站。
- 倫敦→朋占斯：約5～5.5小時
- 巴斯→朋占斯：約5小時
- 聖艾維斯→朋占斯：約40分鐘
- 紐魁→朋占斯：約2小時

巴士

較小的城鎮需要搭乘巴士，主要營運公司為First巴士，大約有將近100條路線，最受歡迎的路線是Land's End Coaster，途經許多大景點，如朋占斯、聖艾維斯等，一直開到地角。公車

日票£5，是相當划算的選擇。

Land's End Coaster

🔗 www.firstbus.co.uk/adventures-bus/services/lands-end-coaster

- 倫敦→朋占斯：約9小時
  (行經Heathrow機場)
- 朋占斯→地角：約50分鐘
- 朋占斯→聖艾維斯：約25分鐘
- 地角→聖艾維斯：約35分鐘

【旅遊資訊】

旅遊服務中心

康瓦地區各大小城鎮均有旅遊服務中心，而此地區的網站則可參考www.visitcornwall.com。

熱門景點

朋占斯
Penzance

朋占斯旅遊網站
🌐 www.purelypenzance.co.uk

聖米迦勒山小島城堡
🕐 09:30～17:00(週六不開)，冬季開放時間不定
💲 漲潮時須搭船船票為£2.5，城堡£14

米納克劇場
🌐 www.minack.com
📞 01736-810 181
➡️ 可由火車站搭公車A1前往，約30～50分鐘
🕐 10:00～17:00
💲 £8

　　朋占斯是康瓦最繁忙的港口城鎮及購物中心。鎮內有朋利美術館暨博物館(Penlee House Gallery & Museum)，及旁邊的摩拉花園(Morrab Gardens)。由於當地溫和的氣候，亞熱帶植物生氣盎然，再加上美麗的長沙灘，濱海度假氣氛散發在城內的各角落。

　　從朋占斯更可遠眺對岸的聖米迦勒山小島，據說西元495年聖米迦勒天使曾出現在這區，因此村民在此建立修道院，並將此島獻給這位守護天使。目前仍可看到小島山頂上的教堂及1066年所建立的城堡，小島岸邊還有座小村莊。潮退時，遊客可由馬拉吉歐(Marazion)海灘沿著鋪石道進入島國，4～10月有渡輪服務，只需10分鐘就可抵達。搭船地點依潮汐的高地有所不同(3個搭船點：Chapel Rock、Gwelva、Top Tieb)。從朋占斯火車站搭乘巴士到馬拉吉歐海灘則約17分鐘。

　　島內的城堡相當值得參觀，1659年聖奧賓(St. Aubyn)爵士買下聖麥可山，並將城堡改為豪宅，遊客可穿過亞熱帶庭園進入城堡，城堡內部完整保留洛可可風格的藍色交誼廳(Blue Drawing Room)、軍械庫、切維獵廳(Chevy Chase Room)。

　　位於朋占斯西南方9英里處的米納克劇場(Minack Theatre)，是羅威納蓋德(Rowena Cade)這位偉大的女士，獨自由1931年起開始將一顆

照片提供 / Matthew Jessop and Visit Cornwall

有時間還可參觀附近的Tintagel城堡
(照片提供 / Matthew Jessop and Visit Cornwall)

顆的石塊，堆砌出現在所看到的圓形劇場，一圓她對戲劇的夢想。每年的3～9月，有許多名劇在此輪番上場。

地角（Land's End），為英國本土最西端的海角，這裡的大自然之美任由遊客免費享受，旅遊服務中心（www.landsend-landmark.co.uk）可為遊客製作地角紀念照，同時還可

旅行小抄

回程要注意潮汐

回程如果潮水開始漲了，最好搭船回本島，漲潮的速度相當快，有時人還未抵達對岸，潮水可能就漲過人身高度了。城堡官方網站可查詢漲潮時間。

http www.stmichaelsmount.co.uk

地角 (照片提供 / 李由)

了解這裡的歷史文化。由朋占斯可搭乘公車約55分鐘，或從聖艾維斯搭乘公車約1.5小時。

聖艾維斯
St. Ives

聖艾維斯旅遊服務中心
http www.stives-cornwall.co.uk
✉ Gabriel Streeti
☎ 01736-796 297
➡ 朋占斯搭火車到聖艾維斯火車站約40分鐘，或搭乘公車約35分鐘
🕐 09:30～16:00，週日休息

繁花盛開的小花窗、白色抹牆的老房舍、古老小巷道，這是小說家及藝術家鍾愛的小村落。渥夫（Virginia Woolf）的《To The Lighthouse》即是在此得到靈感寫成的。著名的雕刻家赫普渥斯（Barbara Hepworth）的創作也以這裡的美景為主題，並選擇在此終老，後來她的住家改為國際知名的芭芭拉赫普渥斯博物館及雕刻庭園（Barbara Hepworth Museum and Sculpture Garden）。

倫敦的泰德美術館（Tate Gallery）在此也設有分館，充滿設計感的白色建築，佇立在波斯梅爾海灘（Porthmeor Beach），呼應著蔚藍的大海。目前的聖艾維斯巷道中除了有著美味的康瓦餡餅外，還林立著藝廊及陶藝館，儼然成為英國的藝術重鎮！當然，如果你只是要參觀這個小鎮的景點，半天時間就已足夠，但建議你可安排一天的時間，或在此住宿一晚。

照片提供 / Ian Kingsnorth and Visit Cornwall

伊甸園計畫
Eden Project

http www.edenproject.com
✉ Bodelva, Cornwall
☎ 01726-811 911
➡ 可搭乘火車抵達St. Austell，再轉搭27號公車前往
🕐 每日時間不一，請查詢官網
💲 £32.50起

聖奧斯特地區為18世紀崛起的陶瓷重鎮，留下許多瓷土的廢地。一次暴風雨襲擊，當地許多寶貴的植物大受破壞，因而激起創辦人設立這座園區，除了具休閒娛樂用途外，更希望藉此促進大家更了解植物、人類和資源之間的關係，進而促進一種更負責任的生活態度，走向永續的未來。

伊甸園以蜂巢狀的材質建造了多座圓形溫室，完整呈現全球各地的植貌，包括熱帶雨林區、暖溫度植物區以及露天植物區。整座園區設施相當多元，除了認識植物與人、生活的關係外，還可走在雨林瀑布叢林中的吊橋，甚至坐上熱氣球鳥瞰植物園；有時也會請來不同的藝文團體在園區內表演。

現在還可以住在園區內欣賞獨特的伊甸園夜景。

英格蘭—康瓦地區

熱門景點

照片提供 / Matthew Jessop and Visit Cornwall

約克YORK

約克中世紀的老城牆圍繞著古城中心，由歡樂滿盈的古老街道、優美的都鐸老建築、及各種恐怖卻有趣的鬼故事構築而成。而充滿生氣的城市生活與藝文活動，讓約克獲選為英國人最想居住的城市！如果想要深入了解這座古城的建築與歷史，可能需要2天的時間。時間許可的話，還可搭乘附近知名的哈利波特蒸汽火車，拜訪約克郡最美麗的山野風光。

【約克旅遊資訊】

西元74年羅馬人興建了這座古城，當時的約克稱為「Eboracum」。爾後，羅馬人撤離後由盎格魯薩克遜人所占領，改名為「Eoforwic」，在當時，與坎特伯里有著同等的宗教地位。1世紀末期，約克成為維京人的天下，再度改名為「Jorvik」，也就是現名「York」的由來。

約克市中心的街道小而彎曲，大部分景點都在徒步範圍內。約克火車站位於西南城牆外，步行到市中心約10分鐘；巫斯河(River Ouse)貫穿古城區，最熱鬧的區域在巫斯河

由古城牆可看到大教堂及市區美景

與大教堂(York Minster)，以Coney St.、Stonegate及Parliament St.這個街區為主要購物區。傍晚還可沿著古城牆漫步，欣賞最美麗的古城風情，全程約2小時。其中最美麗的路段為Bootham Bar至Monk's Bar之間(約克的「Bar」為「Gate」，城門的意思，而「Gate」卻是「街道」的意思)。

約克市區地圖

地圖繪製 / 林惠群、蔣文欣
地圖修訂 / 許志忠

Bootham
Gillygate
Best Western Plus Dean Court Hotel
Monkgate
Cafe No.8 Bistro
市內巴士總站
Bootham Terrace
約克市立美術館
司庫之家
Lord Mayor's Walk
St Leonard's Pl
約克大教堂
約克郡博物館及花園
Low Petergate
中央圖書館
Guy Fawkes Hotel
Betty's Cafe Tearoom
Museum St.
Leeman Rd
國立鐵路博物館
肉舖街
市集
North St.
Ye Olde Starre Inne
Station St.
火車站
Safety York Hostel
Bridge St.
約維克維京市
Micklegate
費爾法克斯宅邸
Piccadilly
Walmgate
York Dungeon
城堡博物館
Bishophill Senior
Queen St.
Bishopgate St.
古城牆
Kent St.巴士站

England / York

224

【對外交通】

火車

York Station銜接國內各大城市，由倫敦King's Cross到此約2小時，往北到愛丁堡約2小時30分鐘，到曼徹斯特約1小時30分鐘。

✉ Station Rd.　📞 0345-225 333

巴士

大部分巴士均由火車站前出發。National Express由倫敦到此約5小時，到曼徹斯特約3.5小時，到愛丁堡則約7小時。附近各城市，可搭乘Yorkshire Coastliner(www.yorkbus.co.uk)；另外Harrogate and Disctrict(www.harrogatebus.co.uk)巴士開往西北各城鎮，East Yorkshire Bues(www.eyms.co.uk)提供東北城鎮的路線。

【對內交通】

巴士

First Bus為當地的市區公車，單程票£1～2.6、一日票£4.8。

【旅遊資訊】

旅遊服務中心

🌐 www.visityork.org
✉ 1 Museum St.　📞 01904-550 670
🕐 週一～週六09:00～17:00
　　週日10:00～16:00

旅遊卡的資訊

也可在旅遊中心購買York Pass旅遊卡，參觀30多個景點及導覽團，並提供40多種優惠。1天票£55、2天票£70、3天票£85。

🌐 yorkpass.com

市區導覽團

約克市區有各種主題導覽，如慢跑、攝影之旅、甜點之旅、維京之旅，行程除了景點之外，還包括英國酒吧、特色咖啡館。

此外，約克號稱是全歐洲最鬼的城市，到此當然要參加受歡迎的Ghost Hunt of York鬼故事導覽團，由Shambles出發。若只想安靜地聽專家講真正在約克發生過的鬼故事，那還很推薦經驗老道的Haunted Walk。

另有City Sightseeing巴士，可在各站隨上隨下，全程約1小時。York Dungeon還推出黑色鬼故事巴士；美麗的巫斯河上也有遊船行程，大部分遊船由Lendal Brdige出發。

Ghost Hunt of York鬼故事導覽團
🌐 www.ghosthunt.co.uk
📞 01904-608 700
🕐 每天19:30

City Sightseeing巴士
💲 £16

巫斯河遊船服務
🌐 www.cityexperiences.com/york/city-cruises/river-bus-service
📞 0207-7400 400

節慶

2月：維京節
4月：巧克力節
5～10月：約克賽馬節
7月：音樂節
11～12月：耶誕節

最鬼的約克，是最適合參加鬼故事導覽團的城市

約克大教堂
York Minster

- http www.yorkminster.org
- ✉ Deangate
- 📞 0844-939 0016
- ➡ 由火車站步行約15分鐘
- 🕐 09:00～17:00，週日12:45～17:00
- 💲 教堂£12.5，教堂及塔樓£18.5，晚禱免費參加
- MAP P.224

這座教堂始建於1220年，歷經2個世紀才完成，為英國及北歐地區最大的中世紀哥德式教堂，其宗教地位與南部的坎特伯里大教堂並重，由英國國教中的2位大主教主持（Archbishop）。因此約克大教堂的名稱也較為特別，稱為「Minster」，這是盎格魯撒克遜時期傳教時對教堂的尊稱。另一座也以「Minister」為名的，是倫敦的西敏寺（Westminster）。

大門上的玫瑰花窗，是為了紀念約克和蘭開斯特王室聯姻而設的。1388年建造的中殿「大西窗」，為心型圖案、有著「約克之心」的稱號。聖母堂後方的「大東窗」為全球最大的中世紀彩繪玻璃主要描繪創世紀與啓示錄的故事。

除了參觀教堂內部著名的玻璃花

巨大的管風琴

入口處的玫瑰花窗與四座柳葉窗。教堂內的128個花窗共用了2萬塊碎玻璃拼成

窗、禮拜堂、唱詩班外，還可走進墓室（Undercroft），透過現代的互動式展覽，了解約克2千年來的歷史演變。

唱詩班屏上的人物，為威廉一世到亨利六世的15位國王

肉舖街
Shambles

➡️ 由大教堂步行約3分鐘
MAP P.224

　　這是一條隱藏在約克城內的小巷道，狹窄、蜿蜒而古雅，小巷兩旁是以木條裝飾的傳統老房舍，散發濃厚的古老風味，許多建築都可以追溯到14世紀，完整保存了中世紀的風格。

　　Shambles的意思是屠宰場，顧名思義，這裡原本是條肉舖街，因此這些房舍的屋簷突出，以方便掛肉，電影《哈利波特》中，巫師專屬的商店街「斜角巷」，其概念就是來自這條肉舖街。到了夜晚，這裡是鬼故事導覽團的重點街道，不過白天卻是有趣的逛街區，有許多特色商店、雜貨、藝品店。

約克郡博物館及花園
Yorkshire Museum and Gardens

🌐 www.yorkshiremuseum.org.uk
✉️ Museum Gardens
📞 01904-687 687
➡️ 由大教堂步行約5分鐘
🕙 11:00～17:00，週一休息
💲 £8
MAP P.224

　　曾以250萬英鎊買下米德蘭珠寶（Middleham Jewel），而轟動一時的約克郡博物館，館內除了這項精美高貴的收藏外，還有許多羅馬、盎格魯薩克遜及維京人的手工藝品。

　　博物館外的花園，同時也是約克人最喜愛的休閒場所，公園內的聖母修道院遺址，每3年即會在此演出約克神蹟劇（York Mystery Plays）。

司庫之家
Treasurer's House

🌐 www.nationaltrust.org.uk/treasurers
-house-york
✉ Minster Yard
📞 01904-624 247
➡ 主教堂旁
🕐 11:00～16:30
11、2月只開放週四、日
💲 £9
MAP P.224

位於大教堂旁的司庫之家，原為大教堂財務長的官邸，16世紀才成為私人宅邸。這裡不但有如珠寶盒般的優美建築、迷人的花園茶室，就連約克最著名的鬼也在這裡。

據傳1953年時，有一位修暖氣的工人在地下酒窖看到一位羅馬士兵來去自如地穿過牆面認真巡邏。爾後專家也證實，這座宅邸的所在位置，過去的確是古羅馬大道。

除了這著名的鬼故事外，由於原主人是古董收藏家，因此館內有豐富的古董家具，美麗的布置，就連英國皇室都曾借住於此。

約克市立美術館
York City Art Gallery

🌐 www.yorkartgallery.org.uk
✉ Exhibition Square
📞 01904-687 687
➡ 由旅遊服務中心步行約3分鐘
🕐 11:00～17:00，週一、二休息
💲 免費
MAP P.224

約克美術館收藏許多重要藝術品，收藏包括14世紀到17世紀的繪畫作品，18世紀～1980年代的針織藝術及約克過去350年的畫作、水彩畫及陶瓷品。新美術館更加入學習設施、咖啡館，中午不定期舉辦藝文講座等。

費爾法克斯宅邸
Fairfax House

- **http** www.fairfaxhouse.co.uk
- **✉** Castlegate
- **☎** 01904-655 543
- **➡** 由大教堂步行約10分鐘
- **🕐** 11:00～16:00，週五11:00～14:00有導覽，週日休息
- **💲** £7.5，導覽團£9
- **MAP** P.224

這座18世紀中期的建築，原爲費爾法克斯子爵爲女兒Ann所建造的豪宅，爲英國喬治風格建築的最佳典範。目前則完整地展現出喬治王時期的居家風格，其精緻的家具、古董鐘與擺飾，都相當值得欣賞。

更棒的是，每間房間都有導覽員，參訪者均可針對這座建築的歷史、內部擺設，提出任何問題，深入了解當時的生活文化，例如：當時的床都很短，因爲當時的人都是半躺著睡覺，以隨時準備好面對魔鬼的到來。而且床也很高，主人即使是半躺著，仍比僕人還高。

知 識 充 電 站

喬治風格特色

喬治時代建築(Georgian architecture)是大約在1720～1840年間，多數英語系國家出現的建築風格，為喬治一世～四世的統治時間。採用義大利名建築師帕拉底歐(Andrea Palladio)的古典設計原則，講求建築比例的和諧，強調結構對稱。此時期的社會日益安定，住家從以往的保護性小窗戶，轉為採光較好的大片窗。房屋內部則喜好以中國瓷器裝飾，家具風格走向輕盈，並以木刻工藝裝飾為主。

城堡博物館
York Castle Museum

- http www.yorkcastlemuseum.org.uk
- ✉ Castle Area, Eye of York
- ☎ 01904-687 687
- ➡ 由大教堂步行約12分鐘
- ⏰ 10:00～17:00,週一11:00開始營業
- 💲 £14,網上購買省£1
- MAP P.224

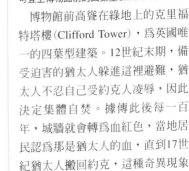

可登上博物館前的四葉型Clifford Tower

　　位於市中心南端的城堡博物館,
原為18世紀的監獄,後改為民俗文
化展覽館,有許多有趣的生活文
物,包括詹姆士時期的用餐室等,
而最精采的為Kirkgate,重現維多
利亞時代的街道,讓遊客彷如回到
古代的購物街!

　　博物館前高聳在綠地上的克里福
特塔樓(Clifford Tower),為英國唯
一的四葉型建築。12世紀末期,備
受迫害的猶太人躲進這裡避難,猶
太人不忍自己受約克人凌辱,因此
決定集體自焚。據傳此後每一百
年,城牆就會轉為血紅色,當地居
民認為那是猶太人的血,直到17世
紀猶太人搬回約克,這種奇異現象
才停止。

館內完整地呈現早期的約克郡城鎮風貌

國立鐵路博物館
National Railway Museum

- http www.nrm.org.uk
- ✉ Leeman Rd.
- ☎ 08448-153 139
- ➡ 越過火車站內的天橋往後走,步行約5
  分鐘
- ⏰ 10:00～18:00,冬季10:00～17:00
- 💲 免費
- MAP P.224

　　這座曾榮獲歐洲博物館獎的鐵路
博物館,以完善的教育功能及世界
最大的展覽空間聞名。內展示奢華
的英國皇家火車,包括曾為維多利

亞女王的御用火車,內部設計古色
古香,還有書房、會客室、甚至浴
室,皇后級火車果然不同凡響。

　　另外,還有各式蒸汽火車、以及
各國著名的火車,其中包括遠從日
本運過來的新幹線。

England / York

商人探險者會館
Merchant Adventurer's Hall

- http www.merchantshallyork.org
- ✉ Fossgate
- ☎ 01904-654 818
- ➡ 由主教堂步行約15分鐘
- ⏰ 週日～五10:00～16:30
  週六10:00～13:30
- 💲 £6.5

這座始建於1357年的商人探險者會館，為600多年歷史的老建築，也是英國保存得最好的商會會館。

樓上的Great Hall大廳，為羊毛貿易商人聚集的會館，地下室則用以照顧窮困的病人，至今仍延續這項自中世紀以來的善舉。

約維克維京市
Jorvik Viking Centre

- http www.jorvikvikingcentre.co.uk
- ✉ Coppergate
- ☎ 01904-615 505
- ➡ 由大教堂步行約10分鐘
- ⏰ 時有異動，請查詢官網
- 💲 £13.5
- MAP P.224

1,000年前維京人曾定居於約克，而這裡就是考古學家所發現的維京聚落，中心內的小電動車帶領遊客深入維京聚落，沿路可一邊看著影音導覽，從活靈活現的維京聚落，了解各種有趣的維京生活文化。這是很適合親子旅遊的地點，旅遊旺季最好事先預約。

霍爾堡
Castle Howard

- http www.castlehoward.co.uk
- 01653-648 444
- 搭乘巴士183、180、181、182(來回票 £8),約25分鐘
- 宅邸10:30開放,花園10:00~17:30 (各季節開放資訊有些不同)
- 花園£17,花園+宅邸£25(提早訂票 有優惠)

霍爾家族18世紀時,聘請John Vanbrug爵士在2座湖之間建造這座城堡。現有穿著古裝的導覽員為遊客詳細解說各項霍爾家族的藝術收藏。此外還有腹地寬大的公園區、室內下午茶餐館及植物園與農產品肉舖店。

約克郡峽谷
國家公園
Yorkshire Dales National Park

- http www.yorkshiredales.org.uk
- 0300-456 0030

Settle-Carlisle Raiway
- http www.settle-carlisle.co.uk
- 1729-825 888

Leeds-Settle-Carlisle Raiway鐵路線是英國境內最美麗的鐵路線之一,由北部大城里茲穿過約克郡峽谷。1876年開通後,即相當受到遊客的喜愛,全程共3小時,行經約克郡峽谷國家公園的Keighley、南部出入門戶Skipton市集小鎮、Dent、Settle等小鎮。整條路線都還有公車銜接附近各小村落。

哈利波特
蒸汽火車之旅

魔法世界興衰史

哈利波特電影情節中著名的霍格華茲列車(Hogwarts Express),載著滿懷期待的魔法學生抵達霍格華茲堡的,就是北約克夏荒原鐵路線(North Yorkshire Moors Railway)。這條路線全長共18英里,除了哈利波特的傳奇故事外,它所走的路線更是扣人心弦,帶領乘客穿過最美麗的北約克夏荒原,探訪深藏在荒原中的美。這條火車路線1836年完工後一直營運到1950年,由於運量的減少而從此停駛。經過鐵路迷7年的努力,終於在1974年復駛。

目前這條鐵路由「北約克夏郡歷史火車信託基金會」管理,將它轉型為一座活博物館,讓遊客重新體驗古老的蒸汽火車之旅。起點為北約克夏郡的市集重鎮——匹克林(Pickering),行經世外桃源般的里

維山(Levisham)、牛頓峽谷站(Newton Dale Halt)、電影中的活米村(Hogsmade)──高斯蘭地(Goathland)、葛拉斯蒙特(Grosmont)、以及美麗的濱海小鎮惠特比(Whitby)。

如何體驗

火車路線從約克夏郡內的市集重鎮匹克林出發，匹克林車站重新整修後，呈現出1937年的復古風。途中的里維山鎮以及英國最深入荒野的牛頓峽谷站，就位在美麗的牛頓峽谷中，這2座與世隔絕的小鎮，有著百年不變的小鎮風情，有如世外桃源，都是探訪大自然的熱門健行地點，從火車站出發就有許多條短路線可以讓你接觸到峽谷中的原生的野生動物及自然景觀。

當然這條路線中最著名的就是高斯蘭地火車站，因為這裡就是哈利波特魔法世界中的活米村，整個火車站充滿哈利波特魔法世界中的神祕氣氛，遊客可到1922年的茶室喝杯茶、到這個迷人的小村莊走走，

跟老火車一樣珍貴的站務員

接著可沿鐵軌輕鬆步行到下一站，葛拉斯蒙特。這座火車站散發著1960年代的英國火車站風情，並展示各式火車頭。而終站就是曾吸引許多作家來訪的濱海城市惠特比，其優雅的閒逸氣息，相當受遊客喜愛。

火車在每個小站都會停靠幾分鐘，可以利用這幾分鐘的時間下車照照相。時間有限者，可由匹克林搭車到高斯蘭地。

North Yorkshire Moors Railway
http www.nymr.co.uk
📞 01751-472 508
➡️ 可由約克搭車到匹克林，約1小時車程
💲 全程£43，到高斯蘭地來回£21.5

高斯蘭地站，火車進站中

約克的古城區不大、購物街集中，是個購物的好地方。大教堂區可找到些美麗的小店，Stonegate街及肉舖街爲最迷人的古街區，Giillygate街爲個性商店聚集區，而Fossgate街可找到優雅的美食餐廳及商店，Coney Street及Coppergate是流行品牌區，Micklegate街則是迷人的喬治風情街。郊區還有個York Designer Outlet暢貨中心（可由市區搭7號公車前往）。

約克巧克力

約克爲英格蘭的巧克力之鄉，因此城內有各式各樣的巧克力店，古老、現代創意，各有風情。

如：以純手工巧克力著名的Monk Bar Chocolatiers（位在肉舖街），牛奶松露巧克力（Milk Chocolate Truffle）爲其特色產品；或以玫瑰巧克力及約克當地食材製作巧克力的York Cocoa House（10 Castlegate），還可事先預約參加工作坊；亦或精緻高級的Hotel Chocolate巧克力專賣店（13 Stonegate），最推薦寶石般的Chocolate Gemstones。

【特色餐飲】

約克的餐廳酒吧相當多，市中心有許多選擇。傳統市集Newgate Market則在Parliament St.及Shambles之間。

Betty's Cafe Tearoom

🌐 www.bettys.co.uk
✉ 6～8 St. Helen Sq.
📞 0800-456 1919
➡ 由大教堂步行約5分鐘
🕐 08:30～18:00
🗺 P.224

這家1919年開設的茶店，為約克市區內最著名的茶室及糕餅店，以約克夏的特製茶點及約克茶聞名。約克茶較濃，適合加入牛奶，風味相當香醇。糕餅店為高雅的茶室，每天大排長龍，不過內部座位多，通常不需等太久即可入座(下午茶接受預約)。另外也相當推薦購買這裡的伯爵茶及Betty's特調茶，可考慮買秤重的散裝茶。

1.每天大排長龍的茶館 / 2.Cream Tea午茶套餐 / 3.購買時告知店員欲購買的分量，如125g或250g

Ye Olde Starre Inne

✉ 40 Stonegate
📞 01904-623 063
➡ 由大教堂步行約5分鐘
🕐 11:00～23:00，週五、六～24:00，週日～10:30
🗺 P.224

約克最古老的酒吧，1644年開業至今。從主街穿過小小巷道即可來到這家老酒吧，酒吧內還有幽靜又迷人的庭院用餐區。約克的啤酒相當有名，若想品嘗約克啤酒，可到The Last Drop Inn(27 Colliergate)或有現場音樂的The Three Legged Mare(15 High Petergate)。

古城區還有許多著名的傳奇酒吧，如最小的酒吧The Blue Bell(53

隱藏在大街小巷的老酒館

Fossgate)、最受歡迎的花園啤酒吧Judges Lodging(9 Lendal St.)、曾為最可怕的鬧鬼客棧The Golden Fleece(Pavement)及The Snickleway Inn(Goodramgate)、或者是氣氛溫暖的The Royal Oak(18 Goodramgate)。

235

Cafe No. 8 Bistro

http www.cafeno8.co.uk
✉ 8 Gillygate
☎ 01904-653 074
➡ 由主教堂前的步行道走出城門右轉直走約2分鐘
MAP P.224

大教堂不遠處，有家小而迷人的餐廳，供應著以當地食材料理的美食，每道料理都可看到主廚的創意巧思，真是讓人吃了滿足又愉快。中餐推出價位合理的Lunch specials 2 courses，絕對是主廚的拿手菜，

番茄淡菜配西班牙麵餅　布置清新、有格調

很是推薦。另外，大教堂前的Cafe Concerto（High Petergate）則是浪漫燭光晚餐的好選擇。

【住宿情報】

約克為相當受歡迎的觀光城市，較便宜的家庭旅館集中在火車站北方的Bootham及Clifton街區，火車站南方的Blossom St.及Bishopthorpe Rd.也有許多平價旅館。

Best Western Plus Dean Court Hotel

http www.deancourt-york.co.uk
✉ Duncombe Place
☎ 01915-580 3610
➡ 大教堂對面
$ 雙人房£130起
MAP P.224

隸屬於Best Western旅館集團的Dean Court Hotel，就位於美麗的約克大教堂對面，有些房間位置絕

佳，坐在房內的沙發上，即可輕鬆欣賞教堂建築。

Safety York Hostel

:::http safestayyork.co.uk
:::✉ 88-90 Micklegate
:::☎ 01904-627 720
:::➡ 出火車站右轉，往上坡路走到古城門，進古城門沿左手邊人行道直走，步行約7分鐘
:::$ 每人£17.85起
:::MAP P.224

　　誰說便宜的青年旅館就只能簡樸？Safety打破傳統，將1752年喬治風格的建築，轉為一座令人驚豔的精品級青年旅館。建築內仍保留洛可可風格天花板，櫃檯美輪美

奐，還有桑拿室、共用廚房，有雙人到14人房，內均設有衛浴設備。但不推薦地下室的房間，訂房時記得特別要求。附近的Travelodge及Park Inn也是相當經濟的選擇。

Guy Fawkes Hotel

:::http www.guyfawkesinnyork.com
:::✉ 25 High Petergate
:::☎ 01904-623 716
:::➡ 由火車站步行約15分鐘
:::$ 雙人房£110起
:::MAP P.224

　　著名的蓋伊福克斯就是出生在大教堂旁的這棟建築，現改為酒吧及雅致的四星級旅館。總共只有13間房，每間的布置均有其獨到的品味。樓下的酒吧提供最鮮美的啤酒及道地的英國酒吧食物。

知識充電站

蓋伊·福克斯 (Guy Fawkes)

　　出生於約克的蓋伊·福克斯，是英格蘭天主教祕密組織的成員，密謀刺殺詹姆士一世，並準備在1605年11月5日以火藥炸掉議會。不過這項「火藥陰謀」卻因風聲走漏告敗，福克斯也因而被處死。英國藉此事件與天主教廷切割，自此所有英國君主均將成為英國國教教主。

　　11月5日這天也被定為英國的煙火節(Guy Fawkes Day或Bonfire's Day)，後來英國漫畫家還依據蓋伊福克斯的故事，出版《V怪客》漫畫小說，2006年也改編為好萊塢電影。

　　導演華卓斯基姐兄弟也將這個故事改編成電影，片中有這麼一段話：「如果你看見我所看見的，如果你有跟我有一樣的感受，如果你像我一樣尋尋覓覓，請在一年後的今晚，站到議會大廈門外，團結一致，我們將會給他們一個永遠不會忘記的11月5日。」

利物浦 LIVERPOOL

　　利物浦曾是大英帝國全盛時期的貿易大港，為曼城最重要的人力、物力發散地。但隨著大英帝國的衰微，利物浦的榮景也不再。然而經過數年的努力改革，現在的利物浦市區隨處可見創意建築、活力十足的新購物區、藝文氣息濃厚的艾伯特碼頭區，而這著名的披頭四故鄉，對於死忠歌迷來講，更是個音樂聖地，至今仍可到披頭四曾駐唱的酒吧欣賞現場音樂。

【利物浦旅遊資訊】

利物浦除了新創意外，壯麗的利物浦大教堂，內部古典與現代藝術的完美融合，除了讚歎，還是讚歎！利物浦儼然已擺脫沒落工業城的陰霾，換上創意十足的新面貌。

市區主要景點可一日參觀完，雖可安排一日遊行程，但利物浦晚上也有很多精采的活動，也可考慮在此住宿一晚。利物浦景點雖然較為分散，但重要景點仍在徒步範圍內，市區隨處可見清楚的步行指標，協助遊客輕鬆遊覽利物浦。

19世紀的利物浦，是中國移民最早的落腳地，因此城內(主座教堂附近)有著曾為全球最大的中國城

【對外交通】

航空

利物浦約翰藍儂機場(Liverpool John Lennon Airport)，距離市中心約9英里；或可搭機到曼徹斯特，轉車過來約50分鐘。

火車

由倫敦Euston及愛丁堡等北區大城過來的快速火車，大多抵達市區的Lime St.火車站，車程約2小時。郊區的Liverpool South Parkway靠近機場，可由此轉搭火車進利物浦市區。

巴士

由倫敦搭National Express或Megabus長途巴士，車程約5～6小時。

【對內交通】

市區公車為Merseytravel，建議購買Saveaway一日票，可在非尖峰時間搭乘這區的公車、火車、及渡輪。若要參觀披頭四的所有景點，最便利的方式是直接購買停靠各景點的觀光巴士或計程車導覽。

【旅遊資訊】

旅遊服務中心

🌐 www.visitliverpool.com
✉ 5 Wall Street
📞 0151-351 0300
🕐 09:30～17:30，週日10:30～17:00
ℹ Liverpool ONE TIC是一間完善的遊客中心，可以請教工作人員任何資訊，包括行程、景點、旅館以及劇院門票等

利物浦主座教堂
Liverpool Cathedral

英國最大的國教大教堂

🌐 www.liverpoolcathedral.org.uk
✉ St. James Mount
➡ 由艾伯特碼頭區步行約15分鐘，或從Lime Street火車站搭82、86號公車到Berry St.下車
🕐 08:00～18:00，週日12:00～14:30
💲 免費，鐘塔£6

　　利物浦主座教堂穩重的外表，雖不如其他哥德式教堂輕盈，但融合了現代紀念碑的設計風格，呈現出英國境內最大國教主座教堂的氣勢（全球第五大，長188.67公尺、寬60公尺）。而教堂內部絢麗的大片花窗、肋拱設計，營造出莊嚴、壯麗的氣息。

　　利物浦主座教堂的全名為Cathedral Church of Christ in Liverpool，建築師就是英國著名的紅色電話亭設計師吉勒斯・紀伯特・史考特爵士（Sir Giles Gilbert Scott），當時年僅22歲。教堂雖於1904年即開始建造，但後來因國家經濟及世界大戰的緣故，而延宕到1978年時，主體才完工，建築師很遺憾地未能親眼見證教堂完工（逝於1960年）。

　　教堂內部以大片的彩繪玻璃，繪出各幅聖經故事。穿過主祭壇後方，可來到教堂右側的Lady Chapel禮拜堂，這是教堂最早完成的部分，可謂教堂中最精緻典雅的部分。而教堂內由10,268管組製的管風琴，更是全球最大且最重的作品，平日17:30有晚禱（在主殿或Lady Chapel禮拜堂）。

　　遊客可登上全球前三大且最高的教堂鐘塔，眺望利物浦城海景。

精緻典雅的Lady Chapel禮拜堂

教堂內部是十足的哥德風

艾伯特碼頭區 Albert Dock

http www.albertdock.com ➡ 由Lime St.火車站步行約20分鐘

艾伯特碼頭始用於1846年，是英國第一座不採用任何木樁，只使用磚石及鑄鐵所建造的建築，也是全球第一座不可燃倉庫。為當時全球最重要的貨物集散地，珍貴的茶葉、棉、絲、糖，均由此輸入歐洲。2004年這區被列為世界文化遺址，經過大改造後，成為利物浦最重要的觀光地。除了餐廳、酒吧、摩天輪、旅館外(Holiday Inn Express及Premire Inn)，還有泰德美術館、利物浦博物館、披頭四紀念館、海事博物館、國際奴隸博物館，全都是利物浦，或甚至是北英格蘭最重要的博物館。

艾伯特碼頭區有船隻改成的酒吧

利物浦博物館
Museum of Liverpool

http www.liverpoolmuseums.org.uk
✉ Pier Head
☎ 0151-478 4545
➡ 可搭環市區專車C4，面向艾伯特碼頭，博物館為右手邊的白色建築
🕐 10:00～18:00，週一休息
💲 免費

英國近百年來最大的新博物館，將利物浦的各種風貌完整呈現，如1樓的中國文物，呈現出這個中國移民第一個落腳的城市，如何受到中國文化的影響。又如2樓的披頭四展覽及各個音樂站，讓市民了解利物浦孕育出哪些重要音樂。

這個新建博物館，花盡心思，想以最生動活潑的方式，呈現利物浦

館內陳列各種有趣的互動展

的各個層面，並讓整座博物館擺脫嚴肅，只充滿歡樂與笑聲。

利物浦泰德美術館
Tate Liverpool

- http www.tate.org.uk/visit/tate-liverpool
- ✉ Albert Dock
- ☎ 0151-702 7400
- ➡ 可搭環市區專車C4，美術館為碼頭區濱海位置的紅色建築
- ⊙ 10:00～17:50
- 💲 免費，特展另外收費

美術館常在大廳舉辦各種免費的藝文活動

泰德美術館在利物浦創立後，即成為北英格蘭最重要的現代藝術中心。美術館也努力地在北部推動現代藝術，引進倫敦最前衛的現代藝術展，並定期舉辦各種藝術、音樂及文化活動，為利物浦注入一股強大的藝術流。

碼頭區除了泰德美術館外，還有一座默西河岸海事博物館（Merseyside Maritime Museum），展示曾在利物浦呼風喚雨的企業、人物及船艦。而將奴隸引進英國的利物浦，也在此成立國際奴隸博物館（International Slavery Museum），反省著當時種種不人道的壓迫歷史。

學生以肢體演繹著莫內畫作

泰德利物浦美術館

披頭四博物館
Beatles Story

- http www.beatlesstory.com
- ✉ Britannia Pavilion
- ➡ 位於Albert Dock利物浦博物館旁
- ⊙ 09:00～16:00左右，閉館時間不一，有時到17:00
- 💲 £18

戴上耳機，讓約翰藍儂的妹妹為你解說披頭四的種種。這座博物館可說是最完整的披頭四基地，展出披頭四的音樂創作與發展過程，並讓所有訪客沉浸在披頭四的音樂中。館內的Fab4Store也可買到最棒的披頭四紀念品。

馬修街
Mathew Street

位於艾伯特碼頭區與Lime Street火車站之間的小小街道，因為披頭四而成為所有歌迷必訪之地。至今仍可到披頭四表演的The Cavern Club參觀及看表演，還可到披頭四休息時最愛的The Grapes酒吧用餐或喝杯啤酒，街上當然還有披頭四紀念品店。每年8月底也會舉辦馬修街音樂節。

知識充電站

披頭四

17歲的約翰藍儂在教堂中遇上了15歲的保羅邁卡尼，並邀請他加入自己組的樂團。爾後又陸續遇到林哥史達及喬治哈里森，1960年樂團正式命名為The Beatles，開始發表融合各種搖滾風格的曲子，並將許多社會議題反映在作品中，他們所引起的風潮深遠地影響60年代的社會文化革命。

1962年披頭四由EMI發表了《Love Me Do》，之後又發表了《Please Please Me》及《From Me To You》開始在英國樂壇展露頭角，後來又以《I Want To Hold Your Hand》成功打入美國市場(當時美國因長期越戰而有了反戰、嬉皮運動)，從此席捲全球，披頭四的髮型、服裝，均為全球年輕人的潮範。可惜的是，在許多場演唱會中，瘋狂的歌迷只是無止盡的尖叫，而不是欣賞音樂，這也讓披頭四逐漸厭倦這樣的表演方式，之後便只專心在錄音室錄製唱片。後又因各自的重心與生活不同，在發表完《Abbey Road》及《Let It Be》之後，樂團宣布解散。但披頭四仍為英國及美國流行樂壇上最暢銷且最傳奇的樂團。全球銷售達10億張，在英國及美國均有十多張冠軍專輯及20首冠軍單曲，均為史無前例的最高紀錄。

除了披頭四故事館及馬修街外，許多歌迷還會拜訪披頭四出生、成長、相遇的地方，如曾出現在歌詞中的Penny Lane、Strawberry Fields Forever歌裡的孤兒院等。不過這些景點較為分散，建議可在旅遊中心購買披頭四之旅行程，搭觀光巴士或黑頭計程車參觀。

【逛街購物】

利物浦的購物區相當集中，市區有許多購物中心，由Lime St.火車站前的St. John's Shopping Centre、Williamson Square、Clayton Square，直到艾伯特碼頭區前的Liverpool ONE購物中心，可找到英國最潮、或甚至最平價的商品。位於Whitechapel的Metquarter是利物浦最大的食物市集

Liverpool ONE購物中心

（The GPO）。另外，Bluecoat Display Centre可找到許多手工藝術品及特色咖啡店，若想找些另類商品，可到Lark Lane。

Liverpool ONE購物中心的John Lewis可買到中價品牌及英國茶等極具英國特色的紀念品

利物浦火車站前是重點購物區

【特色餐飲】

Philharmonic Dining Rooms

✉ 36 Hope St.
📞 0151-707 2837
➡ 由大教堂步行約5分鐘
🕐 11:00～23:00，週五、六～24:00，週日～22:30

這家由著名郵輪設計大師所打造的酒吧，為全英格蘭最華麗的酒吧之一，也是來到利物浦必訪之地。內部以大量的馬賽克拼磚及玻璃裝飾，彷彿一個個音符跳動於酒吧內。還有，別忘了到餐廳的豪華廁所參觀喔！

附近還有另一家利物浦著名的餐廳London Carriage Works（40 Hope St.），也是用餐的好選擇。

【住宿情報】

除了艾伯特碼頭區的Holiday Inn Express及Premier Inn中價位旅館外，對面的購物區還有Hilton高級商務旅館。

此外，還可考慮利物浦，舒適又具特色的Hope Street Hotel（www. hopestreethotel.co.uk，£100起，通常週日、週三及週四房價最便宜），而Hard Day's Night Hotel（www. Harddaysnighthotel.com／£70起），則為披頭四主題旅館，可說是最特別的利物浦之宿。

若想入住便宜青年旅館，位在市中心的YHA Liverpool Central是個方便的選擇，靠近商圈以及酒吧、餐廳（1床£20起，私人房£39起）。

曼徹斯特 MANCHESTER

照片提供 / Marketing Manchester

　　曼徹斯特不只是工業革命的開路先鋒，許多文化革命也在此大膽發聲，也因而讓它成為樂團最為活躍的城市，如：80年代反社會的後龐克樂團Joy Division，90年代的Oasis、The Verve，甚至大家熟知的Take That及New Wave均來自曼城。而講到曼徹斯特，當然不可忘了這是個最瘋狂的足球之都。整座城市融合了各種族群，洋溢著自由奔放的氣息，讓人立刻愛上這城市。

【曼徹斯特旅遊資訊】

工業革命時羊毛業的蓬勃發展，將曼徹斯特轉為英國第二大都會。雖然二次世界大戰後，整個市容變得相當工業、現代化，但是包羅萬象的都會生活，前衛、嬉皮的音樂文化，優雅、歡樂的飲食，讓曼徹斯特成為英國人口中的「24-hour party town」。

曼徹斯特市中心為Princess St.市政廳(City Council)周區，觀光景點則集中在市中心西南側城堡區(Castlefield)，靠近Deansgate Station。火車站以市中心東側的Manchester Piccadilly Station為主，另還有3座火車站，巴士站位於市中心東北側的Piccadilly Gardens。歐洲最大的中國城則位於Portland St.街區。

照片提供 / Marketing Manchester

照片提供 / Marketing Manchester

【對外交通】

航空

曼城國際機場(Manchester International Airport)，為倫敦以外最繁忙的機場。可搭乘火車(20分鐘)或巴士43／103號到市中心。

🌐 www.manchesterairport.co.uk
📞 0800-169 7030

火車

Manchester Piccadilly Station銜接國內各大城市，由倫敦Euston約2小時，往伯明罕有直達車約1.5小時，北部的約克1.5小時，愛丁堡約3～4小時。市區的四大火車站都可以搭到利物浦，車程最快約40分鐘。

✉ London Rd.　📞 0845-711 4141

巴士

Chorlton St. Coach Station，搭National Express從倫敦出發車程約5小時，到伯明罕約2.5小時，利物浦約1個多小時。

【對內交通】

巴士

主要公車站為Piccadilly Gardens。Metrolink電車(www.metrolink.co.uk)連接整個大都會，是相當便利的交通工具。建議購買公車及電車一日聯票或公車一日票，尖峰為週間09:30前，若買離峰票在離峰時段搭車比較划算。市中心有紅、藍、綠3線免費公車(Free bus)，各線營運時間略有不同。基本上，曼徹斯特的交通號誌對行人來說只是個參考值，崇善自由的曼城人，總會靈巧地見機行事。

免費公車 Free bus
🌐 tfgm.com/public-transport/bus/free-bus

【旅遊資訊】

旅遊服務中心

🌐 www.visitmanchester.com
✉ Manchester Central Library, St Peters Square
🕐 週一～六09:00～17:00

熱門景點

科學與工業博物館
The Museum of Science and Industry

http msimanchester.org.uk
✉ Liverpool Rd., Castlefield
☎ 033-0058 0058
➡ 由市政廳徒步約15分鐘
🕐 10:00～17:00

照片提供 / Marketing Manchester

曼徹斯特為英國重要的工業革命城市，曼城更將世界第一座載客火車站改建為博物館，展示老蒸汽火車頭、飛機等動力及電力展示品，以生動的手法展示英國工業全盛期的景況。

國立足球博物館
National Football Museum

http www.nationalfootballmuseum.com
✉ Urbis Building, Cathedral Gardens
☎ 0161-605 8200
➡ 由Victoria火車站步行約20分鐘
🕐 10:00～17:00
💲 免費

1樓展示全球最重要的足球事件，2樓展示各國人民對足球的熱愛，以及足球的規則、足球相關玩具，甚至還有專為5歲以下孩童所設計的互動展區。3樓為短期策展，內容多樣，最後則可到5樓用餐休息。曼徹斯特聯盟隊球迷，還可到設於聯盟足球館內的博物館，實際體驗這些偉大球員出場時的心情(www.manutd.com)。

照片提供 / Marketing Manchester

照片提供 / Marketing Manchester

美術館暨表演中心
The Lowry

- http www.thelowry.com
- ✉ Pier Eight, The Quays
- ☎ 0843-208 6000
- ➡ 可搭metrolink或巴士到MediaCityUK或Harbour City站
- 🕐 週四～五11:00～17:00，週六、日10:00～17:00
- 💲 免費

　　全球各地最棒的繪畫、雕刻、攝影等藝術展，在The Lowry美術館輪番上陣，並不時推出各種有趣的活動，總是讓這座美術館充滿生氣。此外，這裡還有倫敦以外最大的Lyric表演中心，整年都有精采的音樂會、歌劇、戲劇、芭蕾舞等文化活動，假日也常舉辦各種親子活動，從老到少都可充分享受藝文中心的功用。

照片提供 / Marketing Manchester

曼徹斯特美術館
Manchester Art Gallery

- ✉ Mosley St.
- ☎ 0161-235 8888
- ➡ 位於市中心中國城附近
- 🕐 10:00～17:00，週一閉館
- 💲 免費

　　曼徹斯特耗費鉅資，聘請建築大師霍普金斯（Sir M. Hopkins）重新整修美術館，以全新風貌展示館藏藝品。館內最著名的收藏為拉斐爾前派的杭特（H. Hunt）及羅塞堤（D.G. Rossetti）的作品，另還有許多義大利及法國的重要藝術收藏，而工藝設計藝廊（Gallery of Craft & Design）展示古代到畢卡索等現代傑出作品。

　　這座美術館還曾獲選為最適合親子參觀的美術館，除了各項適合親子同樂的展覽及資源外，餐廳也提供兒童餐。

照片提供 / Marketing Manchester

【特色餐飲】

China Town各家餐廳所推出的商業午餐（週一～五12:00～14:00），應該是最平價、豐富的餐點，尤其推薦道地港式料理大家樂港式餐廳；此外，由市中心越過運河，位於Wilmslow Rd.的Curry Mile有許多便宜又美味的亞洲餐館。曼徹斯特擁有相當活躍的夜生活及現場音樂，大部分的酒吧位於Oldham St.及Oxford St.，Northern Quarter有許多另類的現場音樂。著名的同性戀村位於Princess St.東北邊，Canal St.則有許多同性戀酒吧，夏季還有大型同志遊行活動。

【逛街購物】

較知名的設計品牌集中在King St.及St. Ann's Square，市中心的主要購物中心為Arndale，百貨公司則有Harvey Nicolas及Selfridges。Northern Quarter充滿波西米亞風情，Oldham St.為城內年輕人最喜歡逛的街道，有許多充滿創意的設計品、龐克風及二手衣物。

在市中心西邊5英里處有另一家大型室內購物中心Trafford，搭紅線電車即可抵達。而另一家購物中心Quayside MediaCityUK，也有許多日常生活品牌，包括幾間Outlet，如M&S Outlet、NEXT Outlet，搭乘淺藍線電車即可抵達MediaCityUK站。

照片提供 / Marketing Manchester

【住宿情報】

曼徹斯特市區較便宜的住宿集中在市中心南邊約3英里處的Fallowfield、Withington及Didsbury區（巴士40/42/157）。如果不想離市區太遠，市政廳附近的King Street Townhouse高級旅館及YHA Manchester青年旅館是相當理想的選擇。由於這是商業大城，也有許多連鎖商務旅館，如Novotel、ibis、Premier inn等。

YHA Manchester

- http www.yha.org.uk
- ✉ Potato Wharf, Castlefield
- ☎ 0345-371 9647
- ➡ 火車站Deansgate步行約10分鐘
- $ 1床£35起，私人房£39起

旅行小抄

圖書館之旅

市政廳後面的圓頂建築為音樂戲劇及語言文學圖書館，這裡的Library Theatre Company (homemcr.org/the-building/the-atres)是曼城大型音樂、戲劇表演的幕後推手，全年各項精采表演活動輪番登場。而1900年開館的約翰萊蘭圖書館(John Rylands Librarby / 150 Deansgate / 0161-306 0555 / 免費)，哥德式建築中收藏許多珍貴的古董書，包括St. John Fragment於2世紀手寫的新約聖經及喬叟(Chaucer)著名的坎特伯里故事集(Canterbury Tales)。

湖區 LAKE DISTRICT

　　湖區是英格蘭境內最著名的國家公園，優美的湖泊、蒼翠的森林，激發許多作家、詩人的創作靈感，如家喻戶曉的《彼得兔》創作者畢翠斯波特及詩人華茲華斯等。這裡因受到冰河侵蝕而形成壯麗的深谷，全區散布著大大小小的湖泊，不但是健行、登山者的最愛，更是遊艇愛好者的天堂，每年夏季湖泊上多的是悠閒的點點帆影。

【湖區旅遊資訊】

湖區位於英格蘭西北部，南北長達60公里，寬達50公里，最大湖泊為溫德米爾湖，長約17公里，它同時也是英國境內最大的湖泊。四周有許多觀光小鎮，提供豐富的住宿及餐飲選擇。建議至少安排兩天一夜的行程，南區的安伯塞爾(Ambleside)及格拉斯米爾(Grasmere)，與北區的凱斯維克(Keswick)都是相當理想的據點。溫德米爾有幾條輕鬆的散步路線，安伯塞爾與格拉斯米爾之間也有中程的健行路線(詳見P.259)，鎮內晚上湖畔劇場(Theatre by the Lake)也有許多精彩節目。

【對外交通】

火車

由南部北上的遊客可搭火車到溫德米爾，由此購買24小時或48小時巴士票到安伯塞爾及格拉斯米爾的住宿點，以此為據點遊訪附近小鎮。海岸線火車Cumbrian Coast Line，則是探訪湖區西岸的最佳選擇。

巴士

湖區內的大眾運輸主要仰賴巴士連接。大部分初次前往湖區的旅客，會選在方便的溫德米爾或其附近落腳。最重要的溫德米爾公車路線是599號，仿如觀光巴士，從肯德爾開來，再往安伯塞爾、格拉斯米爾與湖畔(冬季不停最後2站)。

599號公車是開放式車頂

若在中心湖區旅遊，如溫德米爾、格拉斯米爾、波尼斯(Bowness)、安伯塞爾、科尼斯頓(Coniston)等，推薦購買Cental Lakes Dayrider，日票£9；若是往外延伸旅遊，還有Explorer Ticket的日票(£12)可選擇。

湖區其他的重要路線還有：
- 555號：蘭卡斯特－肯德爾－溫德米爾－安伯塞爾－格拉斯米爾－凱斯維克－卡萊爾(Carlisle)
- 505號：溫德米爾－安伯塞爾－鷹岬(Hawkshead)及科尼斯頓
- 508號：彭里斯(Pernith)－阿爾斯沃特(Ullswater: Pooley Bridge, Glenridding)－波尼斯－溫德米爾－肯德爾

湖區巴士團
- Bluebird Tours：
  bluebird-tours.co.uk
- Mountain Goat：
  www.mountain-goat.com

【旅遊資訊】

旅遊服務中心

湖區旅遊網站
http www.lakedistrict.gov.uk

湖區有3個主要的遊客中心：

波尼斯

✉ Glebe Road, Bowness on Windermere
➡ Windermere Lake Cruises碼頭對面
🕙 09:00～17:30，週末10:00～17:00

凱斯維克

✉ Moot Hall, Keswick
➡ Market Square中
🕙 4～10月09:30～17:30，11～3月09:30
　 ～16:30

阿爾斯沃特(Ullswater)

✉ Beckside Car Park, Glenridding
➡ 搭乘508公車在Glenridding下車
🕙 4～10月09:30～17:30，11～3月09:30
　 ～16:30

湖區1日遊船

　　Windermere Lake Cruises紅線由
波尼斯往返安伯塞爾(£14.3)、黃線由
波尼斯到湖畔(Lakeside，£15)及遊
湖區小島行程(£11)，此外還提供一
日自由搭乘的Freedom of The Lake票
券(£26.5)。

Windermere Lake Cruises

🌐 www.windermere-lakecruises.co.uk

Lakes Supertours

🌐 www.lakes-supertours.com
✉ Lakes Hotel, 1 High St., Windermere
📞 015394-427 51、015394-881 33
ℹ 提供一日、半日及下午茶等行程

畢翠斯波特遊船之旅

　　由波尼斯搭船到西岸後(Western，
約10分鐘)，可以步行到丘頂(Hill Top)
的畢翠絲波特之家，接著還可前往鷹
岬參觀畢翠斯波特美術館並享受午
餐，時間許可的話，還可以前往科尼
斯頓參觀魯斯金博物館(Ruskin Mu-
seum)。

蒸汽火車之旅

　　Haverthwaite—Lakeside：由波
尼斯的哈佛思韋特火車站(Haverth-
waite)出發，古老的蒸汽火車行經迷
人的利文谷(Leven Valley)，而且車廂
設計十分古典舒適。

🌐 www.lakesiderailway.co.uk
📞 015395-315 94
🕙 4～10月每天行駛

北湖區與西岸健行

健行遊船套票Walker's Ticket

　　可由波尼斯上船，沿途欣賞湖區
的山光水景，抵達安伯塞爾，再搭
乘另一班船到雷堡(Wray　Castle)，
由此開始約4英里的健行路線到Ferry
House，可從此處搭公船渡湖回到靠
進波尼斯的公船渡口。這是一個圓環
路線，起點也可以從安伯塞爾開始。

🌐 www.windermere-lakecruises.co.uk/
cruises-fares/walkers-ticket-car-ferry

健行注意事項

　　英國天氣千變萬化，出發前務必先
看最新天氣預報、攜帶雨衣，另也需
備乾衣物、足夠的水及食物、地圖與
指南針、簡單的急救品。

　　並請務必記得：尊重湖區生態、保
護動物、通過牧場後關好柵欄、盡量
走在公共步道上、將垃圾帶回家。

湖區各步道都有這樣的指標

溫德米爾
Windermere

➡ 可由Oxenholme轉搭地區性火車到此
MAP P.257

雖然小鎮逐漸觀光化，許多民宿主人不再保有英國B&B的溫暖。不過環境相當優雅，仍值得花一個下午的時間來走走。

小鎮的教堂旁有條小徑可直接走到湖濱，沿途會經過多棟隱藏在美麗林木間的小石屋；由旅遊中心對面走上Orrest Head小徑，可往上走到山丘頂，眺望山光水色。這兩條路線均約20～30分鐘路程，散步起來輕鬆愉快。

一般均可自行打開柵欄通過，否則也有這樣的石階，方便健行者越過石牆

爬上Windermere Hotel旁的步道即可來到制高點，眺望整個湖區

安伯塞爾
Ambleside

MAP P.257

安伯塞爾是個安靜的小城鎮，鎮內有多家商店、茶館及民宿，是理想的據點，每週三早上在公車站的停車場有農夫市集，可買到附近農家自己做的麵包及果醬、蔬果。

湖區區域地圖

地圖繪製／林惠群、蔣文欣
地圖修訂／許志忠

羅馬軍事博物館

哈德良長城
Hadrian's Wall

Bowness-on-Solway ■

卡萊爾
Carlisle

史基鐸山

彭里斯
Pernith

凱斯維克
Keswick

■ St.John's in the Vale

格拉斯米爾
Grasmere

安伯塞爾
Ambleside

Seathwaite
Tern

鷹岬
Hawkshead

溫德米爾
Windermere

科尼斯頓
Coniston

Windermere

波尼斯
Bowness-on-
Windermere

肯德爾
Kendal

海岸線火車
Cumbrian
Coast Line

Coniston
Water

湖畔
Lakeside

湖區水族館

哈佛思韋特
Haverthwaite

紐比橋
Newby Bridge

阿爾佛斯頓
Ulverston

蘭卡斯特
Lancaster

波尼斯
Bowness

MAP P.257

從溫德米爾前往波尼斯很方便，可搭公車，或是步行約20～30分鐘。波尼斯鎮中心的餐廳與商家選擇更多。

布列克威爾藝術及工藝中心
Blackwell The Art & Crafts House

- **http** www.blackwell.org.uk
- ✉ 波尼斯以南1.5英里
- ☎ 015394-461 39
- ➡ 由波尼斯步行約35分鐘，或搭乘599號公車
- ⏰ 11～3月10:00～16:00
  4～10月10:00～17:00
- 💲 £9

是英國20世紀最重要的建築藝術之一，展示英國重要的工藝設計作品，包括傳統房屋中的橡木梁柱、19世紀的拼磚畫、18世紀的壁爐及17世紀的橡木家具等。

畢翠斯波特的世界館
The World of Beatrix Potter

- **http** www.hop-skip-jump.com
- ✉ Crag Brow, Bowness-on-Windermere
- ☎ 015394-88444
- ➡ 由溫德米爾搭乘599號公車前往波尼斯
- ⏰ 10:00～16:30
- 💲 £9

以3D及許多互動設施展示出畢翠斯波特女士所創作的23個彼得兔童話。除了可面對面接觸彼得兔、小貓莫蓓小姐及小松鼠外，還有麥格雷戈（McGregor）先生的溫室及虛擬徒步之旅。館內各點均提供中文解說。附設的茶館也很有意思，童話裡的人物還會跑出來和你一起享用美食喔！

鷹岬
Hawkshead

MAP P.257

丘頂（畢翠斯波特故居）
Hill Top

- **http** www.nationaltrust.org.uk/hill-top
- ☎ 015394-362 69
- ➡ 距離公船碼頭或鷹岬約2英里
- ⏰ 時有異動，冬季開放日期有限，參訪前請查詢官網
- 💲 £14

百年前，波特女士買下這座17世紀的農舍，將它改為舒適的住家，並在此度過大部分的時間。屋內完整地保留當年的擺設，就好像波特女士只是出門散步而已。

畢翠斯波特美術館
Beatrix Potter Gallery

- http www.nationaltrust.org.uk/beatrix-potter-gallery-and-hawkshead
- ✉ Main St., Hawkshead
- 📞 015394-363 55
- ➡ 巴士505
- 🕐 10:30～16:00，冬季不開放
- 💲 £8.5

這棟迷人的17世紀老建築，原為波特女士及其夫婿工作的地方，一百多年來陪伴無數孩子成長的彼得兔，就是在此躍生於世的。

到此參觀，不但可欣賞彼得兔的繪畫原稿，還可一窺湖區珍貴老房舍的建築風格與內部擺設。

旅行小抄

健行步道推薦

湖區健行的標準裝扮

湖區內有許多健行路線，北部的斯基道峰(Skid-daw)，海拔高度約931公尺，路線平緩，爬起來不會太辛苦，路程約2小時；聖約翰之谷(St. John's in the Vale)是一個冰川山谷，其中城堡岩(Castle Rock)深受攀岩者的喜愛。南部的Duddon Valley也是相當受歡迎的山谷健行路線，這一帶的秋景尤其迷人。

還有兩條較長的路線。112公里長的坎布里亞路線(Cumbrian Way)，連接了兩個歷史悠久的城鎮阿爾佛斯頓及卡萊爾，且途經科尼斯頓和凱斯維克。

另一條是世界知名的長途步道，橫穿東西海岸的徒步路線(Coast to Coast Walk)，全長182英里，途中幾乎沒有路標，全程會經過3個國家公園，湖區國家公園、約克郡谷地國家公園，以及北約克沼澤國家公園。

而在安伯塞爾與格拉斯米爾之間，Coffin Road這條古道上所看到的景色，可比搭公車還要精采許多。從安伯塞爾起行，視線不受林木所遮蔽，可完整欣賞開闊的湖山景致，且行經著名的萊德山莊及鴿屋，最後抵達美麗的格拉斯米爾村。全程約6公里，路程約3～4小時。

格拉斯米爾
Grasmere

MAP P.257

　　鎮內景點包括英國最著名的詩人華茲華斯曾居住過的鴿屋及萊德山莊、百年薑餅店及美麗的茶室等，推薦落腳於此，好好享受湖區的優靜美。

鴿屋
Dove Cottage

- www.wordsworth.org.uk
- Dove Cottage, Grasmere
- 015394-355 44
- 由溫德米爾開往格拉斯米爾的巴士 599／555
- 週二～日10:00～17:00，時有異動，請查詢官網
- £8.95(含語音導覽)

　　鴿屋位於格拉斯米爾村南側，目前鴿屋除了展示華茲華斯當時的居住環境、引發創作靈感的花園及藝術特展外，還收藏90%的創作手稿，以及許多國際名人畫像。

萊德山莊
Rydal Mount

- www.rydalmount.co.uk
- 015394-330 02
- 由溫德米爾搭公車555／599前往，格拉斯米爾2英里半外
- 週一～五10:30～16:00
- £11.5

　　蒼翠林木環繞，流水穿梭其中，這就是華茲華斯最愛的故居「萊德山莊」。華茲華斯自1813年即居住在此，直到1850年過世為止。在此期間，許多著名的詩均在此創作、發表，包括著名的《水仙Daffodils》。

凱斯維克
Keswick

➡ 由溫德米爾搭555號公車約1小時，行經安伯塞爾、格拉斯米爾；或由北部的彭里斯搭巴士，約40分鐘

MAP P.257

坐落於斯基道峰與德溫特湖（Derwentwater）之間的凱斯維克，是遊訪湖區北區的最佳據點。由此搭巴士即可輕鬆暢遊湖區各小鎮，鎮內也有許多輕鬆或具挑戰性的健行路線，商店、餐廳林立，晚上可欣賞音樂、舞蹈、戲劇等表演，村外3英里處還有個比巨石陣還要古老的Castlerigg Stone Circle，是湖區活動最豐富的小鎮之一。

Castlerigg Stone Circle

北部的凱斯維克也是健行者的理想據點

【逛街購物】

這裡是健行天堂，各村莊均有許多運動用品店，在凱斯維克市區還可找到平價的防雨衣、運動鞋；另外推薦在肯德爾的Westmorland Shopping Centre裡有家Clarks Outlet，從溫德米爾搭555號巴士到肯德爾，車程約25分鐘。肯德爾的特產是薄荷糕（Romney's Kendal Mint Cake），口味雖較特別，但對能量補給很好。

格拉斯米爾有間薑餅屋Grasmere Gingerbread Shop，自1854年開始營運，特製祕方的薑餅深受當地人喜愛，記得多買幾片回家品嘗。

凱斯維克
Ye Olde Friars

🌐 www.friarsofkeswick.co.uk
✉ 6-8 Main St.
☎ 017687-722 34
🕘 09:30～17:30，週日10:30～17:30

各種具當地特色的巧克力棒、太妃糖、英式奶油餅、果醬、蜂蜜、肯德爾的薄荷糕等，全都可以這裡此一次買齊，是鎮內最美麗的伴手禮店。

【特色餐飲】

波尼斯

The Flying Pig

- http www.theflyingpigbowness.co.uk
- ✉ Rayrigg Rd, Bowness-on-Windermere
- ☎ 01539-423 023
- ◷ 12:00～23:00

位於波尼斯鎮中心的風格酒吧，除了提供多款當地釀造的啤酒外，還供應美味的英式餐點，就連炸魚跟炸薯條都相當有水準。這家雖然是酒吧餐廳，但服務親切用餐環境好，也很適合全家大小用餐。由溫德米爾步行到此也不遠，可考慮過來用餐。

格拉斯米爾

The Potting Shed Cafe

- http www.grasmeregardens.com
- ✉ Church Stile, Grasmere
- ☎ 015394-352 55
- ◷ 09:30～18:00，冬季到17:30，週日 11:00～17:00

位於村內園藝中心的美麗咖啡館餐廳，料理團隊以新鮮食材呈現各種創意料理。這裡很適合享用下午茶，供應各種美味的甜點及茶飲。

安伯塞爾

The Apple Pie

- http www.applepieambleside.co.uk
- ✉ Rydal Rd., Ambleside
- ☎ 015394-336 79
- ◷ 09:00～17:30

這家咖啡館有著相當美味的糕點，內部咖啡座就設在河濱，可以欣賞美麗的湖區風光。現還有民宿服務。

The Lily Bar

- http www.thelilybar.co.uk
- ✉ 12-14 Lake Rd, Ambleside
- ☎ +44 15394 33175
- ◷ 12:00～00:00

安伯塞爾鎮上平價的酒吧餐廳，晚餐常推出超值套餐，餐點都是新鮮現做，美味而平價的好選擇。

【住宿情報】

最推薦住在安伯塞爾或較爲寧靜的格拉斯米爾，溫德米爾與波尼斯太過觀光化，多已感受不到民宿主人的溫情，很可惜。北區的主要城市凱斯維克，也是個理想的據點，城市優雅、生活機能佳。

溫德米爾湖上風光

YHA Ambleside旁風景

YHA Ambleside

🔗 www.yha.org.uk/hostel/yha-ambleside
✉ Waterhead, Ambleside
☎ 0345-371 9620
💲 £19起，私人房£25起

平價的青年旅館也可坐擁百萬湖區美景。Ambleside的YHA青年旅館就位於美麗的湖濱，除了便宜的多人房外，也提供私人房及家庭房，是許多健行者喜歡投宿的地點。

旅館內設有完善的餐廳、廚房、洗衣房，湖濱也設有戶外座位區，並可由旁邊的碼頭搭船遊河。青年旅館距離鎮中心約需步行15分鐘，附近也有幾家快餐店及咖啡館。

The Angel Inn

🔗 www.inncollectiongroup.com/angel-inn
✉ Helm Road, Bowness-on-Windermere
☎ 015394-440 80
💲 £100起

位於波尼斯主街旁，擁有美麗的庭園，並在這浪漫的白色小屋中提供舒適的高級住房。

The Belsfield Hotel

🔗 thebelsfieldhotel.com
✉ Kendal Rd, Bowness-on-Windermere
☎ 015394-424 48

英國著名的服裝雜貨品牌Laura Ashley，在湖區的波尼斯打造了一間設計旅館，整體風格承襲該品牌的設計，主調散發著優雅的英國浪漫。旅館位置相當好，是湖區的話題旅館。

伯明罕

BIRMINGHAM

伯明罕為英國中部的工業大城，同時也是英國城市居住人口第二多的現代大都會。一般遊客對伯明罕的印象為繁忙的火車站及現代化的商業大城，不過伯明罕市政府近幾年一直在進行都會改造，舉辦各種文化藝術活動，如伯明罕市交響樂團及皇家芭蕾舞團。也將商展中心打造為世界級的商展據點，加上交織在城內的小運河，讓整個城市有著煥然一新的感覺。

【伯明罕旅遊資訊】

伯明罕城內的3座火車站及國際機場，使得伯明罕成為中部的交通樞紐。城內除了最主要的觀光景點——伯明罕博物館暨美術館外，還有大型購物中心、100多家珠寶老店的珠寶區、充滿悠閒氣息的運河區(Brindleyplace)、及最具中國風味的中國城，可說是英格蘭中部的購物大城。

伯明罕市中心的火車站包括主站New St.火車站、相隔著Bullring & Grand Central購物中心的Moor St.火車站、以及位於市中心西北方的Snow Hill火車站。往北出口走出New St.火車站即為主要街道，往西步行到街底為市中心維多利亞廣場(Victoria Square)，再往西走上熱鬧的Broad St.可看到百年廣場(Centenary Square)上的交響樂廳，後面則為運河區，有聖像美術館(Ikon Gallery)和國家海洋生物中心(National SEA LIFE Centre Birmingham)。幾乎所有重要景點都在這3座火車站之間。

【對外交通】

火車

　　搭火車到伯明罕是最便利的方式。Birmingham New St火車站銜接國內各大城市，由倫敦Euston火車站搭快速火車(行經Coventry)，車程約1.5小時；由此站出發，到利物浦的車程約1.5小時，到曼徹斯特快約1.5小時，到牛津直達車最快約1小時。

　　Moor St火車站可往返倫敦Marylebone火車站；Snow Hill火車站的班次以附近地區為主，與市內的地鐵線結合，也可往返亞芳河上的史特拉福(車程約50分鐘)以及華威。

巴士

　　伯明罕巴士總站(Birmingham Coach Station)：搭乘National Express從倫敦出發來此約3小時，到曼徹斯特約2小時30分鐘，到卡地夫則約2小時30分鐘。

【對內交通】

一日票

　　步行再適當搭配捷運或公車，即可輕鬆遊覽伯明罕市區景點。市區公共交通網完善，可購買一日無限搭乘公車＋捷運＋火車票、公車＋捷運票、或公車票。也可租單車遊市區。

Birmingham New Street 火車站
🌐 www.centro.org.uk

公用腳踏車租賃
🌐 www.wmcyclehire.co.uk

【旅遊資訊】

伯明罕旅遊服務中心

　　提供住宿預訂服務、無線網路，以及免費旅遊諮詢服務。
🌐 visitbirmingham.com
✉ Centenary Square, Broad Street(圖書館內)
🕐 週一、二11:00～19:00，週三～六～17:00

伯明罕市區地圖

地圖繪製／林惠群、蔣文欣
地圖修訂／許志忠

珠寶博物館　Selina青年旅館　Lively St.　Great Charles St. Queensway　Snow Hill火車站　Purnell's米其林餐廳　Colmore Row　伯明罕博物館暨美術館　伯明罕國際會議中心 ICC Birmingham　國家海洋生物中心 National SEA LIFE Centre　The Burlington Hotel　維多利亞廣場　New St.　Pavillions購物中心　Moor St.火車站　Brindleyplace運河區　聖像美術館 Ikon Gallery　Suffolk St. Queensway　New St.火車站　購物中心　Park St.　Indoor Market市場　Broad St.　Upper Dean St.　中國城　Bradford St.　Pershore St.　Bath Row　Holloway Head　巴伯藝術中心　Bristol St.

伯明罕博物館暨美術館
Birmingham Museum & Art Gallery

🌐 www.birminghammuseums.org.uk/birmingham-museum-and-art-gallery
✉ Chamberlain Sq.
📞 01231-488 000
➡ 由New St.往西直走過Victoria Sq.，步行約10分鐘
🕐 10:00～17:00
💲 免費
🗺 P.267

　　壯麗的義大利式建築裡，收藏許多拉斐爾前派、英國藝術家的世界級博物館。館藏還包括許多義大利、法國、荷蘭等重要藝術

家的作品，像是Milais的The Blind Girl及Ford Madox Brown的Last of England，皆為館藏中相當著名的作品。豐富的收藏品中還包括玻璃及瓷器品，博物館部分則展出自然史、考古、當地歷史。Gas Hall有一些短期展出(有些須購票入場)。

　　此外，附近的聖像美術館也是相當值得參觀的現代美術館(1 Oozells Sq./週二～日11:00～17:00/免費)。

珠寶博物館
Museum of Jewellery Quarter

- ✉ 70-80 Vyse St., Hockley
- ☎ 0121-348 8140
- ➡ 搭乘Snow Hill地鐵到Jewellery Quarter下車
- ℹ 暫不開放，出發前請查詢官網
- MAP P.267

伯明罕的珠寶區為250年歷史的珠寶製造區，有許多鑽石、寶石設計店及最近興起的鐘錶店。珠寶博物館原為Smith & Pepper珠寶工作坊，向遊客解說16世紀的古老煉金術（以導覽方式參觀，建議先預約）。這區建築保留相當完整，參觀後可花點時間探索這裡的老建築。

巴伯藝術中心
Barber Institute of Fine Arts

- http barber.org.uk
- ✉ Edgbaston Park Rd., University of Birmingham
- ☎ 0121-4147 333
- ➡ 搭61或63號公車或火車到University Station，步行約10分鐘
- ◷ 週一～五10:00～17:00，週六～日11:00～17:00
- MAP P.267

伯明罕大學中的巴伯藝術中心，為西元1932年巴伯女士所創立，收藏許多13～16世紀的重要作品，其中包括莫內、高地、雷諾瓦、魯本斯等知名藝術家的畫作。

旅行小抄

伯明罕音樂、戲劇表演

位於國際會議中心(International Convention Centre-ICC)中的Symphony Hall為世界頂級的音樂廳，1991年開幕，整年都有精采的音樂表演，這裡同時也是伯明罕交響樂團的據點。

1990年特從倫敦邀請Sadlers Wells Royal Ballet皇家芭蕾舞團回伯明罕，他們自此以Hippodrome Theatre為家，每年展開為期10週的表演，其他時間則為倫敦音樂劇及現代劇演出。而Birmingham Repertory Theatre(The Rep)、The Alexandra Theatre也有許多高水準的演出。

Symphony Hall
- http bmusic.co.uk
- ✉ Centenary Square
- ☎ 0121-780 3333
- 💲 學生可享半價優惠票

Hippodrome Theatre
- http www.birminghamhippodrome.com
- ✉ Hurst St.

Birmingham Repertory Theatre
- http www.birmingham-rep.co.uk
- ✉ Centenary Square

The Alexander Theatre
- http 購票中心www.atgtickets.com
- ✉ Suffolk Street Queensway

【特色餐飲】

伯明罕的餐廳酒吧相當多，其中以Balti最為特別，由喀什米爾及巴基斯坦地區的移民以特殊的炒鍋料理美食打出名號，市中心東南方的Balti Triangle，自1970年開始聚集50家以上的Balti餐廳。此外，伯明罕市內的中國城（Chinese Quarter）有各種中國、日本、馬來西亞等東方料理，以及大型中國超市、甚至理髮店、旅行社等，為附近留學生最喜愛的採購地點（由New St.火車站旁的Hill St.往南直走，位在Hurst St.的Arcadian Centre周圍）。伯明罕市中心的Indoor Market傳統市場位於Edgbaston St.，有許多便宜的新鮮蔬果（週一～六09:00～17:30）。

現也有許多獲米其林肯定的餐廳，如市中心的Purnell's（www.purnellsrestaurant.com／55 Cornwall St.），運河區也有多家平價餐廳，是假日家庭悠閒聚餐的熱門地點。

Convention運河區有許多悠閒的用餐處

【住宿情報】

The Burlington Hotel

🌐 www.macdonaldhotels.co.uk/burlington
✉ 126 New St.
📞 0344-879 9019
➡ 由New St.火車站左轉到New St.街，步行約2分鐘
💲 £90起
🗺 P.267

New St.火車站外、主要購物街上的四星級旅館，洽商或觀光都很適合。若想入住較具現代設計的旅館，可考慮不遠處的Staying Cool公寓式旅館（www.stayingcool.com）。

Selina 青年旅館

🌐 www.selina.com/search/uk/birmingham
✉ 92-95 Livery St.
📞 0121-289 4561
➡ 搭火車到Snow hill火車站，步行約2分鐘，由New Street火車站步行15分鐘
💲 1床£19起，雙人房£40起
🗺 P.267

歡樂的青年旅館，房內浴室非常寬敞且設有共用廚房及視聽室，提供免費網路，交通也很便利。音樂廳後面的Convention區，也有多家連鎖旅館，如Novotel及Jurry Inn。

山峰區國家公園
Peak District National Park

山峰區附近的切斯特菲爾德小鎮，以螺旋尖頂教堂聞名

山峰區為北方幾個工業大城環繞的桃花源，原為不對外開放的皇家獵地，一直到1951年山峰區才成為英國第一座國家公園，每年吸引2千多萬人次來訪。

山峰區國家公園依地形分為北部的黑峰區（Dark Peak），為石南遍野的荒原；南部的白峰區（White Peaks）則為高低起伏的石灰岩山。黑峰區的主要城鎮為愛戴爾（Edale），而南部的白峰區以市集重鎮貝克威爾（Bakewell）為主，附近還有富麗堂皇的查茨沃斯莊園宅邸（Chatsworth House）及哈登廳（Haddon Hall）。

另外，迷人的小鎮凱斯雷頓（Castleton）附近有著變化多端的自然景觀，而多芙戴爾（Dove Dale）為山峰區最受歡迎的河谷區，公園外緣的溫泉鎮巴克斯頓（Buxton）則為山峰區相當理想的住宿據點。

夏季假日交通擁擠，最好提早出發，可搭乘火車到山峰區外圍的火車站，再轉搭當地巴士。幸運的話，司機還可直接載你到目的地門口！

如果你在英國旅遊的時間較長（時間較短者，可直接前往湖區），可以安排2天1夜停留在山峰區，第一天可選擇短程的健行路線，晚上投宿山峰區民宿，第二天則可拜訪山中村莊，細細品味村莊的傳統文化。

山峰區山丘美景

貝克威爾老店之一

【對外交通】

如從倫敦出發，有直達車到山峰區外圍的大城市，如車程90分鐘的德比(Derby)、2小時的謝菲爾德(Sheffield)或是曼城(Manchester)。接著轉支線火車進入山峰區，如愛戴爾站；或在山峰區門戶火車站下車，再轉搭當地巴士進入峰區深度旅遊：馬特洛克(Matlock)、格洛索普(Glossop)或是巴克斯頓等。

巴士

比較常用的巴士路線有以下幾條：
- 58號：巴克斯頓、烘焙小鎮貝克威爾、查茨沃斯
- 61號：行經德比、馬特洛克以及貝克威爾
- 17、110、111、112號：連接謝菲爾德、切斯特菲爾德(Chesterfield)、馬特洛克
- 170號：貝克威爾、查茨沃斯、巴斯洛(Baslow)、切斯特菲爾德
- 217號：馬特洛克、查茨沃斯
- 218號：謝菲爾德、查茨沃斯、貝克威爾

http www.visitpeakdistrict.com/visitor-information/tourist-information-centre-s

【旅遊資訊】

旅遊服務中心

山峰區內許多重要城鎮均設有旅遊服務中心，可代訂住宿，也可參見網站或電洽各遊客中心。

http www.peakdistrict.gov.uk
http www.visitpeakdistrict.com

健行資訊

英國最早的長途健行路線起於黑峰區愛戴爾的Pennine Way，長達429公里(全程約16～19天)，健行者習慣到村莊內的The Old Nags Head酒吧喝一杯啤酒再出發。白峰區內悠閒的羊群及石灰岩清水牆構成相當美麗的英格蘭風光。這附近有名的堤辛頓步道(Tissington Trail)，全長22公里，由Ashbourne為起點，終於Parsley Hay，沿著堤辛頓村的廢鐵道步行，可欣賞白峰區最美麗的風光，另外還可看到堤辛頓村內著名的市井文化。

除了地面世界外，山峰區的地底世界也很精采，若有機會可參加當地Caving鑽地洞行程，或到Poole's Cavern，一窺英國石灰岩洞奇景。

Poole's Cavern
http poolescavern.co.uk

【住宿情報】

　　山峰區國家公園內有許多迷人又幽靜的家庭旅館，可讓人充分享受英國的鄉野風情。市集重鎮貝克威爾、馬特洛克、愛戴爾鎮、巴斯洛，都是很理想的據點，詳細資訊可洽當地旅遊服務中心或www.visitpeakdistrict.com。

　　此外山峰區內也有將近20家青年旅館，價位約為1床£15起，不過假日學生團體很多，最好事先預約。

YHA Hartington Hall

🔗 www.yha.org.uk
✉ Hall Bank, Hartington, Buxton
📞 0345-371 9740
➡ 可由Buxton搭441或442號公車前往
💲 含早餐£15起

　　山峰區相當受好評的青年旅館，建築本身及週區景緻相當迷人，內部設施也相當完善。對戶外活動有興趣者，則可考慮YHA Edale，可以參加青年旅館所舉辦的各種活動。但這家旅館距離愛戴爾火車站約30分鐘路程，對於使用大眾運輸且攜帶大行李者較為不便。

The Devonshire Arms

🔗 devonshirebaslow.com
✉ Nether End, Baslow
📞 01246-582 551
➡ 可由切斯特菲爾德搭170或214號公車到巴斯洛，約35分鐘車程，客棧就位於巴士站附近

　　位於查茨沃斯莊園附近的寧靜小村莊，這家酒吧客棧有12間客房，可由此步行到查茨沃斯莊園及附近的步道，緩緩享受山峰區之美。

旅行小抄

多芙戴爾 Dovedale

　　多芙戴爾可說是山峰區內最美麗的河谷區，隱藏在林地中的清澈溪流不時可見百年的踏腳石，而其粗曠的風蝕大岩塊，更與蒼翠林木構成最優美的自然景觀。因此，假日健行的遊客不斷，建議你可以從阿爾斯通菲爾(Alstonefield)出發，避開擁擠的人潮，從這裡的小徑經過教堂後，可以走到多芙戴爾北方的米爾戴爾(Milldale)。

查茨沃斯莊園
Chatsworth House

- http www.chatsworth.org
- 01246-565 430
- 可由貝克威爾或切斯特菲爾德搭170號公車到宅邸前下車，或從謝菲爾德搭218公車，約30分鐘車程
- 依季節而異，大約10:30～傍晚
- £29.5

還記得《傲慢與偏見》電影場景中，帥氣的達西先生宅邸嗎？其取景地點就是這座英國最富麗堂皇的巴洛克風建築。

1694年威廉·卡文迪許四世（Cavendish）受封爲德文郡公爵一世（Duke of Devonshire），目前的主人爲德文郡公爵第十二世。除了歷代主人的豐富收藏外，現在的主人更熱衷於現代藝術收藏，因此常可在古老的收藏中，猛地看到幾件有趣的現代藝術創作，展現新一代主人的前衛個性。

宅邸坐落在山峰區優美的谷地間，可從附近的巴斯洛小村，踏尋達西先生的腳步，走上2公里的步道，緩緩邁向這壯觀的宅邸。

由於德文郡公爵一世建造此宅邸時，就有著清楚的概念，他想建造一座足以招待皇室成員的奢華宅邸。也因此，相信所有曾走進17世紀畫廳（The Painted Hall）的賓客，都會爲之驚豔：黃金打造的迴旋階梯、細細裝飾的天花板、壁畫、雕像、豪氣的馬車，在在顯示貴族華麗的生活點滴。

踏上軟厚的地毯，遊客可以慢慢欣賞各種現代創作、貴族生活文物、古老書房、招待皇室的豪華寓所、餐廳，以及令人咋舌的大尺寸珠寶盒等。最後的雕刻室更是不可錯過，這裡有許多件義大利著名雕刻家卡諾瓦的珍貴作品。

目前十二世公爵家族仍居住在此，雖然私人居所並不對外開放，但是我們還是可以從餐廳前的書房，一窺現代貴族的高雅品味。

宅邸外面的庭園出自於好幾位名人之手，包括流水層疊的噴泉、迷宮花園、瀑布造景等，好幾個美麗的角落都是電影的取景地，也值得參觀。夏季還可在此欣賞音樂會、享用下午茶，全年有各種精采的活動輪番上場，如復活節、萬聖節、聖誕節等都會熱鬧推出各種活動，夏季還有小市集，遊客也可住在查茨沃斯所管理的度假小屋及旅館。

①

1.查茨沃斯莊園堪稱英國最富麗堂皇的私人宅邸之一 / 2.目前伯爵家族依然住在這座宅邸，圖書室是唯一可看到伯爵家族生活的一角 / 3,6,10.宅內華麗的程度，就是要讓來訪賓客看得瞠目結舌 / 4,5.美麗的庭園也別錯過了 / 7.家族的私人禮拜堂 / 8.雕刻室可看到許多義大利雕刻家卡諾瓦的作品 / 9.推薦參加館內的專業導覽

威爾斯
WALES

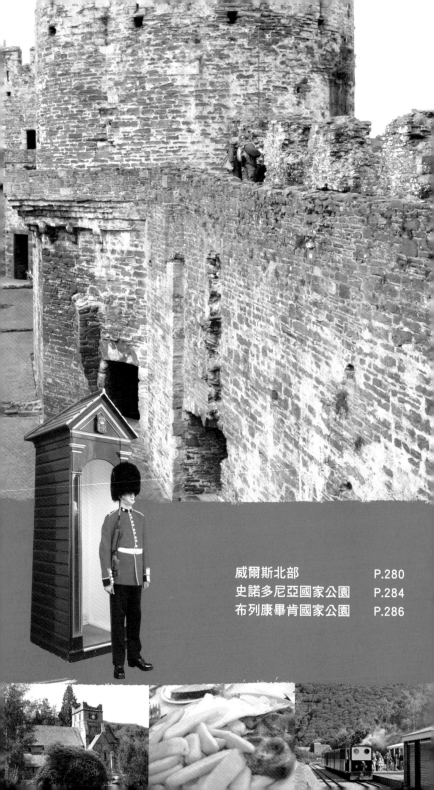

【關於威爾斯】

景觀壯麗
歌曲之鄉
橄欖球王國

「Welcome to Wales—Croeso i Gymru(歡迎來到威爾斯)」，這是進入威爾斯時可看到的標語。威爾斯人仍使用威爾斯語，因此標示以及官方文件上一般會有威爾斯語及英文兩種語言。

「The Welsh」的原意為外來人的意思，因為對英格蘭的盎格蘭薩克遜人來講，威爾斯人屬於異族。

自古威爾斯就小國紛爭不斷，直到1282年愛德華一世才正式統一威爾斯，而為了拉攏威爾斯人，他將出生在威爾斯的愛德華二世封為威爾斯親王，後來英國王室也一直保留將王儲封為「威爾斯王子」的傳統。這裡有全歐洲最多的城堡與教堂，有關亞瑟王(King Arthur)與他的皇后古莉薇(Queen Guinevere)的浪漫故事，以及魔法師梅林(Merlin)的神祕傳說。

自然景觀壯麗

威爾斯人口約有290萬人，土地

迷人的史諾多尼亞區

面積約為20,769平方公里，首府是卡地夫(Cardiff)，第二大城市為斯萬西(Swansea)。東以坎布里安山脈與英格蘭接壤，其他三面環海。威爾斯仍完整保留原始的自然景觀、淳樸的民情及文化。它的美，不是瑞士那種純淨美，而是時有突石、時有溫馨小屋、可愛小花朵，一種會溫暖人心的迷人地景。

被譽為英國「大戶外場(Great Outdoors)」的威爾斯，深受遊客喜愛。從北部最高山史諾頓山(Mt. Snowdon，高1,085公尺))，中部的布列康畢肯國家公園(Brecon Beacons National Park)沁麗的湖群，南部極具特色的朋布洛克郡海岸國家公園(Pembrokeshire Coast National Park)，都是攀岩、健行、爬山等戶外活動愛好者的天堂。

假日吸引許多登山者湧入山區

班哥
Bangor

蘭度諾
Llandudano

喀那芬
Caernarfon

康威
Conwy

蘭貝里斯
Llanberis

史諾多尼亞
國家公園

雷克堡
Llandudano

大西洋

亞伯利斯威斯
Aberystwyth

威爾斯

英格蘭

聖戴維斯
St Davids

布列康畢肯
國家公園

斯萬西
Swansea

廷比
Tenby

卡地夫
Cardiff

文化資產豐富迷人

「歌曲之鄉」(Land of Song)是北威爾斯素有的稱號，可以想見這塊土地蘊藏著多少優秀的音樂人才與傳統。美麗的詩歌與民俗音樂是威爾斯最大的音樂寶藏，因此，每年都會舉辦著名的夏季音樂會──The International Eisteddfod。

文化方面，威爾斯是全歐洲最多城堡、教堂的區域，康威城堡(Conwy Castle)、卡地夫城堡(Cardiff Castle)、喀那芬堡(Caernarfon Castle)、以及矗立在水中的碧歐馬利斯城堡(Beau-maris Castle)等，都是富涵著浪漫逸事的中古世紀城堡。

「橄欖球王國」更是威爾斯的另一個別號。這算是威爾斯的國民運動，西元1880年橄欖球聯盟的成立，更確定了橄欖王國的地位。比賽時，威爾斯的吉祥物──紅色威爾斯龍，到處飛揚、無處不見他的蹤影，球迷激動時，更是群起唱著威爾斯國歌《父輩之地》(Mae Hen Wlad Fy Nhadau)，將威爾斯人對這塊土地的熱愛表現無疑。

威爾斯有一種溫暖人心的迷人氛圍

山區小鎮繽紛的街景

威爾斯北部
North Wales

除了威爾斯南部美麗的海岸線外，北威爾斯應該是最值得探訪之處。這裡有優美的度假城市蘭度諾，是拜訪北威爾斯的最佳落腳地。可以此為據點，安排一天參訪附近的康威及喀那芬城堡，另一天則輕鬆搭上火車，探訪壯麗得讓人讚歎不已的史諾多尼亞國家公園。

這區的主要城鎮為迷人的貝圖瑟科伊德(Betws-y-Coed)，適合短程健行，或搭公車到蘭貝里斯搭蒸汽火車。由蘭度諾可搭火車往返。此外，距離班戈(Bangor)城外6.5公里的朋林堡(Penrhyn Castle)也很值得參觀，是19世紀以黏板岩致富的朋林家族所建造的城堡，最著名的為臉雕樓梯間，花費10年完成，城堡內有許多以黏板岩創作的藝術品，將黏板岩發揮得淋漓盡致。

【對外交通】

火車

威爾斯北部的主要火車站為Llandudno Juction，連接英國許多大城市。自此轉搭Conway Valley Line，沿途行經國家公園內的貝圖瑟科伊德，最後抵達威爾斯中部的布萊奈費斯汀尼奧(Blaenau-Ffestiniog)，全程約1小時，這裡有費斯汀尼奧宅軌鐵路(Ffestiniog Railway)銜接威爾斯中部西岸。西北角的藍貝里斯則可搭乘史諾頓山火車登頂(Snowdon Mountain Railway)，非常熱門，最好事先預約。

Snowdon Mountain Railway
🌐 www.snowdonrailway.co.uk
📞 01286-870 223
💲 來回票£35，單程票£25

巴士

北威爾斯的主要巴士為Arriva Bus Wales，連接當地重要小鎮。
🌐 www.arrivabus.co.uk/wales

【旅遊資訊】

旅遊服務中心

蘭度諾
🌐 www.visitllandudno.org.uk
✉ Library Building Mostyn St.
📞 01492-577 577

康威
🌐 www.conwy.com
✉ Muriau Buidlings, Rosehill St.
📞 01492-577 566

史諾多尼亞國家公園
🌐 www.eryri-npa.gov.uk
📞 01690-710 426

熱門景點

蘭度諾
Llandudno

➡️ 由倫敦搭火車到蘭度諾約3小時20分鐘。蘭度諾共有2個火車站，市區火車站為Llandudno，另一個大站為Llandudno Junction，快速火車多停靠此站，可由此轉搭當地火車或巴士，約10分鐘車程即可抵達市區

蘭度諾是一個優雅的維多利亞風濱海度假城市，雖然城內並沒有什麼景點，但有許多高雅的民宿，是相當好的據點，可由此搭車到康威、史諾多尼亞公園。濱海區規畫得很好，適合在此散步，碼頭區則有些遊樂設施，另也可搭纜車上山丘眺望城海景色。

喀那芬
Caernarfon

🌐 cadw.gov.wales/visit/places-to-visit/caernarfon-castle
📞 03000-252 239
🕐 3~6、9~10月09:30~17:00，7~8月09:30~18:00，11~2月10:00~16:00
💲 £11.1

喀那芬堡建於1283年，目前已列為世界遺址，是愛德華一世所建造的城堡中最壯麗的一座，原為皇家住宅及政治中心所用，也是英格蘭統治威爾斯的象徵。

愛德華一世在此冊封自己的兒子為威爾斯親王，從此英國一直保有這個將皇室家族長子封為威爾斯王子的習俗，1969年查爾斯王子即在此受封。

喀那芬堡傲視整個港口區，多角形的塔樓建築相當壯麗，城堡內部還有皇家威爾斯槍兵博物館（Royal Welch Fusiliers Museum），以及威爾斯歷代皇室歷史展。

康威
Conwy

➡ 由倫敦搭火車至此約3.5小時，由蘭度諾搭巴士約15分鐘

康威城堡 Conwy Castle
🌐 cadw.gov.wales/visit/places-to-visit/conwy-castle
✉ Conwy Road
📞 01492-592 358
🕐 3～6、9～10月09:30～17:00
7～8月09:30～18:00
11～2月10:00～16:00
💲 £11.1

安伯康威之家Aberconwy House
🌐 www.nationaltrust.org.uk/aberconwy-house
✉ Castle St.
📞 01492-592 246
ℹ 目前暫不開放，出發前請查詢官網

波納特花園Bodnant garden
🌐 www.nationaltrust.org.uk/bodnant-garden
✉ Tal-y-Cafn, Colwyn Bay
📞 01492-650 460
🕐 10:00～17:00，11～12月10:00～16:00
➡ 可由Llandudno Junction搭25號或T19公車，約20分鐘車程
💲 £14

13世紀時，愛德華一世決定在威爾斯地區做好完備的防禦，於是便在威爾斯建造了著名的鐵環（Iron Ring），陸續築建8座城堡，其中最著名的為康威堡及喀那芬堡。

康威古城至今仍有1.2公里長的古城牆環繞，城內主要街道為High St.及Chapel St.，由High St.往下走過城牆即可抵達濱海的Lower Gate St.。

康威城堡建於1283～1289年間，位置絕佳，前望康威河口，後背

1.全英國最小的房子 / 2.14世紀的安伯康
威之家 / 3.從安伯康威之家的擺設，可了
解都鐸維多利亞時期的日常生活型態 / 4.
位於康威灣口的康威古城 / 5.康威城堡結
構仍相當完整，可爬上窄小的階梯，鑽進
城堡各間廳堂參觀 / 6.康威碼頭區夏日會
舉辦各種有趣的活動及市集 / 7.城堡大廳
的爐子，以3D訴說城堡的故事 / 8.威爾斯
地區的所有標語都為威爾斯語及英文雙語

史諾多尼亞國家公園，周圍景色絕
美，爲當時的鐵環城堡中，斥資最
高、最獨特的中世紀城堡建築。城
堡分爲內、外兩區，各設立4座筒
型塔樓。城堡內部又分爲內、外庭
院，設有禮拜堂、大廳、馬房等。

　　雖然17世紀英國內戰時城堡受到
損壞，但目前仍可看到完整的城堡
結構，大廳也運用一些3D科技，讓
爐火中的影像來訴說城堡的故事。

　　了解都鐸維多利亞時期的生活，
可到安伯康威之家，這是康威僅存
的14世紀商人之家，由國家信託基
金會託管，目前暫不開放，也可能
會改成商店型態讓民眾持續近距離
接觸。隨後走出前面的城門，到碼
頭區參觀16世紀英國最小的房子。

　　最後還可到High St.與Berry St.街
口的The Galleon Fish & Chips，嘗
嘗這家著名的炸魚店。另外，郊區

的波納特花園，每年5月下旬黃色
金鏈花齊放，形成180英尺長的黃
金隧道，值得一看。

史諾多尼亞國家公園
Snowdonia National Park

史諾頓山
Mt Snowdon

　　史諾多尼亞國家公園是英國境內第二大國家公園，威爾斯語稱「Eryri」，意思是老鷹之地（Place of Eagles），境內的史諾頓山（Mt. Snowdon）高達3,560英呎，為英格蘭及威爾斯最高峰，陡峭的地形吸引無數攀岩愛好者前來挑戰極限。公園內規畫有6條登頂路線，其中最受歡迎的是藍貝里斯步道（Llanberis Path），全長14.5公里，雖然路線最長卻是最輕鬆的，登山口在蘭貝里斯鎮緣。夏日最好提早出發以避開人潮。山區有需多宛如

貝圖瑟科伊德是個相當迷人的山中小村

人間仙境的湖泊，例如6.5公里長的Bala Lake（Tlyn Tegid），園內的小村莊Bala有威爾斯最大的天然湖，高山環繞，景色極美。

　　此外，東緣的貝圖瑟科伊德為康威谷（Vale of Conwy）中美麗的山谷村落，以8座橋梁聞名，其中最迷人的是1815年建於南側的滑鐵盧橋（Waterloo Bridge）。村內有2條健行路線：由旅遊服務中心旁，穿過高爾夫球場，沿河輕鬆漫步一圈約30分鐘；或由教堂後側的健行步道往森林走，享受森林浴。

火車站月台上的茶室餐廳

蘭貝里斯
Llanberis

➡ 由蘭度諾搭火車到貝圖瑟科伊德

　　若要挑戰史諾頓山，蘭貝里斯是拜訪威爾斯最高峰的最佳據點。或可由這裡搭乘高山火車前往史諾頓山，接著只要步行約10分鐘即可抵達山頂。史諾頓高山火車由1896年開始行駛，來回車程約2小時30分鐘，可在山頂停留約有30分鐘欣賞壯麗的峰頂風光，從山頂寄張明信片給親友，在搭車返回。建議也可購買單程票，然後步行下山。

假日一定要事先預約上史諾頓山的蒸汽火車票

環湖的可愛小火車

　　蘭貝里斯還有另一條蘭貝里斯湖岸鐵路（Llanberis Lake Railway），由城內的Gilfach Ddu火車站穿過山區林地，沿優美的湖畔繞行，全程約40分鐘，沿途還可在Cei Llydan稍作停留，到湖濱散步。

旅行小抄

Ffestiniog & Welsh Highland Railways

　　The Ffestiniog Railway擁有約200年的歷史，彷彿時間靜止的風景，加上蒸汽火車，讓遊客完全不能抗拒。而West Highland Railway則是全英國最長的復古火車路線，全長25英里。行經史諾多尼亞的蒸氣火車有多條路線，包括壯麗的海岸線、古老的森林，以及充滿歷史色彩的城堡，從來回2.5小時到7小時的路線都有，可依照自身時間狀況以及行程偏好來選擇。這裡最主要的兩個站是Porthmadog及Caernarfon。

　　如果時間充裕，不妨在Tan-y-Bwlch站下車，這裡的天然步道可以通往Tan-y-Bwlch國家公園內的湖泊及森林區，是相當值得探訪的區域。

http www.festrail.co.uk
☎ 01766-516 000

布列康畢肯國家公園
Brecon Beacons National Park

http www.breconbeacons.org
National Showcaves Centre
http www.showcaves.co.uk
$ £18，包含Dan-yr-Ogof等10個景點

威爾斯的黑山（Black Mountain）即位於此國家公園。公園內還有冰河時期所形成的壯麗峽谷、鐘乳石洞（Dan-yr-Ogof）及瀑布區（Ystrad-fellte），大多從龐德奈德菲漢（Pontneddfechan）開始健行。

還有許多美麗的小鎮，阿伯加文尼（Abergavenny）為探索布列康畢肯國家公園的最佳據點，小鎮內有火車站及住宿地點；布列康為熱鬧的市集小鎮，也有許多住宿選擇。另外瓦伊河畔海伊（Hay-on-Wye）則為著名的書店小鎮，也是重要觀光城鎮。另外你也可選擇火車之旅，布列康小火車（Brecon Mountain Railway），全程65分鐘，由Pant出發，行經Taf Fechan Reservior到

公園內許多迷人的小鎮提供鄉間的住宿選擇

Torpantau，可深入國家公園境內，輕輕鬆鬆將國家公園的美景納入眼中。或可參加從卡地夫出發的一日導覽團，省下交通上的麻煩。

Wales

【住宿情報】

康威古城內的住宿並不多，大部分住宿集中在蘭度諾城內。城內住宿選擇多，且由此前往附近景點及史諾多尼亞國家公園都很便利。

蘭度諾

Llandudno Hostel

🌐 www.llandudnohostel.co.uk
✉ 14 Charlton St.
☎ 01492-877 430
💲 £50起

這家青年旅館是家庭經營，所以有別於其他青年旅館，呈現出一種優雅的溫暖氛圍。設備完善，提供免費Wi-Fi，也可讓房客寄放行李。

青年旅館的布置非常地溫馨

The Epperstone

✉ 15 Abbey Road
☎ 01492-878 746
➡ 由火車站搭5號公車到終站下車，由York Rd.往上坡走約5分鐘即可抵達
💲 雙人房£95起

這區較爲安靜，但距離濱海區僅約7分鐘路程。整條街上有許多家民宿，附近的Beach Cove民宿（www.beachcove.co.uk／8 Church Walks／01492-879638／雙人房£70起），風格較爲清新簡練，也較靠近濱海區。面海區還有一排美麗的度假民宿，如LC Hotels（www.lauristoncourt.com／11 North Parade／

平價又優美的民宿

01492-877 751／£75起）及隔壁的Hen-Dy民宿。

貝圖瑟科伊德

喜歡山林者，貝圖瑟科伊德是相當理想的選擇，小小村莊內有些民宿及旅館。蘭貝里斯的住宿較少，不過村內也有家YHA青年旅館。

火車站前有幾家較具規模的旅館，如The Royal Oak Hotel（www.royaloakhotel.net），位置極佳，房間設置也很優質。若想長住的話，火車站後面的露營區是相當理想的選擇：Riverside Touring & Holiday Home Park（www.morris-leisure.co.uk）有完善的設施，包括設備完善的露營屋。靠近燕子瀑布（Swallow Falls）有間Swallow Falls Hotel（目前進行整修，暫停營業）。

Riverside露營區內設備完善的露營屋

蘇格蘭
SCOTLAND

高地運動
傳統舞蹈
文藝氣息

蘇格蘭人最引以為傲的就是他們獨特的高地文化與剛直的民族性格，雖然1707年起，蘇格蘭便與英格蘭合併，總人口數也僅只有600多萬人，但仍然堅持採用蘇格蘭法律、教育、甚至是自己的貨幣。這300多年來，仍致力保留蘇格蘭傳統文化，如蘇格蘭方格裙、風笛音樂、傳統舞蹈、獨特的高地運動、以及極北地區的昔德蘭拜火節等。此外，藝術氣息濃厚的首府愛丁堡，每年8月更舉辦令全球藝術愛好者為之瘋狂的愛丁堡藝術節，滿城的活力、滿城的歡樂，絕對是此生必體驗的盛大節慶！

蘇格蘭並非單一民族，它包含了蓋爾語系(Gaelic)的高地人(Highlander)及蘇格蘭語系的低地人(Lowlander)。而壯麗的地景與獨特的文化，孕育了許多蘇格蘭名人，像是發明電話的貝爾(Bell)、發明蒸汽引擎的瓦特(Watt)、美國企業王國卡內基(Carnegie)、以及

愛丁堡城市隨處散發著藝文氣息

綠地上躺滿享受日光浴的蘇格蘭子民

經濟大師亞當史密斯(Adam Smith)等。再加上19世紀愛丁堡盛行古典主義，學術風氣極盛，因此有著「北方的雅典」之美譽。

自成一格的美食料理

蘇格蘭的食物也自成一格，多以魚肉類為主，像是安格斯牛(Angus)、鹿肉、松雞及鮭魚與鱒魚都是蘇格蘭的經典食材。傳統佳肴方面，則有以燕麥與羊內臟料理而成的哈吉斯(Haggis)，以及燻魚Kippers等。而著名的牛油酥餅(Shortbread)、丹地糕點(Dundee Cake)等，都是風靡全球的蘇格蘭傳統甜點。當然，以蘇格蘭大麥釀製的威士忌，更是享譽國際的高品質烈酒。

雄偉壯觀的自然景色

蘇格蘭地形大致可分為高地及低地兩區，南部的愛丁堡(Edinburgh)及格拉斯哥(Glasgow)為低地區，多為低矮的丘陵及平地，與英格

蘭接壤。東部海岸則有許多受歡迎的度假島嶼，而羅夢湖區(Loch Lomond)為熱門的健行度假區；北部的伊凡尼斯(Inverness)屬於高地區，最北延伸到北極圈附近的島嶼。群山由愛丁堡向西北慢慢升起，其中散布著許多冰河時期形成的湖泊與峽谷，這裡的高地可說是英國最為雄偉壯麗的自然景觀。

愛丁堡常是旅人出入蘇格蘭的門戶，可以選擇往東北出發或者反方向往西北格拉斯哥方向走。往東北的話，可以行經威廉王子就讀的大學所在地聖安德魯(St. Andrews)，從低地丘陵區，慢慢走向較為高峻的山嶺，沿路行經威士忌著名產地亞伯丁(Aberdeen)、伊凡尼斯、尼斯湖(Loch Ness)、威廉堡(Fort William)、天空島(Isle of Skye)、葛倫科(Glencoe)、西高地鐵路、莫爾島(Mull)、羅夢湖、史特林(Stirling)、最後來到第二大城格拉斯哥。

蘇格蘭的高地區散布著許多冰河形成的湖泊與峽谷

愛丁堡

EDINBURGH

　　蘇格蘭的首府愛丁堡，蘇格蘭蓋爾語為：Dùn Éideann。城內各角落，隨處是風景、隨處是優雅，為歐洲最重要的文化之都，1995年即被列為世界文化遺址，每年吸引1,300萬名遊客前往感受這雅致的氣息。典雅傳統的建築文化、充滿活力的都會生活，創意十足的愛丁堡藝術節，也難怪操著濃厚蘇格蘭口音、穿著格子裙的蘇格蘭子民，對他們自己的文化如此的驕傲！

【愛丁堡旅遊資訊】

愛丁堡城分為新城與古城區，以王子街的「王子街公園」為界。大部分景點都集中在城堡的古城區，以Royal Mile這一英里的街道為軸心，由最頂端的城堡連接到街底的荷里路德宮，其間交叉的小巷稱為Wynds(「死巷」之意)。

愛丁堡市區地圖

地圖繪製／林惠群、蔣文欣
地圖修訂／許志忠

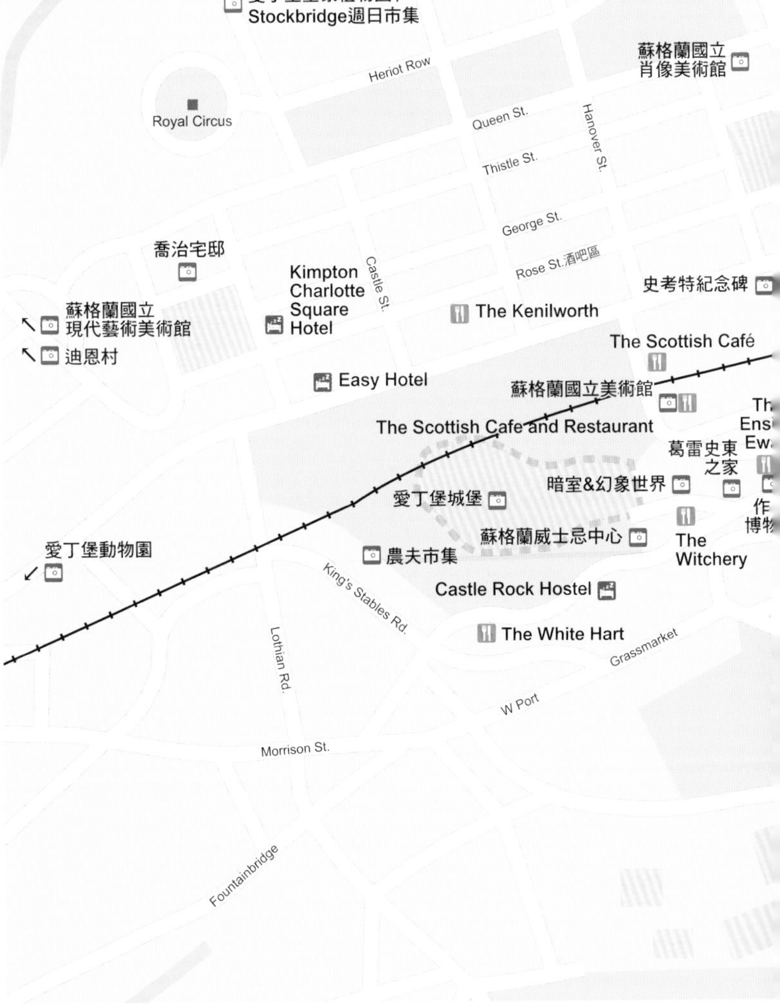

愛丁堡皇家植物園／
Stockbridge週日市集

蘇格蘭國立
肖像美術館

Heriot Row

Royal Circus

Queen St.

Hanover St.

Thistle St.

George St.

喬治宅邸

Kimpton
Charlotte
Square
Hotel

Castle St.

Rose St.酒吧區

史考特紀念碑

蘇格蘭國立
現代藝術美術館

迪恩村

The Kenilworth

The Scottish Café

Easy Hotel

蘇格蘭國立美術館

Th
Ens
Ewa

The Scottish Cafe and Restaurant

葛雷史東
之家

暗室&幻象世界

作
博物

愛丁堡城堡

蘇格蘭威士忌中心

愛丁堡動物園

King's Stables Rd.

農夫市集

The
Witchery

Castle Rock Hostel

Lothian Rd.

The White Hart

Grassmarket

W Port

Morrison St.

Fountainbridge

由於18世紀時，愛丁堡人口越來越多，便開始在王子街公園以北擴建，建造許多新古典主義風格建築，成就了今天優雅的新城區(新城區其實並不新)。這區除了有一些博物館及美術館外，主要購物區也集中在此。古城區的景點均在徒步範圍內，外圍則有植物園及悠閒的利斯(Leith)港口區，可搭乘市區巴士前往。

火車站前的威瓦利購物中心(Waverley Market)

Central YHA

Leith Walk

Regent Rd.

Harvey Nichols

Pince St.

愛丁堡威瓦利站
Edinburgh Waverley

荷里路德宮

Royal Mile Backpackers

動感地球

Market St.

North Br.

St. Mary's St.

Ragamuffin
The World's End

inburgh City artments

童年博物館

High Street Hostel

Holyrood Rd.

亞瑟王的寶座

聖吉爾大教堂

South Br.

Metro YHA

Cowgate

The Elephant House

愛丁堡大學

Drummond St.

蘇格蘭博物館

Pleasance

維多利亞廣場

Queen's Dr.

Nicolson St.

George Square

Chapel St.

Indoor Market市場

中國城

【對外交通】

航空

愛丁堡國際機場(Edinburgh International Airport)位於城西7英里處,搭乘Airlink 100機場巴士(單程£4.5,來回£7.5)到市中心的威瓦利橋(Waverley Bridge),約25分鐘車程。也可由機場搭乘電車到王子街或聖安德魯廣場(St. Andrew Square),約30分鐘(單程£6.5,來回£9)。

Edinburgh International Airport
🌐 www.edinburghairport.com

Airlink巴士
🌐 www.lothianbuses.com/our-services/airport-buses

火車

由倫敦King's Cross車站到愛丁堡約4.5小時,從Euston火車站搭乘夜鋪火車約7.5小時;從愛丁堡到格拉斯哥約1小時,到伊凡尼斯約3.5小時。

巴士

主要巴士站Edinburgh Bus Station位於新城區的聖安德魯廣場附近。搭乘National Express由倫敦到此約9～10小時;搭乘地區巴士Scottish Citylink,可銜接亞伯丁(4小時)、格拉斯哥(1小時)及伊凡尼斯(4.5小時)。

【對內交通】

巴士

Lothian為城內主要公車,一日票£4.5,單程票£1.8。也可手機下載m-ticket程式,直接手機付款。

Lothian
🌐 www.lothianbuses.com

計程車

City Cabs
🌐 www.citycabs.co.uk ☎ 0131-228 1211

電車

City Zone(不含機場)票價同市區巴士,詳細路線請上網查詢。
🌐 edinburghtrams.com

【旅遊資訊】

旅遊服務中心

資料齊備,可在此預訂導覽團及住宿,另設有匯兌處及紀念品部。機場內也有服務處。想要參觀多個景點,建議購買通票,例如Explorer Pass。

旅遊服務中心
🌐 www.visitscotland.com
　當地活動:www.list.co.uk
✉ 249 High Street
☎ 0131-473 4820
🕐 09:30～17:00,週日10:00～16:00或17:00

Explorer Pass
🌐 www.historicenvironment.scot/visit-a-place/explorer-passes

巴士導覽團

愛丁堡有3家可「跳上跳下(Hop On Hop Off)」,隨意上下車的觀光導覽巴士,包括Edinburgh Tours、Majestic Tour,及CitySightseeing Edinburgh。可從任意一站開始旅程,但中心主要的停靠點是王子街附近的聖安德魯廣場。

可購買皇家愛丁堡聯票(Royal Edinburgh Ticket),含參觀愛丁堡城堡、荷里路德宮(Palace of Holyroodhouse)以及不列顛尼亞號(The Royal Yacht Britannia),並可以2天內無限搭乘以上導覽巴士(£63),或者購買Grand 24聯票,可在24小時內無限搭乘任一種觀光巴士(£63)。另有復古觀光公車,可以一邊享用下午茶,一邊欣賞愛丁堡市景。

🌐 www.edinburghtour.com
🌐 復古觀光公車:www.redbusbistro.co.uk/edinburgh-tours

古城區

愛丁堡城堡
Edinburgh Castle

http www.edinburghcastle.scot
✉ The Esplanade Edinburgh
☎ 0131-2259 846
➡ 由火車站步行約15分鐘
⏰ 4～9月09:30～18:00，10～3月09:30
～17:00
💲 £18
MAP P.294

愛丁堡城堡可說是蘇格蘭眾多古堡中最著名的一座。它曾是防衛堡壘，也曾是蘇格蘭皇宮（西元1603年蘇格蘭與英格蘭合併後，國王才從此定居英格蘭），還一度改為國家監獄。從城堡內不同年代建造的建築，就可細數其悠久的歷史。

其中最古老的部分是12世紀所建造的聖瑪格利特禮拜堂（St. Margaret's Chapel），這也是蘇格蘭最古老的建築。而古色古香的大廳（Great Hall），是1510年時亨利四世所建造的，國家大事均在此舉行。城堡的半月砲台（Half Moon Battery）則是16世紀的傑作。1707年國會合併後，蘇格蘭皇室的寶物深鎖在城堡內100多年，內有珍貴的蘇格蘭皇冠，以及1296年被英格蘭搶走的命運之石（Stone of Destiny）。命運之石是400多年來，蘇格蘭王加冕的座椅，直到1996年才又重新歸還給蘇格蘭。

堡內最富麗堂皇的景點非宮殿（Palace）莫屬了，這裡曾是蘇格蘭瑪莉女皇產下詹姆士六世的地方，蘇格蘭皇冠及寶座即收藏在此。地窖的部分則可看到18、19世紀時，法國戰俘被關在此所刻下的塗鴉。

此外，城堡內還有國家戰爭博物館，可看到各種蘇格蘭軍團的制服及精緻配件。堡內還有歐洲最古老的蒙斯梅格大砲（Mons Meg），這大砲可將150公斤重的石頭，投射到2英里處外。

面海的愛丁堡城堡

古雅精緻的大廳

聖吉爾大教堂
St Giles' Cathedral

- http www.stgilescathedral.org.uk
- ✉ High Street
- ☎ 0131-2259 442
- ➡ 由城堡步行約5分鐘
- ⏰ 10:00～18:00，週六09:00～17:00，
  週日13:00～17:00
- 💲 建議捐贈£5
- MAP P.295

　　這座教堂號稱為「蘇格蘭教堂」(Church of Scotland)，已有1千多年歷史(854年即有教堂存在於此)的哥德老教堂，其真正名稱為「High Kirk of Edinburgh」，建於西元1120年，普遍被認為是長老教會的母教堂，教堂的轉變，也呈現出16世紀蘇格蘭天主教的發展史。

　　據傳這是17世紀時宗教改革運動的首發教堂，當年的攤販老闆娘(Jenny Geddes)以板凳擲向傳教士，象徵著改革派的勝利，現在還可在教堂內看到當年事發處(但也有歷史學家認為這是19世紀編造的逸事)。

　　現在所看到的建築為火災之後，西元1385年重建的樣貌，目前仍可欣賞到有如皇冠般的塔樓設計。教堂內最美麗的部分為精緻的彩繪玻璃，而樂音優美的管風琴則是1992年新增的部分。教堂內的西斯奪禮拜堂(Thistle Chapel)為蘇格蘭最重要的Knights of the Order of the Thistle騎士禮拜堂，為Robert Lorimer於1911年所設計的。

　　遊客也可參加由義工帶領的免費導覽(每日10:30、14:30)，也有語音導覽。每週日09:30～11:00有著名的合唱團音樂會，週間中午也常有午餐音樂會。

具象徵意義的板凳

教堂內部精采的彩繪玻璃

旅行小抄

免費徒步導覽

　　Sandemans New Europe每天11:00及14:00，有3場免費的徒步導覽，可先在網站預訂，或直接在出發前15分鐘到High St.的星巴克前集合。2.5小時的行程將帶你穿過愛丁堡的大街小巷，了解各個有趣的故事。

http www.newedinburghtours.com

暗室&幻象世界
Camera Obscura and World of Illusions

- http www.camera-obscura.co.uk
- ✉ Castlehill, Edinburgh
- ☎ 0131-2263 709
- ➡ 由城堡步行約3分鐘
- 🕐 08:00~22:00
- 💲 £19.95
- MAP P.294

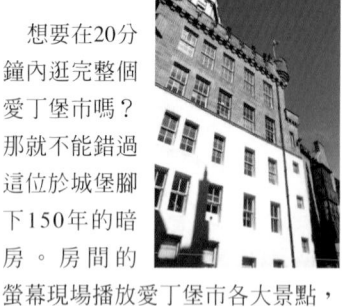

想要在20分鐘內逛完整個愛丁堡市嗎？那就不能錯過這位於城堡腳下150年的暗房。房間的螢幕現場播放愛丁堡市各大景點，以有趣的解說讓你一覽古城，頂樓360度的觀景窗，還提供望眼鏡，任遊客自行捕捉他們最愛的景點。

此外，館內還有一座魔術美術館

內部有許多視覺驚奇，紀念品店中還有各種整人玩具

（Magic Gallery），讓你體驗與自己的身影握手的奇妙感覺。館內還有許多令人驚奇的視覺效果喔！而燈光幻影（Light Fantastic）是歐洲最具規模的全像攝影展（holography），絕對給你全新的視覺體驗。

葛雷史東之家
Gladstone's Land

- http www.nts.org.uk/visit/places/gladstones-land
- ✉ 477b Lawnmarket
- ☎ 0131-2265 856
- ➡ 由城堡步行約5分鐘(Royal Mile巷道內)
- 🕐 10:00~17:00，冬季較早打烊
- 💲 £7.5.
- MAP P.294

葛雷史東之家位在古城最擁擠的黃金地段——皇家哩大道（Royal Mile），是座典型的17世紀民宅，內有6間房間。由於當時主人將房間租給不同的房客，因此各間房間風格均不同，可從當時的居家布置了解17世紀的生活情況，並可從建

築結構了解當時的建築是如何在擁擠的街道，塑造出只能往上或往內延伸的建築特色。

蘇格蘭威士忌中心
Scotch Whisky Experience

http www.scotchwhiskyexperience.co.uk
✉ 354 Castlehill, The Royal Mile
☎ 0131-2200 441
➡ 由城堡步行約3分鐘
🕐 10:00～17:00
💲 £19
MAP P.294

全球最大的威士忌酒藏室，共有3500多種威士忌

如想要深入了解蘇格蘭威士忌的歷史、製作方式，或想要品嘗、購買270種精選的蘇格蘭威士忌，這是你不可錯過的地方。威士忌中心就位在愛丁堡城堡外，遊客可坐上電動軌車，由已逝的威士忌大師魂魄，為你細說300多年來的威士忌歷史及製酒的奧妙。

看完威士忌之旅後，還有專業的威士忌大師，教你如何品嘗威士忌、了解四大產區風味各異的威士忌酒、參觀收藏了3,500多種威士忌的酒藏室。內還設有餐廳、酒吧，讓你品嘗威士忌的豪邁與深沉！

威士忌中心的斜對面為蘇格蘭裙製作工坊，完整展示蘇格蘭圖騰的製作過程。

1.刮擦這張色紙，便可品聞四大產區的不同風味，並選擇自己喜歡的威士忌品嘗 / **2.**參觀完還可在酒吧或餐廳品嘗威士忌 / **3.**這水晶玻璃杯讓大家免費帶回家 / **4.**威士忌大師教你如何品嘗威士忌

動感地球
Dynamic Earth

- http www.dynamicearth.co.uk
- ✉ 112-116 Holyrood Rd., Edinburgh
- ☎ 0131-5507 800
- ➡ 由火車站步行約15分鐘，荷里路德宮對面
- ⊙ 10:00～17:30，冬季只開放週三～日
- ⑤ £17.5
- MAP P.295

　　動感地球在短短的時間內，即竄升為愛丁堡最受歡迎的景點之一。館內有許多有趣的互動展覽，並以3D及4D影片詳盡解說地球的各種自然現象，像是火山爆發、熱帶雨林的奧妙，還可以親身體驗北極寒冷的氣溫！

蘇格蘭國會大廈

旅行小抄

愛丁堡酒吧文學之旅
Edinburgh Literature Pub Tour

　　酒吧在蘇格蘭是日常生活中非常重要的一部分。這是看報、與朋友碰面、看足球、家庭聚會的場所，到蘇格蘭不進酒吧，似乎就無法深入蘇格蘭人的生活。對於不熟悉酒吧文化的遊客來講，參加酒吧之旅是最理想的選擇。酒吧文學之旅，請了專業演員，以最富饒趣味的方式，讓遊客驚豔各家老酒吧之美，還可了解曾

由專業演員所帶領的文學酒吧之旅

發生的文學故事。愛丁堡文學酒吧之旅從古城的Grassmarket出發，穿過古城小巷，鑽進最具代表性的老酒吧，品嘗蘇格蘭啤酒、酒吧食物！

- http www.edinburghliterarypubtour.co.uk
- ✉ Grassmarket的The Beehive Inn酒吧前
- ⊙ 19:30，6、7、9月每天出團，5、8、10月週四～日出團，11～12月每週五出團，3、11、12月每週五、日出團
- ⑤ 原價£20，線上預訂£17

蘇格蘭的酒吧是在此看報、聊天的休閒場所　行程中會參觀風情各異的老酒吧

作家博物館
The Writers Museum and Makars Court

- http www.edinburghmuseums.org.uk/venue/writers-museum
- ✉ Lady Stair's Close, Lawnmarket, Royal Mile
- ☎ 0131-5294 901
- ➡ 由城堡步行約5分鐘
- ◷ 10:00～17:00
- $ 免費
- MAP P.295

隱藏在古城區小巷道內的17世紀老建築，18世紀時轉爲史特亞伯爵夫人的府邸，現爲展示蘇格蘭偉大作家的博物館。館內完整呈現蘇格蘭最知名的作家華特史考特（Walter Scott，1771～1832）、詩人羅伯特伯恩（Robert Burns，1759～1796）、以及金銀島的作者羅伯路易斯史帝文森（Robert Louis Stevenson，1850～1894）的手稿與文物。

童年博物館
Museum Of Childhood

- ✉ 42 High St.
- ☎ 0131-5294 142
- ➡ 由城堡步行約7分鐘
- ◷ 暫不開放，出發前請查詢官網
- $ 免費
- MAP P.295

你可曾參觀過全世界最吵鬧的博物館？它就是古城區內的童年博物館，館內收藏了一些古董玩具、文物，不過博物館並不是很大，倒是商店內有許多讓孩子賴著不想走的玩具商品。

知識充電站

蘇格蘭的著名詩人

華特史考特爲蘇格蘭著名的詩人及小說家，其詩作尤以充滿浪漫的冒險故事見長，此外也創作了30多部歷史小說。其知名著作包括《艾凡赫》、《撒克遜劫後英雄傳》、《十字軍英雄記》、詩作《湖邊夫人》、《特里亞明的婚禮》、《無謂的哈羅爾德》等。

伯恩斯被譽爲蘇格蘭的民族詩人，因爲他生平致力於整編蘇格蘭民謠及古老傳說，作品也主要以蘇格蘭語創作。他的詩作包括最廣爲人知的《驪歌》、《一朵朵紅紅的玫瑰》、《A Man's A Man for A' That》等。

史帝文森爲蘇格蘭的浪漫主義作家代表，也是知名的旅遊文學作家。其知名的作品包括：《金銀島》、《化身博士》等。

荷里路德宮
Palace of Holyroodhouse

http www.rct.uk/visit/palace-of-holyrood house
✉ Royal Mile
☎ 0131-5565 100
➡ 由城堡步行約15分鐘
🕐 4～10月09:30～18:00，11～3月 09:30～16:30
💲 £17.50起
MAP P.295

這座皇室宮殿為查爾斯國王在蘇格蘭官方接見賓客的地方。在此期間，宮殿不對外開放。「Holyrood」為聖十字架的意思，因為1128年蘇格蘭王大衛一世到此森林狩獵，突然受到一隻狂鹿的攻擊，但卻奇蹟般地化險為夷，因此決定在此建造一座修道院感謝神。

16世紀詹姆士四世迎娶英格蘭王

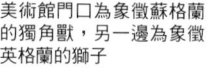

美術館門口為象徵蘇格蘭的獨角獸，另一邊為象徵英格蘭的獅子

妃時，決定在修道院遺址旁修建宮殿。但16、17世紀時曾兩度遭逢祝融之災，目前所看到的為1671年重建的樣貌。

遊客可以參觀當年瑪莉皇后及其夫婿的起居室以及宴會廳內精美的藝術收藏品。而歷代蘇格蘭王安息的皇家禮拜堂及荒廢的荷里路德修道院也是宮殿內的景點之一。

另外宮殿外的女王美術館也相當值得參觀，內部展示許多女王收藏的珍貴藝術品！

女王美術館

美術館附設茶室

蘇格蘭博物館
Museum of Scotland

- ⊕ www.nms.ac.uk/national-museum-
  of-scotland
- ✉ Chambers St.
- ☎ 0300-123 6789
- ➡ 由火車站步行約12分鐘
- ⏰ 週一～日10:00～17:00
- 💲 免費，特展需購買門票
- ℹ 可下載Museum Explorer的App程式
- MAP P.295

　　蘇格蘭國立博物館為蘇格蘭考古博物館及蘇格蘭皇家博物館合併而成的大型博物館，共分為兩館，一為蘇格蘭相關文史收藏，另一邊則為包羅萬象的世界收藏品。因此你會看到泰國神像，也會看到遠古的恐龍、滿天的飛機、古老的英國公共電話等。

旅行小抄

亞瑟王的寶座
Arthur's Seat

　　與愛丁堡城堡的城堡岩遙遙相望的是亞瑟王的寶座，這座死火山山腳就是英國女王的夏宮荷里路德宮。整個區域綠意盎然、景色宜人，為愛丁堡居民最愛的健行慢跑區。

　　這座高250公尺的山丘，雖名為亞瑟王的寶座，但卻與亞瑟王毫不相關。由於這裡是愛丁堡的制高點，戰略位置相當重要，以前的弓箭隊在此防守，因而稱為「Archer's Seat」，久而久之就成了「Arthur's Seat」。

　　推薦大家逛完古城景點，可到此登山健行，體驗蘇格蘭的自然景觀，由山頂鳥瞰絕佳的古城及東海岸景致。

愛丁堡國際藝術節
Edinburgh International Festival

西元1947年延續至今的國際藝術節，每年8月到9月初為期3週，讓世界各國的表演者及藝術愛好者齊聚一堂，號稱為藝術界的奧林匹克，整座城市為藝術瘋狂！

藝術節期間節目琳瑯滿目，從各種街頭表演到古典樂、舞蹈、戲劇、歌劇等。除了愛丁堡國際藝術節外，還有內容更為多樣的藝穗節（Edinburgh Festival Fringe／www.edfringe.com），提供小團體表演的機會。此外，城堡前的軍樂隊表演（Military Tattoo）更是一生必看的表演之一。在此期間還有靜態的藝文活動，像是在公園內舉辦的書展、電影展等，精彩得直讓人高喊藝術萬歲！

所有節目的表演場地遍布全城，許多酒吧及公園內也有免費的表演，有些由老教堂改成的酒吧，還有現場音樂表演，不過表演節目中還是以脫口秀最多。藝穗節製作了完整的節目表及免費節目小冊，可在旅遊中心或藝穗節服務中心、各表演場地索取。

每年3月下旬即會公布完整的表演節目並開放訂票。藝術節期間，在王子街公園內也設有當日優惠購票處。

雖然藝術節期間來訪的遊客量相當多，但愛丁堡舉辦經驗已相當豐富，各處均有友善的服務人員提供詳細資訊，所有的動線也都規畫得相當清楚，遊客只要盡情享受即可(但記得提前訂房)！

1.各表演場地均設有飲食攤 / **2.**隨處可見享受於各種表演的觀眾 / **3.**街上各種有趣的裝扮 / **4.**光是街頭表演就讓人目不暇給

愛丁堡軍樂節
Edinburgh Military Tattoo

🌐 www.edintattoo.co.uk
✉ Edinburgh Castle(辦公室：32 Market St.)
📞 0131-2251 188
🕐 時間不定，通常在8月初～9月初。愛丁堡國際藝術節期間，週一～五21:30、週六18:15及21:30兩場
💲 £35起(非常熱門，建議提早規畫)
ℹ 記得帶圍巾及外套，雖然是夏季，但21:30過後氣溫便開始下降

「Military Tatoo」字面上看來雖為軍人刺青，但這裡的Tatoo源自荷蘭語「Doe den tap toe」，簡稱「Tap toe」(關掉龍頭)，也就是酒吧關掉啤酒桶的龍頭，讓士兵們甘願歸營的意思。

愛丁堡的軍樂隊表演由1950年開始加入國際藝術節的行列。除了當地的軍樂隊外，每年還會邀請不同國家的軍樂隊加入演出行列，各國也準備精采表演，並配合內容在城堡老牆面投射各種充滿驚喜的影像，因此每年都有不同的讚歎。

不過最令人感動的依舊是蘇格蘭軍樂隊精湛的鼓樂風笛(Bagpipe)表演，尤其是最後當所有隊伍齊奏蘇格蘭樂曲〈Scotland the brave〉(蘇格蘭勇士)及〈Amazing Grace〉(奇異恩典)時，盪氣迴腸的樂音，更是讓在場觀眾起立聆聽，心中感動不已！

知識充電站
吉格舞與連索舞

吉格(Jig)與連索(Reel)，是蘇格蘭與愛爾蘭的傳統歌舞，吉格舞是上半身及雙手挺直不動，雙腳快速跳動，而連索舞較為輕快歡樂，適合派對的舞蹈。

軍樂隊表演就在城堡前的大廣場

蘇格蘭／愛丁堡

軍樂節

新城區

史考特紀念碑
Scott Monument

- ✉ East Princes Street Gardens
- ➡ 由火車站步行約5分鐘
- ⏰ 10:00～15:30
- 💲 £8
- MAP P.294

蘇格蘭的文學大師華特史考特1832年辭世，愛丁堡人民為了紀念這位文豪所建造的紀念碑。經過激烈的競稿，最終由George Meikle Kemp的設計獲選，並於1840年開始建造。這座紀念碑高61公尺，塔頂為史考特爵士的雕像，遊客可以登上287階的階梯，從高處眺望古城的市景，高塔中間還有史考特的小展覽室。

蘇格蘭國立美術館
National Gallery of Scotland

- 🌐 www.nationalgalleries.org
- ✉ The Mound
- 📞 0131-6246 200
- ➡ 由城堡步行約7分鐘
- ⏰ 10:00～17:00
- 💲 免費
- MAP P.294

蘇格蘭國立美術館就位於王子街公園。這座新古典風的建築由威廉不列費爾（William Playfair）所設計，館藏從文藝復興的大師之作到後印象派的重要作品，包括波堤伽利及拉斐爾的聖母像、提香、梵谷、高更之作！當然還包括蘇格蘭的重要藝術家，如Ramsay、Raeburn、Wilkie等也都在收藏之列。館內的陳列方式相當雅致，讓遊客充分享受一趟優雅又愉悅的藝術之旅。

較靠近王子街還有一棟蘇格蘭皇家學院（Royal Scottish Academy），這棟建築下方有一條地道與美術館相通，部分短期策展會在此展出。

蘇格蘭國立肖像美術館
Scottish National Portrait Gallery

🌐 www.nationalgalleries.org
✉ 1 Queen St.
📞 0131-6246 200
➡ 由火車站步行約10分鐘
🕐 10:00～17:00
💲 免費
🗺 P.294

大廳及圖書館可謂館內最美麗的部分

蘇格蘭國立肖像美術館以肖像畫的方式，訴說16世紀以來各位重要人士的故事，像是皇家成員、哲學家、詩人及民族英雄等，而這些畫作中有許多是馬諦斯、畢卡索及達利等大師的作品，庭園內還有許多重要的雕刻作品。館內的咖啡館平價又美味，很推薦到此享用中餐或下午茶。

館內的咖啡館餐廳真是平價又美味，是享用中餐及午茶的好地點

蘇格蘭國立現代藝術美術館
Scottish National Gallery of Modern Art

🌐 www.nationalgalleries.org
✉ 75 Belford Rd.
📞 0131-6246 200
➡ 由火車站步行約30分鐘
🕐 10:00～17:00
💲 免費
🗺 P.294

蘇格蘭的現代和當代藝術完整地呈現在這座1960年所開放的美術館中，收藏著20世紀初期法國和俄國藝術家、戰後藝術家，以及現代蘇格蘭藝術家的作品，有常設展和特展，特展門票另售。戶外的大片綠地有豐富的雕塑作品及造景建築設計，還有亨利‧摩爾（Henry Moore）以及芭芭拉‧赫普沃斯（Barbara Hepworth）的雕刻代表作。

喬治宅邸
The Georgian House

🔗 www.nts.org.uk/Property/Georgian-House
✉ 7 Charlotte Square
☎ 0131-225 2160
➡ 由火車站步行約15分鐘
🕐 10:00～17:00
💲 £10
🗺 P.294

　　喬治宅邸位於新城區Charlotte廣場北側，這是建築大師亞當（Robert Adam）的都會建築設計。由於西元1796年開始興起一股新風潮，城內新貴紛紛搬往新城區，以尋找較好的居住環境，這棟建築就是這股風潮下的典範。

　　宅邸內有著精緻的陶瓷品、銀餐具、畫作及家具，展示出當時的社會文化及室內設計。

愛丁堡皇家植物園
Royal Botanic Garden Edinburgh

🔗 www.rbge.org.uk
✉ 20a Inverleith Row
☎ 0131-248 2909
➡ 可由市區搭乘公車8/23/27
🕐 3～9月10:00～18:00，2、10月10:00～17:00，11～1月10:00～16:00
💲 免費
🗺 P.294

　　位於城外1英里處的皇家植物園，成立於西元1670年，占地達72公頃，提供市民一片美麗的花海綠地。遊客可參加園內的生態之旅，參觀世界上最高的溫室以及享譽國際的美術館Inverleith House。

　　這裡還有各種庭園造景，中國的山水之美、石林庭園或蒼翠的林地庭園，還可由此遠眺市區景色。

旅行小抄

迪恩村及利斯河散步路線

　　迪恩村(DeanVillage)意思為「deep valley」猶如愛丁堡城區的世外桃源，值得找個早晨來此散散步(尤其推薦排在週日)。

　　利斯河(Water of Leith)流經此區，這裡原為愛丁堡的磨坊區，藉由水力推動水磨。由新城區的夏洛特廣場步行到此約10分鐘，沿路還可先行經 Cairngorm Coffee 咖啡館。

　　若只想簡單來段半小時的散步，可由迪恩村步行到肖諾縣(Stockbridge)。週日可到河畔小而巧的肖諾縣市集用餐。時間及體力許可者，可以沿著水道走到現代藝術美術館，在這裡熱門的茶室休息，接著繼續走往皇家植物園。沿路都有清楚的指標。

迪恩村

特色餐飲

　　愛丁堡豐富的文化，當然不可漏掉美食這塊，城內有各國美食餐廳，還有許多蘇格蘭傳統菜及新蘇格蘭菜。外帶餐廳及較平價的中國餐館與印度餐館大部分在South Clerk St.、Leith St.及Lothian Rd.。超市則位在Andrew Sq.上。美術館及教堂內也都設有餐廳及咖啡館。

古城區有許多老酒吧很值得進去享受酒吧文化

歡樂的Grassmarket廣場上的The Beehive Inn

【古城區】

The Scottish Cafe and Restaurant

🌐 www.contini.com/scottish-cafe-and-restaurant?utm_source=Google+TSC&utm_medium=Sidebar
✉ The Mound
☎ 0131-225 1550
🕐 10:00～17:00
🗺 P.294

綠園旁著名的The Scottish茶室餐廳

　　蘇格蘭國家美術館附設的The Scottish餐廳，秉持著慢食理念，採用蘇格蘭當地的各種食材，料理最具蘇格蘭特色的餐點。餐廳外即是愛丁堡市區最美麗的The Mound綠園區，在此享用餐點，真是宜雅。

　　此外，同為蘇格蘭國立博物館的

肖像美術館附設餐廳也毫不遜色，是個適合平價享用營養午餐的好地點，而現代美術館的Café Modern One及Café Modern Two則為寧靜的庭園茶室，同樣是悠閒享用午餐的好選擇。

旅行小抄

經典下午茶 Prestonfield House

　　拜訪愛丁堡，可以來體驗一下豪宅下午茶，詳細資訊請參見P.23下午茶篇。

311

Elephant House Cafe

http www.elephanthouse.biz
✉ 21 George IV Bridge
☎ 0131-220 5355
➡ 由城堡往下走到George IV Bridge右轉，步行約5分鐘
ℹ 暫時停業
MAP P.295

這是古城區最火紅的咖啡館，JK羅琳（JK Rowling）當年每天到此咖啡館報到，在此孕育出風靡全球的哈利波特。因此，這家咖啡館已是城內最知名的景點之一，每天有大量的波特迷到此朝聖。遺憾的是，因為2021年的一場火災，咖啡店受到嚴重損毀，目前暫時停業。

The Ensign Ewart

http www.ensignewartpub.co.uk
✉ 521-523 Lawnmarket
☎ 0131-225 7440
➡ 由城堡往下走約3分鐘即可抵達
🕐 12:00～24:00，週五、六～01:00
MAP P.294

位於1603年的老建築中，是最靠近城堡的老酒吧。低矮的天花板懸著古老梁木，充滿蘇格蘭老酒吧的溫暖氛圍，酒吧內總是站滿顧客，是蘇格蘭酒吧初體驗的絕佳地點。除了啤酒外，這裡也是品嘗蘇格蘭威士忌的好地方。Grassmarket廣場上的The Beehive Inn，是古城中體驗老酒吧的另一個選擇。

The Witchery

http www.thewitchery.com
✉ Boswells Court, 352 Castlehill
☎ 0131-2255 613
➡ 位於城堡大門前的威士忌中心隔壁
🕐 12:00～22:30
MAP P.294

城堡旁的高級餐廳，內部布置及服務都很高雅，也可品嘗精緻的蘇格蘭料理，當然價位也較高。可考慮中餐的2道菜套餐。另外也有豪華住宿。

1.看似簡單的熱湯，但也算風味十足 / **2.**義式燉飯 / **3.**蘇格蘭著名的礦泉水

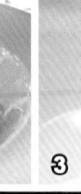

The World's End

✉ 2-8 High St.
☎ 0131-5563 628
➡ 由城堡步行約7分鐘
MAP P.295

這家充滿蘇格蘭溫馨風味的餐廳酒吧，提供經典的蘇格蘭酒吧食物，推薦嘗嘗他們的蘇格蘭道地餐點，也就是以羊內臟搭配瑞典甜蘿蔔及馬鈴薯的哈吉斯（Haggis）。另一家以哈吉斯聞名的為500年老餐廳The White Hart Inn，內部古色古香，相當值得過來用餐。

【新城區】

The Kenilworth

http www.nicholsonspubs.co.uk/thekenilworthrosestreetedinburgh
✉ 152-154 Rose St
☎ 0131-226 1773
➡ 由王子街往後面與之平行的Rose St.走
🕐 12:00～22:00
MAP P.294

王子街後面的Rose St.，是新城區熱鬧的酒吧街，而這就是其中一家讓人一踏進門，馬上讓人驚艷不已的華麗酒吧。內部設計於1893年，1904年轉手後，酒吧名稱改以史考特的小說主角命名。

這裡除了傳統酒吧食物及酒飲外，早上還可到此享用蘇格蘭傳統早餐。此外，新城區裡的The Cafe Royal Bar及The Black Cat都是著名的老酒吧。

蘇格蘭傳統早餐

旅行小抄

Stockbridge週日市集

位於Stockbridge橋畔的市集，每週日都會有些當地的小農、手工藝設計師到此開市。規模雖不大、離市區也有點距離，但其獨特的氣息卻總是吸引當地人及遊客到此品嘗排隊美食、逛逛小物。

🕐 週日10:00～16:00

最受歡迎的蔬食西班牙飯

逛街購物

　　愛丁堡的古城區有許多傳統紀念品店，新城區的王子街(Princes Street)為主要購物街道，王子街的北側也有許多高級精品店及Harvey Nicholas百貨公司。若想買戶外用品，王子街上的Mountain　Warehouse運動用品連鎖店，常有特價商品。若想買英國茶具及瓷盤的話，可到Bristo Place街上的John Donald & Co.瓷器店。Grassmarket廣場週區有許多特殊小店，如充滿古味的二手書店Armchair　Books。廣場轉角的West Port街151號，有家Herman Brown古著店，可以便宜價格買到精緻的古著衣飾。

1.很推薦Lochcarron of Scotland這牌的商品 / **2.**蘇格蘭菱格紋零錢包 / **3.**小小的West Nicolson街上林立著繽紛小店，各家均獨具特色，這區有許多優質的小餐廳及咖啡館 / **4.**由Grassmarket往Royal Mile的這條上坡道W Bow，也有許多特別的商店

Scotland / Edinburgh

Harvey Nichols

http harveynichols.com
✉ Saint Andrew Square巴士站購物中心
☎ 0131-524 8388
MAP P.295

　　風格一向前衛的Harvey Nichols，外表的櫥窗設計及打破傳統的櫃位擺飾，讓人覺得是在逛設計博物館。頂樓現還設有美食區及美食超市，可買到各種蘇格蘭的特色食品及英國茶。

Ragamuffin

http www.ragamuffinstore.com
✉ 278 Canongate
☎ 0131-557 6007
➡ 由皇家大道往荷里路德宮方向走
MAP P.295

　　位於World's End餐廳對街的Ragamuffin服裝店，有最繽紛、且設計獨特的毛織品，融合了蘇格蘭的樸實與現代設計。其中以圍巾及外套最受歡迎，另也有些好玩又有創意的小飾品及包包。

住宿情報

　　愛丁堡是英國旅遊大城，8月藝術節期間更得接待大量遊客，市區有許多高級旅館，近年來也開始湧現中價位經濟型旅館，新城區則有些優質的民宿，並有十多家青年旅館。家庭旅館大部分集中在Bruntsfield區的Gilmore Pl.、Viewforth Terr.、Huntington Gardens街區，Newington的Daleith Rd.及Minto St.也有許多住宿選擇。

Castle Rock Hostel

http castlerockedinburgh.com
✉ 15 Johnson Terr.
☎ 0131-2259 666
➡ 由火車站步行約12分鐘
$ £12起
MAP P.294

　　愛丁堡古城區的老牌青年旅館，就位於城堡下的老建築中，布置相當典雅。到Royal Mile或者熱鬧的Grassmarket均很便利。

Easy Hotel

http www.easyhotel.com/hotels/edinburgh
✉ 125a Princes St
☎ 0131-226 5303
$ 雙人房£70起
MAP P.294

　　連鎖經濟型旅館，位於王子街上，購物觀光均便利。要提早預訂才能享有特價優惠，網路或提早入房、寄放行李都要另外付費。附近還有一家同類型的旅館Travelodge，地點也相當好。

Kimpton Charlotte Square Hotel

✉ 38 Charlotte Sq.
☎ 0131-240 5500
➡ 由遊客資訊中心步行約10分鐘
$ 單人房£130起
MAP P.294

　　愛丁堡市中心的高級旅館，價格算是其中較便宜的，優雅的喬治王時期建築，餐廳也提供頂級的蘇格蘭晚餐。若想住古城區，也可考慮位於Grassmarket廣場上的The Grass-market Hotel。

Edinburgh City Apartments 古城公寓

http www.edinburgh-city-apartments.co.uk
☎ 07782-508 914
$ 1房公寓每晚£80起
MAP P.295

　　這家古城公寓在皇家大道周區有好幾處據點，離火車站不遠，相當方便。有廚房、客廳、洗衣機。

旅行小抄

愛丁堡平價住宿推薦

Royal Mile Backpackers
　　位在皇家哩上。
http royalmilebackpackers.com

High Street Hostel
　　號稱愛丁堡背包客棧始祖，外表古色古香，內部卻歡樂活潑。
http www.highstreethostel.com

Edinburgh Central Youth Hostel
　　距離市中心步行約20分鐘，有多條公車路線，但相對安靜，1床£22起。
http www.hostellingscotland.org.uk

The Baxter Hostel
　　相對高級的青年旅館，位於市中心，1床£22起。
http www.thebaxterhostel.com

格拉斯哥

GLASGOW

　　格拉斯哥(Glasgow)源自於塞
爾特語的「Glas Cu」，意指「綠
草如茵之地」。17世紀時的港口
貿易，使得格拉斯哥成為蘇格蘭
第一大城。後因經濟衰退，高失
業率逐漸讓格拉斯哥失去榮景。
但格拉斯哥可不願就此一蹶不
振，近年大刀闊斧改造整個城
市，一掃工業城的灰樸，注入多
元化藝文活動，雖然現在的格拉
斯哥仍有點繁亂，但卻無法忽視
這個購物天堂的魅力，更不能錯
過奇才麥金塔(Mackintosh)的設
計作品與其他豐富的藝術展覽！

【格拉斯哥旅遊資訊】

格斯哥城被克萊德河(River Clyde)分為南北兩側,觀光景點大部分在河的北側,以Queen St.火車站為起點,喬治廣場(George Sq.)周圍是格拉斯哥的市中心,城西北側的開爾文格羅夫公園(Kelvingrove Park)也是另一個觀光區。南側的重要景點幾乎都在Pollok Country Park附近,建議可購買地鐵公車一日票,省錢又便捷。

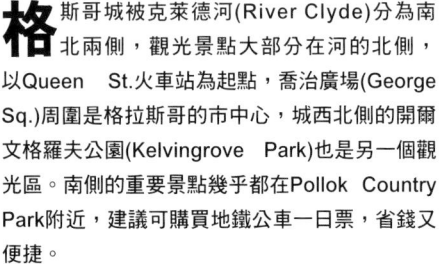

格拉斯哥市區地圖

地圖繪製 / 林惠群、蔣文欣
地圖修訂 / 許志忠

■ 麥金塔教堂

Garscube Rd.
Great Western Rd
Maryhill Rd

漢德里恩美術館 ■
凱文葛羅浮美術館
暨博物館

SYHA青年旅館

■ 格拉斯哥藝術學校

← 🅿 河濱博物館

River Clyde

當代藝術中心

🔲 市議會
新楊柳茶室 ■ 🔲 現代美術館

Pacific Quay
太平洋碼頭區

格拉斯哥
大教堂

Central
Station
Argyle St.
■ 燈屋
🏠🏠 Euro Hostel
Jurys Inn

Paisley Rd. W

Dumbreck Rd.

■ 蘇格蘭街學校博物館

藝術愛好者之家

Pollokshaws Rd.

Haggs Rd.

🔲 不列爾美術館

【對外交通】

航空

Glasgow International Airport位於城西13公里處，搭乘Glasgow Airport Express 500巴士進市中心只要15分鐘，自市中心搭車，請到Buchanan Bus Station第46號站牌自機場搭車，請到第1號站牌。另一處Ryanair的平價航空機場為Glasgow Prestwick International Airport，位於城西南46公里處，離市區約50分鐘車程，可搭X77巴士或火車到市區。兩機場之間可搭757號巴士。

Glasgow International Airport
http www.glasgowairport.com
0844-481 5555

火車

從倫敦Euston火車站過來的火車大部分抵達格拉斯哥市中央火車站(Glasgow Central Station)約4.5小時。此外，距離中央火車站約10分鐘路程的Queen Street Station較靠近喬治廣場，往愛丁堡的特快車(50分鐘)由此發車，這裡也有到北部各大城市的列車，前往伊凡尼斯約3.5小時。若一天會拜訪好幾個地方，建議可購買Roundabout Ticket，一日票為£7.4，可暢遊格拉斯哥周區100多個車站。

Roundabout Ticket網站
http www.spt.co.uk/tickets/day-tickets/roundabout
格拉斯哥中央火車站
St. Enoch.
0845-050 7080

巴士

格拉斯哥的主要巴士站為Buchanan Station，位於Queen Street火車站北側約2個街區距離。Scottish Citylink到愛丁堡約1小時15分鐘，到伊凡尼斯約3.5~4.5小時。

Buchanan Station
10 Killermont St.
0141-352 4444

【對內交通】

市區有完善的公車網絡，若景點距離太遠，可搭乘First Bus，單程£1.8起，日票£4.9起，不過最方便的付費方式就是感應式付款，上下車皆輕觸一次讀卡機，每日最多只扣取日票的費用。

【旅遊資訊】

旅遊服務中心

http www.visitscotland.com/info/services/glasgow-icentre-p332751
156a/158 Buchanan Street
09:00~17:00，週四09:30~17:00，週日10:00~16:00

蘇格蘭導覽團

如果時間較短，建議可參加當地的導覽團，一日內可飽覽各大景點。這家旅行社每天均有由格拉斯哥前往羅夢湖、尼斯湖及蒙納奇峽谷的行程。
http www.scotland.org.uk

格拉斯哥巴士導覽團

格拉斯哥巴士導覽團City Sightseeing，可在旅遊服務中心或上車後向司機購買，成人票1日£16、2日£17。
http citysightseeingglasgow.co.uk

計程車導覽團

每輛計程車可乘坐5位乘客，參觀城內各大景點，全程約1小時20分鐘。
http www.glasgowtaxis.co.uk/passenger-services/guided-tours

Glasgow Life慈善組織

Glasgow Life致力於城市文化、各類活動以及生活品質的提升，旗下有11家博物館，全部都是免費參觀。
http www.glasgowlife.org.uk/museums#venues

市議會
City Chambers

✉ St. John St.
📞 0141-287 4018
➡ 由Queen Street火車站步行約2分鐘
🕐 自由參觀,週一～五10:30及14:30兩場導覽,約45分鐘,可於開始前30分鐘至櫃檯登記
💲 免費

維多利亞建築為建築師威廉‧揚(William Young)之作,完美地演繹文藝復興的古典主義風格,呈現出和諧、理性美。1888年完工時原為市政廳之用,後於1996年轉為市議會總部。入口大廳的地板為格拉斯哥城徽的4個標誌:鳥、樹、鐘、魚,象徵著格拉斯哥主保聖人St. Mungo的4個神蹟:讓鳥重生、火苗重燃、羅馬聖鐘、魚拾戒指。

市議會內部裝潢富麗堂皇,建議參加導覽團,可仔細欣賞建築的巧妙設計與歷史。「喬治廣場」取自喬治三世之名,廣場上高達80英尺的圓柱,高立著華特史考特爵士(Sir Walter Scott)的雕像。

格拉斯哥大教堂
Glasgow Cathedral

🌐 www.glasgowcathedral.org.uk
✉ Castle St., Cathedral Sq.
📞 0141-5528 198
➡ 由Queen Street火車站步行約15分鐘
🕐 4～9月週一～六10:00～17:00,週日13:00～17:00;10～3月週一～六10:00～16:00,週日13:00～17:00
💲 免費
🗺 P.318

格拉斯哥大教堂是西元1560年宗教改革後,蘇格蘭保留最完整的中世紀教堂。這座哥德式教堂建於西元1197年,也是格拉斯哥的守護聖人St. Mungo於西元612年過世後的安息地點,教堂象徵著格拉斯哥城的誕生,而這裡的禮拜堂也因此成為中世紀時的朝聖地。

格拉斯哥市議會展現蘇格蘭第一大城曾有的榮景

當代藝術中心
Centre For Contemporary Arts

- http www.cca-glasgow.com
- ✉ 350 Sauchiehall St.
- ☎ 0141-3524 900
- ➡ 由格拉斯哥藝術學院步行約3分鐘
- ⏰ 11:00～24:00
- $ 免費
- MAP P.318

這座藝術中心是格拉斯哥近年來最活躍的藝術中心之一，許多前衛的藝術表演、展覽都會選擇在此舉辦，每年夏天還有精采的活動。

不列爾美術館
The Burrell Collection

- http www.glasgowlife.org.uk
- ✉ Pollok Country Park, 2060 Pollokshaws Rd.
- ☎ 0141-2872 550
- ➡ Shawlands火車站步行過去
- ⏰ 10:00～17:00，週五、日11:00～17:00
- $ 免費
- MAP P.318

因海運興盛而致富的威廉不列爾伯爵，收藏琳瑯滿目，包括聖像、彩繪玻璃、織錦畫、埃及與古希臘考古文物，以及東方藝術品，超過8千件的私人收藏品全展示在這座美術館內。

河濱博物館
Riverside Museum

- http www.glasgowlife.org.uk
- ✉ 100 Pointhouse Place
- ☎ 0141-287 2720
- ➡ 可由市區搭100號公車，車程約20分鐘／搭地鐵到Bridge St.站，步行約10分鐘
- ⏰ 10:00～17:00，週五、日11:00～17:00
- $ 免費
- ℹ 1.可下載免費導覽程式，博物館內有免費Wi-Fi
  2.博物館內有不定時免費導覽
- MAP P.318

博物館就位於克萊德河河口，因此整座建築的設計就像河流中的

館內咖啡館，假日是一位難求

水波般，與周圍地景連成一氣。館內收藏包括原本展列於交通博物館的上千件文物，可爬上老電車、公車，近距離欣賞工藝之美，以及1895～1930的Kelvin Street、1930～1980年代的街景。

館外的河濱停靠著一艘Glenlee船，可登船參觀。另外館外也規畫了步道，可下載路線地圖APP。另外，對岸的太平洋碼頭區（Pacific Quay）有3座前衛建築，包括小朋友最愛的互動式科學中心（Science Central）、IMAX電影院、及100公尺高的格拉斯哥塔。

博物館建築由知名建築師Zaha Hadid所設計，館內有各種古董交通工具

近郊景點

羅夢湖&徹薩克國家公園
Loch Lomond & The Trossachs National Park

➡️ 週一～六由格拉斯哥Queen St.火車站搭乘火車前往巴勒赫(每小時2班車，45分鐘)，週日由Central Station出發。抵達巴勒赫後可以搭乘遊船遊湖，前往對岸的The Maid of the Loch或Loch Lomond Shore。火車站對面即有旅遊服務中心，遊船搭乘處在服務中心旁

羅夢湖(Loch Lomond)為徹薩克國家公園(Trossachs National Park)的一部分，可以看到靜謐的深藍羅夢湖、蒼翠的橡木園、紅鹿、海豹等自然生態，這裡更是健行、騎馬、騎單車者的天堂。長途健行者可從格拉斯哥邊緣走上The West Highland Way到威廉堡的156公里路線；單車愛好者則可沿著National

Cycle Network Route 7挑戰自己。短途健行者可前往伊莉莎白女王森林公園(Queen Elizabeth Forest Park)，這裡有許多健行、單車路線。時間充足者可選擇在公園內的小鎮或森林內過夜，時間較短者則可當天往返格拉斯哥，或參加當地旅遊團飽覽各大景點。

若想放鬆度假的話，也可在巴勒赫小鎮(Balloch)住一晚，過橋即可走進優美的林地，踩著小林道、躺在綠草坡，俯瞰寧靜的羅夢湖，也是享受蘇格蘭的好方式。

出火車站往左走，沿路有許多民宿。出火車站往右走過橋的Balloch House Hotel，位於河濱的鄉間酒吧旅館，也是理想的選擇。

1.公園內百花齊放 / **2.**公園內的古堡壘 / **3.**可由格拉斯哥的Queen St.火車站搭火車到巴勒赫 / **4.**搭船遊湖是最宜人便捷的方式

【逛街購物】

　　格拉斯哥爲生氣勃勃的購物大城，城內有許多購物中心及百貨公司，大部分集中在Argyle、Buchanan St.及Sauchiehall Street周圍。最頂尖的設計商店都在Merchant City商圈。

1.市區精品雲集的Argyll Arcade／2.Buchanan Galleries及John Lewis購物中心的商品最齊全／3.市區有很多麥金塔設計商品

【住宿情報】

　　格拉斯哥市中心內大部分是高級旅館及商務旅館。青年旅館則有4家，另外還有一些家庭旅館，大部分都集中在大學區的Argyle St.以及Westercraigs Rd.街區，大學在夏季時也會開放宿舍。

　　中央車站附近的Euro Hostel是一家大型青年旅館，鄰近克萊德河，價位合理，設備齊全，步行到市中心購物街區僅約5分鐘路程。在它對面有家較高級的商務型連鎖旅館Jurys Inn。由貴族宅邸改建的SYHA青年旅館（Glasgow Youth Hostel），靠近開爾文格羅夫公園（Kelvingrove Park），內部空間和周圍環境都極爲優雅。還有easyHotel Glasgow City Centre，若能訂到有優惠的價格，也算是便利的選擇。

Euro Hostel
http www.eurohostels.co.uk/glasgow

Glasgow Youth Hostel
http www.hostellingscotland.org.uk/hostels/glasgow

easyHotel Glasgow City Centre
http www.easyhotel.com/hotels/united-kingdom/glasgow/glasgow-city-centre

Jurys Inn　　　　Euro Hotel

天空島 Isle of Skye

http 天空島旅遊服務中心：www.isleofskye.com

這座完整保留塞爾特文化的島嶼，是內赫布里底群島（Inner Hebrides）800多座小島中最大的一座。這座峽灣小島，北部有火山高原，中部優美的庫林山脈（Clillins），以及南部滿山遍野的石灰岩綠地。

天空島的首府是位於中部的波特利（Portree），許多遊客會以此為據點，不過入口門戶是東部的布羅德佛特（Broadford）。觀光景點散布在島上各處，最理想的觀光方式是租車旅遊，如果要參觀全島的話，至少要安排2天1夜的行程，1天並無法悠閒逛完全島。

天空島的首府波特利雖然只是個迷你小鎮，但湖畔邊有許多繽紛民宿，鎮內有著完善的住宿設備與餐廳酒吧。大部分遊客以此為據點，往四周探訪，鎮南的阿羅斯體驗館（Aros Experience）為天空島的遺址中心，展示島民歷史文化、塞爾特文化，以及愛德華王子的相關逸事。先到此了解島民文化，逛起天空島更有意義！

而波特利西北方的丹威康堡（Dunvegan Castle）臨西北海，壯麗的建築內有西元1623年所建立的大廳及書房，掛滿丹康威的家族勳章及堡主家族肖像畫，另外一項重要的收藏則為16世紀末蘇格蘭各氏族勳章的手抄本。而客廳中的家族旗幟，據說還具有神力，曾數度解救家族危機。

再往北則為天空島生活博物館（The Skye Museum of Island Life），就坐落在面海的丘陵綠地上，完整展示18世紀石頭茅草屋、生活文物，以及低著頭認真吃草的羊群！往南回波特利的話，可參觀西岸的塔利斯克蒸餾所（Talisker Distillery），這是島上唯一製造蘇格蘭威士忌的蒸餾所。可以參加導覽團，深入了解製酒過程，並試飲釀製10年的精選威士忌。

接著往東南角的阿瑪戴爾堡（Armadale Castle）走，雖然這裡只剩下一片城堡遺跡，但是它曾為天空島望族麥當勞家族所有，目前城堡旁設有解說歷史故事的博物館，美麗的庭園也相當值得參觀，整座城堡仍保留一股耐人尋

伊蓮朵納城堡

味的浪漫風情。許多遊客喜歡搭乘馬車暢遊海岸線，或者沿著城堡外的美麗步道散步，城堡內還設有餐廳及婚禮場地。

往天空島的途中，還會經過聳立於孤島巨岩上的伊蓮朵納城堡(Eilean Donan Castle)，建於13世紀，僅以一座石橋與陸地相連。其傲視三面湖海的獨特位置，為蘇格蘭最具代表性的地標之一。

【對外交通】

火車

由威廉堡過來的遊客可搭乘West Highland Railway鐵路抵達島外的Mallaig，全程約1.5小時，再由此搭遊船進入南部的阿瑪戴爾(30分鐘)；由伊凡尼斯過來可搭火車抵達Kyle of Lochalsh(約2.5小時)，再轉搭公車到波特利(約1小時)。

巴士

由格拉斯哥搭巴士來到波特利約6小時；距離伊凡尼斯或威廉堡均約3小時。由內陸的Kyle of Lochalsh到島上的布羅德佛特僅需20分鐘；波特利到北部的威格(Ulg)約40分鐘；波特利到西岸的丹威康(Dunvegan)約1小時。4～10月有免費公車，銜接波特利、布羅德佛特及東南角的Kyleakin。如要到其他地點則可購買Stagecoach公車的Skye Dayrider一日暢遊票(£7.7)。City Link也推出3、5、8天蘇格蘭整區的暢遊票(£52起，www.citylink.co.uk/ex plor-erpass.php)。

旅行小抄

丹威康堡
🌐 www.dunvegancastle.com
📞 01470-521 206
🕐 4～10月中10:00～17:30，10月中～3月不開放，平日接受團體預約參觀
💲 £12

天空島生活博物館 Skye Museum of Island Life
🌐 www.skyemuseum.co.uk
📞 01470-522 206
➡️ 由威格搭車約15分鐘
🕐 復活節～9月底週一～六09:30～17:00
💲 £5

塔利斯克蒸餾所 Talisker Distillery
🌐 www.malts.com/en-gb/distilleries/talisker
📞 01478-614 308
➡️ 由波特利到此約45分鐘
🕐 除耶誕節及新年外全年開放，請先預約
💲 品酒導覽£20起

阿瑪戴爾堡 Armadale Castle
🌐 www.armadalecastle.com
📞 01471-844 305
➡️ 由布羅德佛特到此約40分鐘
🕐 09:30～17:00
💲 £12

天空島地圖

地圖繪製／林惠群、蔣文欣‧地圖修訂／許志忠

麥金塔藝術之旅
The Mackintosh

http 麥金塔之旅 www.glasgowmackintosh.com

格拉斯哥的鬼才建築師與設計師麥金塔（Charles Rennie Mackintosh），1865～1928畢業於格拉斯哥藝術學校，並且在這裡與他的太太瑪格麗特・麥當勞（Margaret Macdonald）相遇，共同創作出令人著迷的建築、家具、繪圖及室內設計。

麥金塔藝術之旅地圖

地圖繪製／林惠群、蔣文欣
地圖修訂／許志忠

Maryhill Rd.

Hillhead地鐵站 · 麥金塔教堂

Byres Rd.

漢德里恩美術館

Great Western Rd.

University Ave.

St. George's Cross

Kelvinhall

Dumbarton Rd.

Argyle St.

格拉斯哥藝術學校

Cowcaddens

新楊柳茶室

Buchanan St.

Queen St. Station

River Clyde

燈屋

Central Station

St. Enoch

Paisley Rd. W

Shields Rd.火車站

Scotland St.

蘇格蘭街學校博物館

Dumbreck Rd.

藝術愛好者之家

麥金塔善用線條及色彩，並加入日本的極簡風格(雖然他生平未曾拜訪過日本，但風格深受日本藝術影響)，而其太太瑪格麗特‧麥當勞(1865～1993)以最獨特的線條創造出許多令人神迷的畫作，為麥金塔的作品注入一種前所未有的魅力，他們倆人與瑪格麗特的妹妹Frances MacDonald及James Herbert McNair，號稱為格拉斯哥藝術學院的「The Four」，共同創造了19世紀的新藝術(Art Nouveau)風潮。

雖然當時他的創作並沒有受到格拉斯哥人的喜愛，但諷刺的是，現在卻成為格拉斯哥之寶。城內仍保留許多大師的作品，藝術迷們可在城內細細品味這對夫婦的天才之作。

麥金塔教堂
The Mackintosh Church

- www.crmsociety.com
- Queen's Cross, 870 Garscube Rd.
- 0141-9466 600
- 地鐵站St. George's Cross，接著由Cromwell St.步行到Maryhill Rd.；或由中央火車站搭60及61號公車到Hope St.
- 10:00～17:00，冬季：週一、三、五11:00～16:00
- £5
- P.326

為麥金塔唯一的教堂作品，目前是麥金塔協會的總部、圖書館及商品店。充滿戲劇性的空間與光線設計、彩繪玻璃、木雕與石雕藝術品，都是教堂內的美麗焦點。

燈屋
The Light House

- www.thelighthouse.co.uk
- 11 Mitchell Lane
- 0141-2765 365
- 地鐵站Buchanan St.或St. Enoch
- 目前暫不開放，出發前請查詢官網
- P.326

曾為格拉斯哥的傳令總部，現則改為蘇格蘭獲獎的設計及建築作品展覽中心。另規畫了Mackintosh Center展覽空間，展出麥金塔生平事蹟及建築模型。

在參觀麥金塔其他作品前，推薦你先來這裡參觀，對麥金塔夫婦的作品會較有概念。Gallery One & Review Gallery則透過2個樓層的展覽，讓我們了解建築設計與日常生活的關聯及蘇格蘭建築特色。

漢德里恩美術館
Hunterian Art Gallery

- www.gla.ac.uk/hunterian
- The Mackintosh House, University of Glasgow, Hillhead St.
- 0141-330 4221
- 地鐵站Hillhead，或搭4、4A到University Avenue
- 週二～日10:00～17:00
- 免費
- P.326

麥金塔之屋為美術館內最受歡迎的部分，重現麥金塔西元1906～1914年與麥當勞的居家設計。包括麥金塔最著名的家具設計(像是高背椅、書櫃、廚櫃等)，以及其內部巧妙的光線與空間交錯，這是麥金塔迷絕不可錯過的景點。

蘇格蘭街學校博物館
Scotland Street School Museum

- http www.glasgowlife.org.uk
- ✉ 225 Scotland St.
- ☎ 0141-2870 504
- ➡ 地鐵站Shields Rd.，或搭89、90號公車
- ℹ 維修中，暫不開放，出發前請查詢官網
- MAP P.326

麥金塔受格拉斯哥委託的最後一件建築作品（1902～1906），同時也是麥金塔最成熟之作。這座建築1979年前仍為學校，現則轉為博物館，詳述蘇格蘭的教育史。他以巧拼磚創造出優雅的大廳，並擅用石頭飾品及室內空間與光線設計，展現出他遊刃有餘的藝術創作力。

藝術愛好者之家
House for an Art Lover

- http www.houseforanartlover.co.uk
- ✉ Bellahouston Park, 10 Dumbreck Rd.
- ☎ 0141-3534 770
- ➡ 地鐵站Ibrox，公車9/34/54/56
- ⏰ 10:00～17:00，麥金塔展依場地活動而常有變動
- 💲 £5.5，優惠票£4
- MAP P.326

原為麥金塔與其妻共同為德國設計雜誌所設計的參賽作品，但當時並沒有建造，西元1996年才依照他的設計圖建造完成。目前在優雅的房間內展出許多現代藝術作品，為充滿創意的藝術空間，就連館內的咖啡館都完整體現麥金塔藝術。

新楊柳茶室
Mackintosh at the Willow

- http www.mackintoshatthewillow.com
- ✉ 217 Sauchiehall Street
- ☎ 0141-204 5242
- ➡ 地鐵站Cowcaddens，距離藝術學院約5分鐘路程
- ⏰ 10:00～16:30
- MAP P.326

凱特・克里斯頓（Kate Cranston）是著名的茶室企業家，Willow Tea Rooms原本是蘇格蘭籍建築師查爾斯・雷尼・麥金塔（Charles Rennie Mackintosh）為其設計的茶室，於1903年開設，獨一無二的設計，在當時的報紙和藝術雜誌上廣受好評。

舊楊柳茶室於2014年關閉，整修後於2018年重新開張。在這棟建築裡的新茶室更名為「Mackintosh at the Willow」，除了持續提供美味餐點外，也可以在網站上預訂導覽，仔細參觀建築內部，欣賞這唯一僅存、由麥金塔設計的知名茶室。

格拉斯哥
藝術學校
The Glasgow School of Art

http www.gsa.ac.uk
✉ 164 Renfrew St.
☎ 0141-3534 526
➡ 地鐵站Cowcaddens，步行約5分鐘；
或搭公車16、18、44、57到Bath St.，
步行約2分鐘
MAP P.326

1.窗戶鐵欄為經典的玫瑰設計／2.格拉斯哥藝術學校／3.藝術學院裡的所有設計都是麥金塔的精心創作／4.學院附設的商品，其收益完全回饋給藝術學校使用

　　為麥金塔的母校，同時也是麥金塔最重要的建築作品，無處不展現獨特的麥金塔風格：燈飾、欄杆、令人讚歎不已的圖書館，也難怪世界各地許多傑出的藝術學生均慕名前來麥金塔殿堂，接受設計藝術的洗禮。

　　從新藝術風格到現代主義的幾何設計，在學校的建築、家具、裝飾方面，表現得淋漓盡致。2014及2018年各發生了火災，麥金塔建築西翼嚴重受損，目前仍在整修中，但遊客可參觀The Archives and Collections，開放時間為週一～五10:00～16:00，可通過電子郵件預約（archives@gsa.ac.uk）。

伊凡尼斯之旅
Inverness

圖片提供 / Sharon Wang

沿著尼斯河沿岸發展的伊凡尼斯，因尼斯湖水怪而聲名大噪。不過這座尼斯河悠悠流經的小鎮，可說是蘇格蘭高地的中心城市，而河畔的優雅建築及街景，更使得這個小鎮成為探訪尼斯湖或科奪堡(Cawdor Castle)的最佳據點。著名的尼斯湖就在城外約30分鐘車程處。

【對外交通】

航空

機場距離市中心約15分鐘車程，有許多英國境內及愛爾蘭的平價航線。

Inverness Airport
🌐 www.invernessairport.co.uk
📞 01667-464 000

火車

從倫敦King's Cross到伊凡尼斯約8小時。從伊凡尼斯前往亞伯丁約2.5小時，愛丁堡或格拉斯哥均約3.5小時。

伊凡尼斯火車站
✉ Academy St., Station Sq.
📞 0344-811 0141

巴士

從倫敦到此約13小時。Scottish Citylink(www.citylink.co.uk)有許多蘇格蘭境內的路線，由此前往伯斯約2.5小時，愛丁堡或格拉斯約4.5小時。

Farraline Park Bus Station
✉ Margaret St. 📞 0871-266 3333

【旅遊資訊】

旅遊服務中心

遊客中心距離火車站或公車站走路只要5～10分鐘。這裡提供完整的旅遊介紹，包含各式活動，也提供地圖、景點介紹手冊、行程代訂服務。
🌐 www.visitscotland.com
　www.inverness-scotland.com
✉ 36 High St, Inverness
📞 01463-252 401
🕐 09:00～17:00，週二10:00開門，週日10:00～16:00

尼斯湖

尼斯島
Ness Islands

✉ 位於城南，由城堡步行約15分鐘

尼斯河上有一些以橋梁銜接起來的小島，當地人將之統稱為尼斯島。這些小島距離河岸都不遠，其實應該算是河流淤積的沙丘。島上綠草如茵，是享受伊凡尼斯城悠閒氣氛的最佳地點。可沿著行人專用橋梁漫步到河的對岸，欣賞尼斯河的水上風光。

另也可到市區Bught Lane的伊凡尼斯花廳（Inverness Botanic Gardens）賞花，這是一座綠意盎然的溫室，內有精心設計的庭園、熱帶魚池，甚至室內瀑布，附設的咖啡館也是喝下午茶的好地點。

尼斯湖
Loch Ness

✉ www.lochness.com
☎ 01463-450 573
🕐 09:30～17:00，7～8月09:30～18:00，冬季10:00～15:30
💲 £7.95，優惠票£6.75

尼斯湖位於伊凡尼斯城南約5英里處。深300公尺、長40公里的狹長淡水湖泊，但湖水中浮藻及泥炭多、能見度低，且湖底洞穴遍布、地形複雜，可能因此才傳說不斷。據傳西元565年，聖科倫巴（St. Columba）將襲擊修道士的水怪擊退，後來就一直有著水怪深藏在尼斯湖的傳說。

1,500多年以來，有人目擊水怪出沒的傳說一直不斷，終於在1934年出現水怪的照片，不過後來卻證實是日本學生偽造的照片。所以水怪到底存不存在，至今仍相當具爭議性。許多研究人員仍試圖尋找證據，遊客可以前往Drumnadrochit的尼斯湖展示中心一探究竟。

伊凡尼斯城堡
Inverness Castle

🌐 www.scotcourts.gov.uk
💲 免費

沿著尼斯河漫步就可看到這座巍峨的城堡，矗立在城內的高崗上。城堡建於12世紀，1746年時愛德華王子擔心城堡會落入英格蘭軍隊手中，便帶領著詹姆士黨的軍隊破壞城堡。1834年才又花了12年的時間重新修復城堡。

目前城堡內部為郡立高等法院，並不對外開放。

伊凡尼斯博物館暨美術館
Inverness Museum and Art Gallery

✉ 遊客中心附近
☎ 01349-781 730
🕐 4～10月10:00～17:00，11～3月12:00～16:00，週一、日休息
💲 免費

收藏豐富的高地照片及考古文物、蘇格蘭寶石、古風笛等，這裡同時也是當地藝術家的發表中心，可在此一窺當代的高地藝術風格。2樓的部分還展示100多年前街頭人偶劇的老道具。參觀完後，也可到鎮上的聖安卓主座教堂參觀。

蘇格蘭城堡之旅
Castle Trail

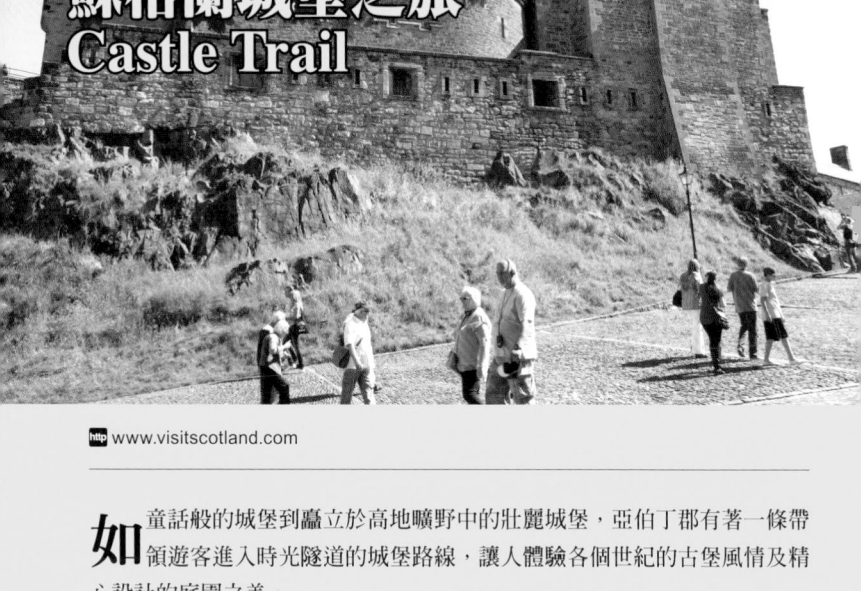

http www.visitscotland.com

如童話般的城堡到矗立於高地曠野中的壯麗城堡，亞伯丁郡有著一條帶領遊客進入時光隧道的城堡路線，讓人體驗各個世紀的古堡風情及精心設計的庭園之美。

亞伯丁郡共有超過260座城堡、大房子以及其他已毀壞的景點，其中至少有19座值得參觀的城堡，全部都跑完大約要一整週的時間。有興趣的遊客可到遊客中心索取城堡路線地圖。以喀拉斯堡最豐富、最受遊客喜愛；法拉瑟城堡(Castle Fraser)及佛維堡(Fyvie Castle)內部最為華麗；哈德之家(Haddo House)的庭園最迷人；達姆堡則結合各時代的建築風格。若你要欣賞曠野城堡之美，亨特利堡(Huntly Caslte)及基爾德拉米堡(Kildrummy Castle)是最佳的選擇。

另外，巴爾莫勒爾堡(Balmoral Castle)是皇室在蘇格蘭的宅邸，伊莉莎白二世女王於2022年在這座城堡過世。

法拉瑟堡
Castle Fraser

- http www.nts.org.uk
- ✉ Nverurie, Aberdeen & Grampian
- ☎ 01330-833 463
- ➡ 由亞伯丁搭Stagecoach Bluebird，車程約40分鐘
- ◷ 10:30～16:30，週二～四可能不開放，時有異動，請查詢官網，1～3月休息
- $ ￡14.5

西元1575～1636年間建造的城堡，為法拉瑟家族展示權力及財力的象徵，由城堡大廳（Great Hall）、高塔到庭園，你可以看到中古世紀到維多利亞時期的各種建築風格。當時的主人還在大廳後面的Bailiff's Room小室設了個偷聽訪客談話的小洞。庭園的部分，精心地將樹木修剪為各種形狀，另還可在林地中尋找到樹屋及石圈等。

喀拉斯堡
Crathes Castle

- http www.nts.org.uk
- ☎ 0131-458 0204
- ➡ 由亞伯丁搭Stagecoach Bluebird 201號
- ◷ 10:00～16:00，1～2月到15:00，6～8月到17:00
- $ ￡14.50

喀拉斯堡為最受好評的城堡之一，不只城堡內部及庭園精采，外部自然景觀更吸睛。這棟16世紀的高塔建築，原為布魯斯羅伯特王於西元1323年賜予布嵓特家族的封地，以古老的號角為家徽。城堡內有著藝術長廊、優雅的房間設計，還有格林夫人的鬼故事傳說。

城堡外共有8座花園，還可看到許多野生動物、森林、流水，有如童話世界中的快樂天堂。

佛維堡
Fyvie Castle

- http www.nts.org.uk
- ☎ 01651-891 266
- ➡ 由亞伯丁搭Stagecoach Bluebird 35號，車程約1個多小時
- ◷ 10:30～16:30，1～4、10～12月休息
- $ ￡14.50

典型的童話城堡，曾歷經5個家族之手，在過去800多年的歷史中，交織著許許多多的傳說、鬼故事。有著奢華的愛德華風格設計，許多織錦作品、肖像、及豪華的水晶燈，布魯斯羅伯特王及查理一世都曾是這裡的座上賓。堡內的管風琴藝廊週日下午還有音樂表演。

旅行小抄

親身體驗城堡之夜。

Delgatie Castle
城堡內的兩套公寓提供住宿服務，內部擺設為優美的維多利亞風格。
http www.delgatiecastle.com

Tulloch Castle Hotel
12世紀的城堡旅館，寵物也歡迎。
http bespokehotels.com/tullochcastle hotel

Leslie Castle Guesthouse
沒落敗壞的城堡經過重建，幾經轉手，現作為B&B或是私人租賃使用。
http leslie-castle.com

旅行小抄

蘇格蘭國家信託會員

共有超過100個景點，都屬於蘇格蘭國家信託（National Trust for Scotland），例如法拉瑟堡、喀拉斯堡、哈德之家、佛維堡、克萊吉佛堡、達姆堡等。

達夫之家
Duff House

- ☎ 0131-668 8600
- ➡ 由亞伯丁搭車約2小時
- ⏰ 4～10月09:30～17:00，11～3月週五～日10:15～16:00
- 💷 £9.5

達夫之家為蘇格蘭最重要的老建築之一，為西元1735～1740年，威廉達夫委託威廉亞當斯建造的豪宅。近年來曾花了10年的時間整修宅邸，目前由蘇格蘭國立美術館、蘇格蘭史蹟及亞伯丁郡共同管理，可謂蘇格蘭國立美術館的別館。展出許多世界級的重要畫作及家具，整年也有不同的傑出特展。館內還設有茶室。

達姆堡
Drum Castle

- http www.nts.org.uk
- ☎ 01330-700 334
- ➡ 由亞伯丁搭Stagecoach Bluebird 201
- ⏰ 10:30～16:00，1～3月～15:00
- 💷 £14.50

從中古世紀的塔樓、Jacobean宅院、一直到維多利亞時期的建築風格，讓你參觀達姆堡時，猶如走進時光隧道，可以看到不同時期的建築風格。而這也是居住在此650多年的艾文家族21代子孫，慢慢擴建而成的家族堡壘。達姆堡外的玫瑰花園更是迷人，日本、中國等各國的玫瑰花種，圍圈出多彩繽紛的玫瑰園。

克萊吉佛堡
Craigievar Castle

- ☎ 0844-4932 174
- ➡ 由亞伯丁搭車約1小時15分鐘
- ⏰ 維修中，預計到2024年
- 💷 £14.50

威廉佛伯斯於17世紀建造的家族堡壘，佛伯斯家族在此居住達350年之久，後來城堡轉由蘇格蘭的國家信託保管才對外開放，這才完整的呈現城堡的原貌及佛伯斯家族這幾個世紀來的收藏。

這座老城堡從未安裝過電線，因此城堡於西元2008年閉館整修，這才開始進入現代生活。

哈德之家
Haddo House

- ☎ 01651-851 440
- ➡ 由亞伯丁搭車約1小時10分鐘
- ⏰ 11:00～15:00，11、12月只開週四～日7～10月11:00～16:00，但9、10月五～日不開
- 💷 £14.5

原為威廉亞當斯於西元1732年建造的宅邸，戈登家族曾在此居住400多年，後於1880年又重新整修。外表為壯麗簡樸的喬治王時期風格，內部則為優美的維多利亞設計，圖書室尤其迷人。宅邸內有許多家族肖像、雕刻作品等。廣大腹地有著優美的湖泊、公園地及迷人的玫瑰園。

科奪堡
Cawdor Castle

- http www.cawdorcastle.com
- ✉ Cawdor Castle, Nairn
- ☎ 01667-404 401
- ➡ 搭乘Highland Country公車7號(由伊凡尼斯市區的Queensgate郵局前搭車)
- 🕐 4～10月初10:00～17:00
- 💲 £13.5

　　這座童話般的城堡，由小橋流水及花園迷宮環繞著，自15世紀以來一直是科奪家族的豪華宅邸。而莎士比亞的名劇《馬克白》便是以此為場景。

　　據說城堡外約1英里的小城堡主人有天夢見神要他興建一座石塔，所以目前仍可看到這座建在神樹旁的14世紀老石塔。目前雍容華貴的城堡內部，主要是在17世紀所完成的。房間以細緻的織錦畫裝飾而成，地下室仍保留著300多年前的老廚房。而科奪四世還以相當巧妙的方式，在家族最珍貴的寶物上做記號，等著你來探尋喔！

有如童話般的科奪堡，曾經為莎翁名劇《馬克白》的場景(圖片提供／科奪堡)

科奪堡300多年的老廚房，仍保留相當完整(圖片提供／科奪堡)

布萊爾堡
Blair Castle

- http Blair-castle.co.uk
- ✉ Blair Atholl, Pitlochry
- ☎ 01796-481 207
- 🕐 4～10月底09:30～17:30
- 💲 £16

　　布萊爾堡是Atholl家族超過700年的家(第十二代傳人Bruce Murray公爵目前住在南非)，曾為蘇格蘭要塞，也與蘇格蘭歷史有著緊密的關聯，維多利亞女皇還曾來過這座城堡，並成立歐洲合法的私人軍隊——亞瑟爾高地戰士(Atholl Highlanders)，入口大廳所展示的武器，即為蘇格蘭對抗英軍的最後一役卡洛登之戰時所使用的武器，另還可看到雅致的用餐室、客廳及華麗的掛毯房等；城堡庭園中是蘇格蘭的民族英雄Bonnie Dundee的安息地。

專為高地戰士所設計的舞廳

主題旅遊

蘇格蘭威士忌之旅
Malt Whisky Trail

1 著名的Rabbies旅行社，提供威士忌之旅行程(www.rabbies.com)，另有 The Hairy Coo - Free Scottish Highlands Tour。

群山遍野的麥田、石南花，以及清澈的水質，使得蘇格蘭史佩因河流域成為蘇格蘭威士忌之鄉。因此貫穿蘇格蘭東北部的史佩因河，也被譽為威士忌之母，它所流經的區域；亞伯丁、亞維摩爾(Aviemore)、及伊凡尼斯，聚集了57家世界頂級的威士忌蒸餾坊，慢慢形成一條62英里的蘇格蘭威士忌之路，遊客可悠遊在鄉野間的小村莊，參觀7家百年威士忌蒸餾坊，品嚐陳年的「生命之水」！

遵循古法釀治而成

「Whisky」源自塞爾特語的「Uisge Beatha」，也就是「生命之水」的意思。蘇格蘭威士忌共分為3種，一為泥炭煙燻的麥芽威士忌，另一種為麥芽及玉米混合的穀酒，第三種則為這兩種原酒混合的綜合威士忌。而蘇格蘭威士忌之所以有名，最主要是它至今仍採用15世紀的古老蒸餾法，並採用麥芽類的穀類為原料，以泥煤(Peat)煙燻，讓這種乾燥後的石南泥煤燻出果香味，再磨碎放入銅製蒸餾桶中蒸餾2次。蒸餾完的威士忌原酒甚至可達70%的酒精濃度，接著放入老橡木桶中熟成，蘇格蘭威士忌規

定釀造時間不得少於3年，許多熟成時間甚至達17、21、25、40年以上。許多老酒莊還會特意選擇具有特殊意義的年分製酒，適時推出紀念酒，像是伊莉莎白女王登基時特別推出21年老酒，以二次世界大戰前即蒸餾好，未受戰爭破壞完好保存下來的基酒調和裝瓶慶賀。

蘇格蘭威士忌四大產區

低地區(The Lowlands)、高地區(The Highlands)、史佩因區(Speyside)、及艾雷島區(Islay)。低地區氣候溫和、土壤肥沃、蘊藏煤礦，威士忌風味較為清雅，除了淡淡的花草香外，還有一點點

泥煤味。代表酒廠為Glenkinchie及Auchentoshan。高地區地勢奇峻，威士忌風味較為甘烈、有個性，通常帶點泥煤香及海鹽味，有些酒廠採用西班牙雪莉桶熟成，因此層次較為豐富，帶點蘋果、蜂蜜的香氣，代表酒廠為Royal Lochnagar及Dalmore。史佩因區水質純淨、農作環境佳、且遍野石楠，可說是威士忌之鄉，這區的風味帶有優雅的花果香及麥芽甜味，代表酒廠為Glenfiddich及Glen Elgin。艾雷島盛產泥煤，再加上海風的加持，威士忌風味帶著香濃的煙燻味，代表酒廠為Caol Ila及Laphroaig。

酒莊暢遊路線

拜訪各家酒莊最理想的方式是自行開車，或可參加當地的導覽團，使用公共運輸旅遊者，可搭乘往返亞伯丁與伊凡尼斯的Stagecoach Bluebird 10號（一日暢遊票Bluebird explorer £14.9），行經史佩因流域的重要城鎮，像是凱斯（Keith）、艾勒琴（Elgin）及佛斯（Forres）；或者由凱斯或達夫城（Dufftown）搭乘Keith & Dufftown Railway火車路線，可沿途欣賞史佩因河流域美麗的河谷風光。

時間較短的話，可以直接前往達夫城參觀Glenfiddich Distillery蒸餾坊。這家蒸餾坊以世界市場占有率第一的麥芽威士忌聞名，創於西元1887年，為蘇格蘭最大的蒸餾坊，其威士忌的口味較為溫順，因此相當受歡迎。進場後首先可觀賞短片，之後進入場內參觀，最後還可品飲順喉的Glenfiddich威士忌！

時間較充足還可前往Strathisla Distillery蒸餾坊，這也是蘇格蘭最古老的蒸餾坊之一，創立於1788年，它的蒸餾桶較為矮胖，充滿了果香、香草味，威士忌也較為強勁。可由古老酒窖中的老橡木桶，了解威士忌的陳年魅力。

史佩因河流域除了有百年威士忌蒸餾坊外，也不能錯過史佩因河捕獲的鮭魚，在達夫城內有許多鮭魚餐廳。

旅行小抄

Glenfiddich Distillery蒸餾坊

可參加探索之旅走進蒸餾室、老酒窖，實際了解威士忌的製造過程，還可品嘗不同年分的威士忌酒(1.5小時，每人£20)。若想更深入品味的話，也可參加經典之旅，了解15年單一麥芽威士忌的祕密；或者更專業的先鋒之旅半日行程。

🌐 www.glenfiddich.com
📞 01340-820 373
➡ 由Elgin搭乘Bluebird 36前往，約40分鐘
🕐 09:30～16:30

Strathisla Distillery蒸餾坊

🌐 maltwhiskydistilleries.com/strathisla
📞 01542-783 044
➡ 由Keith搭乘公車前往約10分鐘車程
🕐 4～10月10:00～17:00，11～3月10:00～16:00
💲 導覽£20起

TRAVEL INFORMATION
實用資訊

Travel in Great Britain

英國旅遊黃頁簿

遊客在行程上所需要的所有資訊盡皆囊括其中，讓行程規劃得更爲完整，確保旅遊的平安與舒適。

前往與抵達
DEPARTURE & ARRIVAL

簽證

2009年起，持中華民國護照且有效期限6個月以上者，可免簽證到英國觀光、遊學、洽商，但停留時間不可超過6個月。雖然一般簽證官不一定會查看，但建議仍要先準備好來回機票證明、財力證明、旅遊住宿計畫、學校信函備查。

停留時間超過6個月者，要依據停留目的辦理相關簽證，如長期留學者須辦理學生簽證，工作者要辦理工作簽證。須辦理簽證者請前往「英國簽證和移民署網站」申請。

http www.gov.uk/browse/visas-immigration

航空公司

台灣地區有華航直飛班機，轉機的航空則包括荷航、大韓航空、韓亞航空、維珍、卡達、國泰、阿提哈德、土耳其、越航等。南部可考慮從高雄飛，在香港轉機。

海關

入境

1. 海關審查：海關通常會詢問停留目的、天數及住宿地點。
2. 通過海關審查後，往行李提領櫃檯(Baggage Reclaim)領取行李。
3. 如無須申報者可由無申報櫃檯(綠色)通關入境。如須申報行李者，請前往申報櫃檯(紅色)繳稅後，即可入境英國。
4. 進入英國機場後(Arrival入境大廳)，可依照指標前往火車、巴

士、計程車乘車處。建議遊客先前往機場旅遊服務中心，拿取免費地圖及前往市區之交通資訊。

出境

1. 抵達出境航廈（Departure），依看板上的登機辦理櫃檯，前往航空公司櫃檯辦理登機及託運手續，取得登機證（Boarding Pass）。
2. 前往安檢處，出示登機證、護照，隨身行李過X光檢查，前往海關處辦理出境審查。
3. 過海關後，查看登機門方向，前往登機門等候登機。

政府單位

駐英台北代表處：倫敦

http www.roc-taiwan.org/uk
✉ 50 Grosvenor Gardens
☎ 上班時間電話：020-78812650
　緊急連絡電話：07768-938-765
　旅外國人急難救助全球免付費專線：
　00-800-0885-0885

駐英台北代表處：愛丁堡

✉ 1 Melville Street Edinburgh
☎ 0131-220 6886，0131-220 6890
　緊急救助專線07900-990-385

建議出國前先到外交部網頁，填寫「出國登錄」資料，以便意外事件發生時，讓外交部掌握國人動態。或加入外交部的Line，以便即時掌握外交部發布的各地緊急意外事件訊息。

機場與交通 TRANSPORTATION

Google Map英國交通資訊完整；也可下載Citymapper APP，只要輸入目的地，即可了解點對點的交通方式及時間，方便行前規畫行程。

全英交通查詢
http www.traveline.info
☎ 0871-200 2233

機場

主要國際機場為倫敦希斯洛機場、蓋威機場、伯明罕機場、曼徹斯特機場、愛丁堡機場，詳細交通方式請參見各城市的交通介紹。

廉價航空

往返英國境內及歐洲各大城市，可考慮平價航空，提早訂票可能買到£20的單程票。不過限制也會比較多，機場可能較遠。

英國主要廉價航空有Ryanair及EasyJet，可善用Google Flights、Skyscanner這類網站，搜尋各航線的航班資訊及比較價錢。

廉價航空行李規定

平價航空對於免費帶上機的行李尺寸把關嚴格，現在更為了提供看起來更「優惠」的價格，最便宜的票很可能連隨身行李都不包含在

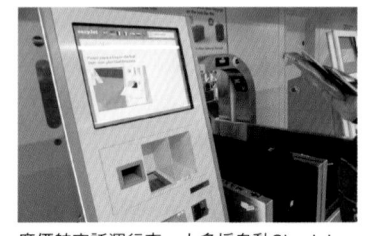

廉價航空託運行李，大多採自動Check-in

內，訂票前一定要看清楚機票內容。行李太大，或有其他行李要託運，記得事先加購，會比現場加購的託運費便宜許多。

火車

英國鐵路稱爲National Rail，有許多民營公司經營著各自的路線。英國鐵路的費用不便宜，如果能事先上網預訂(預售票一般在3個月內開賣)，可省一筆錢。長途旅行者，可在自己國家線上購買英國火車通行票((英國境內不會販售)。

原則上，車廂艙等分爲頭等艙(First Class)及普通艙(Standard - Class，以及長途臥鋪車(Sleeper - trains)。購買火車票主要可上National Rail網站查詢，結帳時會自動連到該路線的火車公司網頁。也可到個別火車公司網站直接買票，如Greater Anglia、Northern、Cross County等等，在火車公司買票不收手續費。第三方售票網Trainline查

英國火車設備都還不錯，二等車廂有付費的Wi-Fi，一等車廂提供免費Wi-Fi及茶點

人多時可在自動購票機購票

票及買票相當方便，缺點是會收手續費。

車票種類

車票種類分成預售票(Advance)及原價票。預售票要事先購買，只能搭乘買定的班次，價格相對划算。原價票分成單程(Single)、彈性來回(Open Return，回程一個月內有效)，以及當日來回票(Day Return)。原價票的價格高，但可搭乘的班次較爲彈性。原價票還更細分爲尖峰(Anytime)與離峰票(Off Peak)，如果可以避免尖峰搭車，不僅能避開人潮，費用也較划算。

英國火車通行證

英國火車通行證(Britrail Pass)可依自己旅行的區域，購買英國全區、英格蘭、蘇格蘭、高地等票券，票種有頭等及二等艙，依用法分爲2種：

Classic：

達連續使用2、3、4、8、15、22天或1個月的通行證，可乘坐英國境內的火車(除部分觀光火車外)，只要上車前填妥當日日期，查票時出示通行證即可。

Flexipass：

可在一定期間內任選幾天使用，例如2個月內任選15天搭乘，只要在卡上填上旅遊日期即可。

Railcard火車折扣卡

如會搭乘多趟火車，可將火車折扣卡列入參考，因為每趟可省下至少1/3的費用。火車卡一張£30，效期一年。最受遊客歡迎的有：

16-25 Railcard：

全職學生或16～25歲遊客可購買。

16-17 Saver：

16～17歲遊客可享50%的優惠。

26-30 Railcard：

26～30歲遊客可購買。

Two Together Railcard：

雙人出遊可購買（卡片上會登記兩人的名字，必須兩人一起使用才有優惠）。

Family and Friends Railcard：

親子出遊可購買，最多可給2大4小折扣。

http www.railcard.co.uk

National Rail

查詢全英火車時刻、訂票、火車站資訊。
http www.nationalrail.co.uk
☎ 08457-484 950

Eurostar 歐洲之星

http www.eurostar.com
☎ 08432-186 186

飛達旅遊

火車通行證代理旅行社。
http www.gobytrain.com.tw
✉ 台北市大安區光復南路102號7樓
☎ 02-8771 5599

在刷票機上刷票才可通行，持火車通行證時要先填上日期並出示給查票人員看

市區巴士

城市巴士分為日間行駛的車班（06:00～23:00）及夜班車（以N標示），地鐵停駛後，也會有夜班公車替代，所以幾乎是24小時都有車班。建議避開尖峰時間06:30～09:30及16:00～19:00。

倫敦公車不接受上車買票，必須先準備好票券。最方便就是使用感應式付款，如感應式信用卡、Apple Pay等。在倫敦以外的公車多數接受上車購票，但有些不收現金。

並不是每一站司機都會停車，記得招手或按鈴請司機停站；倫敦公車一般是前門上車、後門下車，但其他城鎮的公車大多只有一個門，請禮讓下車的人再上車喔！

站牌上清楚列出站名及路線號碼，可透過Google Map查詢車班資訊，並顯示該在哪個站牌候車

旅行小抄

Plusbus公車優惠日票

購買國鐵票前往其他城鎮旅遊時，請注意看是否有Plusbus選項，可以在指定範圍內無限次搭公車，且會比正常的日票便宜。
http plusbus.info

長途巴士Coach

National Express

英國最大的長程巴士公司，16～26歲青年可購買Young Person's Coach Card。
http www.nationalexpress.com
C 0371-781 8181

Scottish Citylink

蘇格蘭地區最便捷的長程巴士公司。全職學生、16～25歲青年及50歲以上的遊客可辦理Discount Coachcards優惠卡。
http www.citylink.co.uk
C 0871-266 3333

巴士上有免費無線網路

Megabus

常推出超特惠價的長途巴士票。
http www.megabus.com
C 0141-352 4444
電話訂票：0900-1600 900

租車、駕車

英國的駕駛方向為靠左駕駛，與台灣不同，大部分交叉路口以圓環（Roundabout）取代紅綠燈，駕駛也要習慣這樣的方式。

預先上網預訂租車會比較便宜。歐洲大部分為手排車，自排車會稍

微貴一點。租車一定要保險，建議保全險（Full Collision Coverage）。

英國的高速公路（Motorway）為全線免收費道路，路上會有標示時速（英里），如看到National Speed Limit的標示，則速限可能是60英里（雙向單線道）或70英里（雙線道）。

AA http www.theaa.com
AVIS http www.avis.com
Hertz http www.hertz.com
Sixt http www.sixt.com
租車比價網 http www.skyscanner.com
　　　　　　http www.webcarhire.com

英國行走方向與台灣不同，過馬路時要記得先看兩邊有沒有來車

等紅綠燈可按鈴，較快變為綠燈

捷運、地鐵

英國的幾個大城都設有捷運和地鐵，或是路面電車（Tram）。尤其倫敦的地鐵相當完善，市中心的景點基本上都可以搭乘地鐵抵達。

地鐵站標誌

地鐵站內會清楚標示該站站名及出口，或轉乘其他地鐵線的方向

盡量在非尖峰時間搭車，便宜且乘客也較少。倫敦地鐵車班非常頻繁，不必趕著上車，安全最重要

計程車

英國計程車執照相當難考，計程車費相當昂貴，不過如果多人共乘的話，還算划算。行李多者，不要為了省這個交通費，而累得玩興都沒了。英國的經典計程車為黑頭計程車（Black Cab），只有黑頭計程車能在路上隨招隨停，其他的私家計程車一定要事先預約。

英國也有Uber。出國前先在手機下載程式並註冊、填寫信用卡資料，在當地可透過手機程式點選上

下車地點叫車，即可看到預估的車費；下車後會自動由信用卡扣款，不須開口說明目的地及付費，相當便利。

更方便的是，英國的Uber也顯示在Google Map的搜尋資訊中。當你在Google Map上搜尋目的地時，由大眾運輸資訊中的Uber選項，就可開啟手機程式叫車。

黑頭計程車內部寬敞

消費與購物
SHOPPING

貨幣

英國貨幣單位為英鎊（GBP），符號為£，貨幣採用十進制，1英鎊等於100便士（Pence）。硬幣面額有1便士、2便士、5便士、10便士、20便士、50便士、1英鎊及2英鎊。紙幣面額有5英鎊、10英鎊、20英鎊及50英鎊。蘇格蘭也有自己的貨幣，可在其他區域使用。

匯兌

銀行、郵局、景點附近、機場的兌換處或自動換幣機（Currency Converter）都可以換幣。機場匯率很差，若沒先換英鎊，可以在機場先換少額英鎊，再到市區的匯兌處換錢。

出國前可先在國內銀行換英鎊，另也可善用國內帳戶的提款卡提款，只要出國前先到銀行開通海外提款功能並設定密碼，到海外的自動提款機即可提領該國貨幣。提款會收手續費，可詢問自己的銀行費用收取方式。大部分商店並不收取旅行支票，因此並不是很實用。

自動提款機是相當便利的取款方式，出國前先開通海外提款功能，即可在全球各地提款，只要該提款機上的標示，有任何一個與卡片背面的標示相同者，即表示可在該提款機提款

匯率

台幣：英鎊約為1：37，匯率多有變動，出發前建議可上各大銀行官網再查詢一次，例如臺灣銀行。

各城市火車站附近或主要街道，均可找到私人匯兌所；或者可到M&S Bureau de Change換匯。

付款

疫情過後，英國的消費型態也大有轉變，當地居民使用更多的網路購物，例如Amazon或是直接從各店家網購，也會直接在超市訂菜。因此可以看到許多撐不過疫情衝擊的店家直接歇業或是收掉實體店，改為經營網路購物節省開銷，如Laura Ashley。

另外，這波疫情也直接影響了付款方式，現在英國有許多店家不接受現金，只收卡片，甚至有些超市的感應式付費上限直接提高到單筆£100。因此，最方便的貨幣其實是銀行卡或感應式付費。遊客可先查詢哪家銀行在國外消費最優惠，有些卡片會有現金回饋，等於國外消費的手續費都可免除了。

大部分英國人比較習慣使用簽帳金融卡（Debit Card），留學生也可在英國銀行開戶，辦一張在英國消費，刷卡後會直接從帳戶扣款。

退稅

英國大部分商品含稅20%，英國現在已取消境內所有退稅點的服務，如希望享受退稅，必須直接在商店內將購買的貨品寄到海外地址，遊客在商店消費高價商品時，可詢問店家是否有此服務。

退換貨

英國的退換貨服務相當好，一般期限為14天，不需要給任何理由，只要持有收據，店家便會辦理退換貨。請注意有些店家會將出清商品的退換貨期限降到7日，請看清楚收據上的說明。

其他

為響應環保，英國的店家原則上不提供免費購物袋，超市那種薄薄的塑膠袋也是要收費的。如預計出門消費，請自備袋子。另外，許多咖啡店也提供自備咖啡杯優惠，減少一次性紙杯的用量。

觀 光 客 服 務 台
TRAVEL INFORMATION

資訊中心

英國的眾多大城小鎮、國家公園都可能有實體的遊客中心，提供交通、活動、導覽、地圖、購票、代訂旅館等服務，有些服務中心也設有紀念品店。

英國旅遊中心
Britain Visitor Centre
http www.visitbritain.com

英國文化協會
詳細的留學、考試及英語課程。
http www.britishcouncil.org.tw

當地觀光行程

各地的旅遊服務中心都有各種官方行程導覽或語音導覽，有些甚至已經推出APP導覽，直接上網下載即可。英國也流行Ghost Tour（鬼故事之旅）及Pub Crawl Tour（酒吧之旅），都可在服務中心或青年旅館索取相關資料及報名。

如果是鄉間旅行，像是著名的科茲窩、湖區、蘇格蘭高地等，在附近主要城市或甚至倫敦就可找到巴士導覽團或一日以上的行程。

英國遺產通行證

短期旅客可購買專為海外遊客設計的英國遺產通行證（Overseas Visitor Pass），有9或16天的連續票，包含景點超過100個，相當划算。留學生可直接辦理年票，一個人大約£66左右。

http www.english-heritage.org.uk/visit/overseas-visitors

國家信託基金

國家信託基金（National Trust）也提供海外旅客Touring Pass，遊客可購買7或14天通票，英格蘭、威爾斯，以及北愛爾蘭的景點超過300個，7天只要£37。長期在英國者可以加入會員，一年換算下來大約£76.8。年票會員還能用在由蘇格蘭國家信託管理的景點。

http www.nationaltrust.org.uk/features/touring-pass

旅行小抄

購買折扣景點票撇步

■ National Rail 2 For 1：搭火車買一送一的優惠並不只在倫敦，許多城鎮也有。
http www.daysoutguide.co.uk/uk-days-out

■ National Express提供的景點優惠。
http www.nationalexpress.com/en/attractions

■ 從景點宣傳單中找優惠，有時會提供折扣訊息。

■ 加樂氏(Kellogg's)相關產品，如穀片、能量棒等，盒子上經常印有Merlin集團景點買一送一優惠，包含華威城堡、溫莎樂高樂園、倫敦眼等。

免費好康資訊

英國所有國立博物館均為免費參觀，夏季各大城市的公園及廣場常會舉辦音樂會，教堂或音樂廳也會有免費音樂會（Lunch Concern）或藝文講座。

習俗與禁忌

1. **女士優先**：講究紳士風度的英國，很注重女士優先的禮節。
2. 開門時要特別注意後面有沒有人，有人的話，要拉住門把，不要進門就把門甩上。
3. 什麼樣的場合，要注意該穿著什麼樣的衣服（尤其是晚餐）。
4. 初次見面以握手招呼，言詞間使用禮貌用語。
5. 不要將所有英國人都稱之為英格蘭人（English），蘇格蘭人喜歡被稱為Scottish，威爾斯人則是Welsh。
6. 注意排隊習慣，英國人不論是結帳或在ATM領款都隨時排著整齊的隊伍，切勿插隊。
7. 在公共場合不隨便大聲喧鬧，尊重其他人的私人空間。
8. 與不熟的人聊天，一開始不要碰觸私人話題，聊天氣最能破冰。

日常生活資訊
Living Information

時差

英國分成夏令及冬令時間，分別在3月的最後一個週日以及10月的最後一個週日會調整時間。在冬令時間，台灣與英國的時差為8小時，英國的10:00即是台灣18:00；夏令時間相差7小時，英國的10:00則是台灣17:00。

電話使用
公用電話亭

英國紅色電話亭是最具特色的風景之一，雖然現在人手一支智慧型手機，還是偶爾可見電話亭的身影。許多電話亭因為使用量太低，已改成其他用途，如交換二手書的地方；但還是能見到服役中的電話亭，有些僅收零錢，有些收卡片。撥打公用電話最低費用為60p，其中40p為服務費，20p為電話費，大約可以講30分鐘的國內電話。

手機SIM卡

現代人出門最需要的還是網路，不論是找資訊或是撥打網路電話都相當方便。推薦買英國當地的SIM卡，電信公司都會推出網路包套方案，就看需要多少流量。

最主要的電信公司有Three、Vodaphone、O2、EE，另外Giffgaff是使用O2的網絡，售價也相當划算，還能使用包套內最多5G的網路在歐洲漫遊，從官網直接下訂，只要5個工作天就可以寄到台灣。

這些大公司的訊號在大城市裡都不會差太多，若是郊區，每家電信的涵蓋率就不太一樣，若雙人出遊，建議分別購買不同電信公司，可降低沒訊號的風險。一般而言，EE整體訊號最好，4G的網速較高、5G涵蓋範圍也是目前最廣。

也可抵達英國後再購買SIM卡。機場一般會有SIM卡販賣機或專

賣店，雖不是最便宜的，但非常方便。超市、書報店(如WHSmith)的結帳櫃檯附近也可能看得到SIM卡。獨立的電信公司在High Street或購物中心裡找得到。

如何撥打國際電話

● **從台灣打英國：**
002-44-區域號碼(不需撥0)-電話號碼

● **從英國打回台灣：**
00-886-區域號碼(不需撥0)-電話號碼

● **手機撥打國際電話：**
只要在電話號碼前加「+」(長按0這個鍵)，再加上對方的國碼及電話號碼，電話系統就會自動選取所在國家的國際撥通碼。

急用電話

999 火警、交通、救護車等緊急求救台

緊急事件

若遺失所有金錢、卡片，當地又沒有任何親友的話，可請台灣親友利用Western Union西聯服務匯款。雖然手續費較高，不過只要親友匯好錢，告知領取密碼後，即可到就近的Western Union服務處取錢。這是相當快捷且便利的救急方式。當然，還可請駐英辦事處協助。

廁所

倫敦的公用廁所並非完全免費，一般會收取50p。但是，在國鐵站、各大博物館、百貨公司則不收取費用。倫敦的麥當勞、KFC，以及連鎖咖啡店的廁所，一般會有密碼鎖，要消費才能使用。英國的廁所標示不只有「Toilet」，還可以看到「Loo」甚或「Lavatory」。

觀光區的廁所都相當乾淨

飲水

英國的水龍頭水(Tap Water，上餐廳若不想點礦泉水，可點免費的Tap Water)是可以生飲的，擔心的話，可購買礦泉水，有些礦泉水為氣泡礦泉水(Sparkling)，喝不慣的話可購買一般礦泉水(Still)。

郵寄

英國皇家郵局(www.royalmail.com)效率非常好，除了郵局(Post Office)之外，較偏僻的地方也授權給當地商店承辦郵局業務，郵票在超市、雜貨店及報攤都可買到。郵局營業時間為週一～五09:00～17:30，主郵局週六09:00～12:30也開放營業。

寄明信片郵資£1.85，大約6或7個工作天寄達。航空小包裹每箱限重2公斤，如要寄送更多，可考慮

拆箱，或用其他貨運公司如UPS。大宗物品可以考慮海運，例如酷比物流、斯諾物流等。

英國皇家著名的紅色郵筒

大郵局內有自動販賣機，可購買郵票

醫藥資訊

英國的醫療系統不是很好，即使是急診都要等很久。普通藥物可在藥局直接買，藥局都會有藥師，民眾也可以隨時詢問，常見的連鎖藥局有Boots、Superdrug。從國內攜帶特殊藥物到英國者，記得向醫師索取處方箋，以備海關查詢。

電器使用

英國電器是AV220〜240的3孔插座，一般電器已是萬國通用的電壓，只需攜帶轉換插頭。此外，可

插座上會有這樣的開關，要開啟才會通電

攜帶USB型充電插頭，各種裝置均可使用，不需攜帶一堆充電器。

如何穿衣

英國四季變化無常，晴時多雲偶陣雨，夏季可高達30度，也可能降到10幾度，平均溫度約14〜30度，可隨身備一件連帽的防風雨外套及絲巾。冬季依區域而定，平均溫度1〜5度，11月通常就很冷了，北部12月開始下雪，大外套、圍巾、手套、帽子都是必備。春秋兩季溫度約6〜18度，夜間較冷，需穿毛衣及厚一點的外套。野外旅遊時，記得事先查詢天氣狀況，備妥防雨、防寒衣物。冬季的日落時間很早，最早下午3點多就天黑了，夏季則約晚上9點多才日落。

半正式休閒

到某些餐廳用餐時需注意穿著打扮，至少半正式休閒（Smart Casual）比較妥當。這是介於正式與休閒之間的穿著，也就是說，不需要穿成套西裝或套裝，但也不是過於休閒的運動裝。沒有硬性規定一定需要、或是一定不能有哪些單品，重點是簡單而優雅，即使是牛仔褲，如搭配得宜也可以達到半正式休閒的效果。

治安狀況

英國治安算是良好安全，主要避開較具爭議的地區及時間（如7月中的北愛爾蘭遊行）即可。在城市週末時尤其要注意喝醉酒的人，避免走暗巷或獨行，若到人潮多的地方，重要證件與錢財要收好。野外

旅行時，出發前記得查詢緊急聯絡電話。

殘障人士服務

英國的公共運輸及計程車都有完善的殘障服務設施，Hertz等大型租車公司也有殘障人士專用手控車，各地旅遊服務中心也提供相關服務及資訊。

殘障人士旅遊服務組織
Holiday Care

http www.holidaycare.org.uk

📞 0845-124 9971

旅遊網站

英文

● 英國政府觀光局：
www.visitbritain.com
● 倫敦觀光局：
www.visitlondon.com
● 蘇格蘭觀光局：
www.visitscotland.com
● 威爾斯觀光局：
www.visitwales.com
● 北愛爾蘭觀光局：
www.discovernorthernireland.com
● 英國皇家官方網站：
www.royal.gov.uk

中文

● 外交部領事局：www.boca.gov.tw
● 英國文化協會：
www.britishcouncil.org.tw
● 中華民國旅英同學會總會：
www.surocuk.org
● 背包客棧：
www.backpackers.com.tw

住宿

英國住宿類型豐富，五星級旅館、城堡、有各種古董家具的別墅旅館（Country-house hotel）、名設計師出手的時尚設計旅館（Boutique and designed hotel），以及商務型的連鎖飯店（價位中上），應有盡有。

連鎖飯店如Holiday Inn、Ibis、Marriott、InterContinental、Sheraton、Hilton、Jurys Inn、Novotel、Premier inn等，價位更划算的還有Travelodge、easy Hotel。不是所有住宿都有免費網路或停車位，請注意訂房資訊。

民宿

民宿（Bed and Breakfast，B&B）也是體驗英國的好選擇。一般都會有網路，並包含主人自己準備的早餐。主人基本上都很樂意提供旅遊資訊，即使沒做功課，直接請教去哪裡玩也可以！

一般會是民宅型態，因此基本上不會有電梯，也不會有空調。如果行李超多，可問有沒有Ground Floor（1樓）的房間；若是7、8月住宿，可問是否至少有「電風扇」，夏天入夜後會降溫，若沒有電風扇則至少要能開窗。

民宿門口若掛上Vacancies的牌子，表示當天還有空房

青年旅館、大學宿舍

私人青年旅館（Independent Hostel，如Backpackers Hostel）雖然房間不一定都很乾淨，但服務較人性化；YHA聯盟通常都非常乾淨、但管理較制式。許多有提供2～6人的

私人房及家庭房，適合家庭旅遊。大部分均提供免費早餐、免費無線網路、共用廚房及投幣洗衣機，還有許多自助旅行者需要的設備與服務，例如景點介紹手冊、行程代訂服務等。若房間標明ensuite，表示房內有衛浴設備，Standard Room通常表示衛浴在房外，與其他房間共用（Shared Bathroom），這種房內通常也會有洗手台，方便簡單漱洗。

寒暑假時，許多城市的大學會開放宿舍日租，設備很好，通常有高速網路和共用廚房，很多大學宿舍的地點都靠近市中心，算是舒服又實惠的住宿選擇。

📶 universityrooms.com

多人房的青年旅館房型，查詢設施時，可選擇有Locker鎖櫃的旅館

鄉間度假小屋

在山峰區或科茲窩、湖區這些區域，多人共遊可考慮租一間英國鄉間度假小屋（Cottage）；充滿英國風味的酒吧客棧或馬車客棧，也是很棒的體驗。雖是傳統房舍，大部分都有提供現代化設備，不過可能仍有不便之處，如窄小的木梯、小窗戶、傾斜的地板等，要有心理準備。若在英國節慶假期及銀行休假日的長週末期間，建議提早預約，因為很多英國人會全家一起出遊。

行李寄放

一般旅館及青年旅館提供寄放行李的服務，但有些旅館會酌收寄放

費用。倫敦的各大火車站都有Left Luggage寄放行李服務，價格較高；或是可考慮從網站預約較便宜的行李寄放服務，這些網站與當地店家（雜貨店、禮品店或旅館等）合作，唯一要注意的是合作的店家營業時間不一。

Left Luggage 📶 www.left-baggage.co.uk

Luggage Hero 📶 luggagehero.com

Stasher 📶 stasher.com

其他注意事項

● 旅遊服務中心通常都有訂房服務，會收取£2〜4的服務費。有些民宿在非熱門時段會給折扣(若房價高出預算，可跟民宿主人討論)，但有些旅館或青年旅館則事先預約才可享優惠價。

● 有些民宿週末或熱門時段會要求至少住2晚，直接透過官方網站或E-mail訂房，可能會有較優惠的價錢。

● 有些網站上的價錢是每人(per person)，而不是每房(per room)，要看清楚。

● Check in的時間通常是14:00〜15:30，Check out是10:00〜11:00。提早到，或者退房後，一般都可將行李寄放在旅館內。

● 民宿的早餐時間通常是08:30〜10:00，房內也都有電熱水壺及茶包、即溶咖啡。

善用APP預訂餐廳

可善用APP程式輕鬆預訂熱門餐廳，有些餐廳還常跟APP合作推出優惠套餐。推薦APP：Open Table或Bookatable。

公定假日

1月1日	新年(New Year Day)
1月2日	銀行休假日(Bank Holiday)(僅限蘇格蘭)
3月17日	聖派翠克節(St Patrick's Day)(僅限北愛爾蘭)
4月初(復活節前一個週五)	受難日(Good Friday)
4月初(春分月圓第一個週一)	復活節週一(Easter Monday) (蘇格蘭除外)
5月第一個及最後一個週一	五月銀行休假日(Early May Bank Holiday / Spring Bank Holiday)
7月12日	博因河戰役紀念日(Battle of Boyne)(僅限北愛爾蘭)
8月最後一個週一	8月銀行休假日(Summer Bank Holiday)
11月30日	聖安德魯節(St Andrew's Day)(僅限蘇格蘭)
12月25~26日	耶誕節(Christmas Day/Boxing Day)

＊ Bank Holiday夏季長假外出人潮相當多，一定要記得先訂房，規畫旅遊計畫時，避免在收假當天移動。大部分博物館、美術館12月24～26日及1月1日休館。

各種節慶及舉辦地點

1月1日	倫敦新年遊行
1月下旬~2月上旬	中國新年，中國城及蘇荷區
2月、9月	倫敦時裝週(London Fashion Week)
3月	格拉斯哥電影節
3月17日	聖派翠克節，北愛爾蘭國定假日，有遊行、音樂會等
3月20日	春分祭典(Spring Equinox Celebration)，現代德魯伊教徒於塔山舉行異教儀式。復活節遊行暨聖樂獻唱(Easter Procession and Hymns)，週一於西敏寺舉行，為倫敦最大的宗教活動之一
4月	Grand National，英國最有名的賽馬節，利物浦
5月	切爾西園藝展(Chelsea Flower Show)，年度最重要園藝展，倫敦
5月最後一個週一	聖靈降臨節週一(Whit Monday)
6月	Trooping the Colour為年度皇室官方慶典，皇室成員也會到場觀禮，倫敦
6月夏季週三前夕	莫里斯傳統英國民俗舞蹈舞會 (Morris dancing)，西敏寺
6月15日	夏季折扣、倫敦裸騎也常在6月中舉辦
7月	倫敦同志大遊行
8月底	愛丁堡電影節
9月初	愛丁堡藝術節及藝穗節、BBC Proms古典音樂節
8月下旬 銀行節週末	諾丁山嘉年華會(Notting Hill Carnival)，英國最盛大的嘉年華會，別錯過了！
9月	高地運動會、建築開放日(Open House London)。另還有英格蘭遺產開放日(Heritage Open Day)：可以免費參觀一些平時要收費或是不開放大眾參觀的珍貴建築。布里斯托開放日(Bristol Open Doors)，能參觀100多個地標及奇妙的地方
11月5日	英國煙火節(Bonfire Night)
11月第一個週日	倫敦至布萊頓老爺車賽(London to Brighton veteran car run)，海德公園出發
11月底至1月初	耶誕燈火，西區
耶誕節前的 每個傍晚	耶誕詩歌禮拜 (Carol services)，特拉法加廣場、聖保羅教堂、西敏寺等
12月24日	倫敦聖馬丁教堂子夜燭光彌撒，火雞拍賣會，Smithfield市場
12月26日	冬季折扣正式開跑日
12月31日	除夕慶典，特拉法加廣場及聖保羅教堂及倫敦跨年煙火秀

個人旅行 *75*　　　　　　　　　　　　新第四版

英國 倫敦·科茲窩·湖區·約克·威爾斯·蘇格蘭等

作　者	吳靜雯
總 編 輯	張芳玲
發想企劃	taiya旅遊研究室
編輯部主任	張焙宜
修訂協力	英國人蔘
企劃編輯	張焙宜
主責編輯	張焙宜
修訂主編	鄧鈺澐
封面設計	許志忠
美術設計	許志忠
地圖繪製	許志忠·林惠群·蔣文欣

國家圖書館出版品預行編目資料

英國／吳靜雯 作.
一四版,一臺北市：太雅,2023.04
面; 公分. 一（個人旅行；75）
ISBN 978-986-336-440-5（平裝）
1.旅遊 2.英國
741.89　　　　　　　　112000786

太雅出版社
TEL：(02)2368-79115　FAX：(02)2368-1531
E-MAIL：taiya@morningstar.com.tw
太雅網址：http://taiya.morningstar.com.tw
購書網址：http://www.morningstar.com.tw
讀者專線：(02)2367-2044、(02)2367-2047

出 版 者	太雅出版有限公司 106台北市大安區辛亥路一段30號9樓 行政院新聞局局版台業字第五○○四號
總 經 銷	知己圖書股份有限公司 台北市106辛亥路一段30號9樓 TEL：(02)2367-2044 / 2367-2047 FAX：(02)2363-5741 網路書店：http://www.morningstar.com.tw 郵政劃撥：15060393 (知己圖書股份有限公司)
顧問律師	陳思成律師
印　刷	上好印刷股份有限公司　TEL：(04)2315-0280
裝　訂	大和精緻製訂股份有限公司　TEL：(04)2311-0221
四　版	西元2023年04月10日
定　價	560元

(本書如有破損或缺頁,退換書請寄至：
台中工業區1號 太雅出版倉儲部收)

ISBN 978-986-336-440-5
Published by TAIYA Publishing Co.,Ltd.
Printed in Taiwan

填線上回函
個人旅行：英國
(新第四版)

pse.is/4nv8w9

熱門旅遊國家《英國》
資訊全面更新，閃耀登場！

分區導覽 全書收錄英格蘭16城＋威爾斯＋蘇格蘭全區＋分區精細地圖。

人氣必訪 倫敦13個區域，景點豐富，美食‧購物‧住宿一次滿足。

英式生活 全面解析英式早午餐‧下午茶‧酒吧文化‧英國設計品牌。

加分行程 自然奇景‧城堡巡禮‧國家公園‧藝術鑑賞‧優雅品酒。

英事須知 遊賞重點‧行程安排‧出入境‧防疫政策‧注意事項。

ISBN 978-986-336-440-5

9 789863 364405 00560

晨星事業群
Morning Star Group

TAIYA　NT$560

http://www.morningstar.com.tw

個人旅行主張

有人在旅行中享受人生，

有人在進修中順便旅行。

有人隻身前往去認識更多的朋友，

有人跟團出國然後脫隊尋找個人的路線。

有人堅持不重複去玩過的地點，

有人每次出國都去同一個地方。

有人出發前計畫周詳，

有人是去了再說。

這就是面貌多樣的個人旅行。

不論你的選擇是什麼，

一本豐富而實用的旅遊隨身書，

可以讓你的夢想實現，

讓你的度假或出走留下飽滿的回憶。

有行動力的旅行，從太雅出版社開始。

蒙馬特 (P.204)
Montmartre

貝爾維爾─貝西 (P.218)
Belleville-Bercy

聖心堂
Sacré-Cœur

磊阿勒─波布 (P.76)
Les Halles-Beaubourg

宮
Louvre

龐畢度中心
Centre
Georges Pompidou

母院
me de Paris

瑪黑區─巴士底 (P.94)
Marais-Bastille

聖母院─拉丁區 (P.32)
Notre-Dame-Quartier Latin

蒙帕拿斯 (P.134)
Montparnasse

N

巴黎分區簡圖

歌劇院(P.186)
Opéra

香榭大道(P.168)
Les Champs-Élysées

凱旋門
Arc-Triomphe

Op

杜樂麗—羅浮宮(P.54)
Tuileries-Louvre

艾菲爾鐵塔
Tour-Eiffel

聖傑曼德佩(P.114)
St.-Germain des Prés

艾菲爾鐵塔—帕西(P.148)
Tour Eiffel-Passy

U0010454

©Paris Tourist Office / Photo, Jacques Lebar